† 復刊ライブラリー

風塵社

凡　例

＊（　）は原著のものであり〔　〕は訳者が言葉を補う場合に用いてある。

＊原文中《　》内の会話、機関紙名などは「　」内に訳出し、イタリック体には傍点を付してある。

＊原注と訳注は各章末に挿入した。原注のうちドイツ語版作者によるものはその旨を付記し、ロシア語版からのものはそのままとした。

＊頻出する「革命軍事評議会」および「革命軍事委員会」は原文ではともに《Revolutionarer kriegs-Sowjet》〈Военно-революционный〉であるが、読解の便宜上、叛乱軍のものには前者の訳語を、赤軍のものには後者の訳語をあてた。

本書は、1973年に鹿砦社から刊行された『マフノ叛乱軍史』（アルシーノフ著、奥野路介訳）を復刊したものである。

復刊に際し、明らかな誤植は改め、一部の用語を現在的に変更している（ソヴェート→ソヴィエト、アナーキズム→アナキズムなど）。

現代的な視点からは不適切な表現もあるが、時代性を考慮してそのままとした。

風塵社が本書を復刊することを快くご了承してくださった鹿砦社の松岡利康社長に、心からの謝辞を申し述べる。

マフノ叛乱軍史　ロシア革命と農民戦争／目次

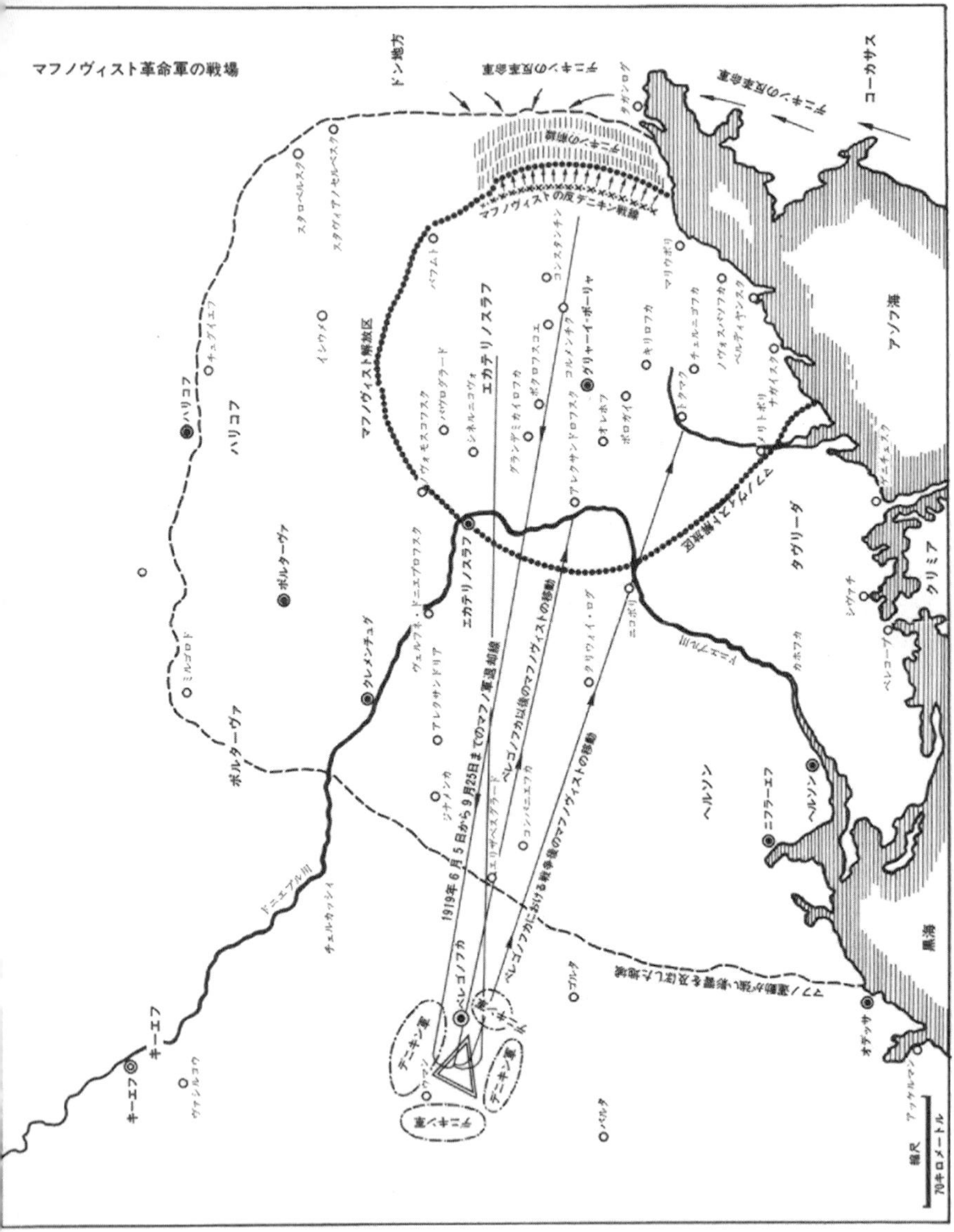

『知られざる革命』（国書刊行会、1975 年）から

序

ヴォーリン

本書にとりかかる際に、読者は何はさておき、自分の前に置かれているこの著作がいかなる性格のものであるか、つまり真面目な信頼するに足る研究なのか、それとも突飛で無責任な造り話なのかを知ろうとするだろう。実際、読者は少なくとも事実や日付け、諸々の史料については著者を信用してもよいのだろうか。また著者はまったくの不偏不党であって、自分の理念を正当化し対立者のそれを無理やり貶めるために真実を歪曲してはいないだろうか?

たしかにこういう疑問は意味のないことではない。

マフノ運動の歴史に関する文献というものは極めて慎重に扱われねばならないだろう。この運動に固有ないくつかの特殊性を斟酌するならば、読者はそういうことにも理解をもつようになるはずである。

一面では「マフノ主義の運動」（マフノフシナ）は、驚くべき活力と偉大さと価値の具体化であり、それはまったく特異な力でもって展開してロシア革命の帰趨に重大かつ込み入った役割を演じるとともに、ありとあらゆる反動との巨大な戦いを持ちこたえ、一度ならず革命を挫折から救った運動であった。そしてまたこの運動は、生気に溢れた多彩なエピソードにおいても実に豊饒であり、それらはロシアばかりでなく国境を越えて語り継がれ人々を魅了したのである。そのうえマフノ運動は、反動派にせよ革命派にせよ種々雑多な陣営に、はげしい憎悪と敵意から驚きと当惑と猜疑、さらには深い共感と熱狂に至るまでの多岐極まる反応を呼び起こした。革命の成果をひとりじめにしてしまった共産党と「ソヴィエト」政府に関していえば、マフノ運動は幾多の曲折ののちに彼らとも——反動派に対すると同様に——仮借ない一騎打ちを余儀なくされ、その戦いのなかで政府と党に、いくつかの極めて甚大な、有形のあるいは倫理的な打撃を与えたのである。そして結局のところそういう成り行きには、マフノ自身の個性も一役買っていたといわねばならない。マフノの人となりは、この運動の全体と同じく複雑で活発で強靭であり、世間の注目を一身に集め他人の好奇心をそそり驚嘆させ、わけもない恐怖を注ぎ込みあるいは憤慨させ、また取り返しのつかない憎しみを起こさせるかと思えば手放しの愛着をも吹き込むものだった。

ともあれ事の本質はこうである。すなわち、マフノ主義の運動というのは非常にたくさんの「書き手」にペンを執らせ、いく通りもの考量が彼らを駆りたてはしたが、それらはいずれも事実経過についての正しい認識を伴わず、また己れの知っていることを伝えて対象を客観的に叙述し、吟味し、そうして正確な史料を定着させながら後世の史家に残すという鮮明な意欲に支えられてもいなかったということである。ある種の人々は、政治的な打算から、つまり政府に敵性を帯びた運動とその担い手たちを悪しざまにし、罵ることによって自らの立ち場を弁明し保全する狙いから執筆しているし、また他の人々は、理解を越え、驚愕と不安をもたらす出来事に少なくとも一撃を加えることを自分たちの義務であると考えている。さらに第三のグループは、この運動をめぐる伝説を煽り立てセンセーションをまき起こして広汎な読者を釘付けにする手管を弄しながら、ロマンの数頁で満足のゆく印税をかせぐための魅惑的な可能性を高めようとしているし、そしてしまいには、ジャーナリスティックな食指をもってあれこれと書き散らす連中までいるといったありさまである。

このようにして数多くの「史実」が積み上げられてゆき、それらはまさしく読者を際限なく混乱させて、真実に到達するどのような道筋をも読者から奪ってしまっている。(原注1)

こういう事情に加えて、またマフノ運動は、それが実際の場面で示した活力にもかかわらず、一連の困難な条件のためにある種の孤立性と内閉性をもって展開せねばならなかった。

なんといってもこの運動は、あらゆるきらびやかな装い、栄光と支配と名声への志向を嫌忌《けんき》する最下層の人民によって担われ、中心を遠く隔たったロシアの辺境に発して極めて限定的な一地方で戦われた運動だった。それゆえ運動はすべての外国からばかりでなくロシアの他の地帯からも切り離されて、そういう本来的な特性によって、他の地域にはわずかにしか知られることがなかった。そのうえこの運動は、そのほとんどすべての時期を通じて非常に困難で消耗な戦闘条件のもとに置かれ、包囲され、現実に働く人々のほかには味方を持たず、ボリシェヴィキの政府に容赦なく圧迫されて血の恫喝にあえいでいた。その結果、運動はもっとも有能かつ行動的な同志たちの九〇パーセントを失い、自らの事業とスローガンと思想をとりまとめて後世に伝えるための時間も可能性も、そればかりかそういう意欲さえももちえなかったのである。だから一言でいえば、マフノ運動に関する生きた直接の証言と思い出はほんの一握りしか残されていないということになる。事実に即して書き留められたものはどのような年鑑にも見当たらず、史料は流布されず保存されもしなかった。したがってこんにちに至るまで、マフノ運動は外部の人々や研究者の眼に滅多に届くことはなかったのである。この運動の本質にまで溯ることは容易なことではないだろう。革命の時代を生きた幾千もの控え目な英雄たちが永遠に無名のままであるように、マフノ運動にも、ウクライナの労働者たちの革命期がほとんど何の記録も残していないという遺憾な事態があり、なおこんにちも、この時代の法外に豊かな事実や史料が人知れず眠っているからである。もし運命が、運動を根底から知っていてそれについての真相を報告できる数名のメンバーを生かしておかなかったならば、実にこの運動に関して明らかにされる事柄は無に等しかったにちがいない……。

このような事情は、真剣な読者や史家をたいそう不利な状態に落とし込めるものである。彼らは、いい加減な助言さえ与えられず——じかの確かなデータはおろか、データの出所についての最低限の示唆さえもなしに——独りで批判検討しながらおそろしく入り乱れ互いに矛盾し合った文献や著作や素材を繙かねばならないという窮境に追い込まれているのである。

それゆえ、この運動に関する言及の本末を区別し真偽を見定めることで読者はただちに救われるし、またさらにそれゆえ、提出された材料を健全で純粋な文献として扱ってよいのかどうか真っ先に認定することが不可欠の作業となるだろう。この意味で、著者とその著作の性格についての詮議は、この場合重要な意味をもっているのである。

私は大胆にも本書の序文を引き受け、そのなかでそういう詮議を行なってみようと思い立った。それはなぜかといえば、私が運命の定めるところによって生き延びたあのマフノ運動の数少ないメンバーのひとりであり、運動そのものにも充分に通じ本書の著者とも知り合いであるうえに、どのような条件のもとでこの書物が執筆されたかも詳しく承知している者だからである。

＊

ところで、ここであらかじめ次のようなことを断わっておきたい——

これは現実にしばしば出くわした質問でもあるのだが、誰しも、それではなぜ私が自分でマフノ運動について書かないのかと不思議に思われることだろう。だがそれには多くの理由がある。ここではそのうちのいくつかだけをとりあげておくことにする。

マフノ運動を解説する仕事は、そしてこの運動の諸相を叙述することは、あらゆる情報資料を網羅して、集中的に厳密に考慮を積んだうえで着手されねばならない。このテーマは、長い、緊張に満ちた、周到な取り扱いを必要としている。私は従来、種々の理由からそのような仕事に手をつけることはできなかったが、なかでも以下に述べるような根拠によって、さしあたってはこのテーマを避けねばならないと考えたのである――

マフノ運動の時代は、たとえば風評や登場人物たちの相矛盾した報告だけをもとにして「簡単に」判定し描いてみせるには、あまりに厳粛であり激越で悲劇的であり、あまりにおびただしく血が流れ、根は深く、そしてあまりに紛糾しかつ際立っている。いくつかの記録に基づいてこの時代を述べることはけっしてわれわれの任務ではない。記録というものはそれ自体死文書であり、また常に完璧に現実の生を反映しているとは到底いいがたいからである。記録文書を頼りにしてものをしたためるのは、それ以外に材料を持たない後世の史家の仕事である。同時代の人々は事実と自己にひたすら厳しく向き合っていなければならない。なぜなら、やがて歴史は、ほかでもないそれらの人々から多くを求めるだろうからである。また同時代を生きた者は、自分たちがそれに直接関わっていない限りひとつの出来事を評価したり叙述したりすることを思いとどまらねばならないし、さらに「歴史を書く」ために描写や記録に憂き身をやつすよりも、むしろもし自らにそういうものがあるならばその個的な経験と史料を後代のために保存してゆくことにこそ配慮をこらすべきだと私は思う。にもかかわらずあえてこの節を犯す者がおるならば、それは事の本質となまの精神から光を奪い、それどころか歪曲し、ついには読者と史家を誤謬に導いてゆくことになるだろう。もちろん、実際に関わった者の体験にしても誤っていたり曖昧であったりすることは充分にありうる。しかしこの場合そういうことは大した問題ではない。直接の体験は、信頼するに足る生き生きした情景と出来事の固有の本質を伝えてくるものであるし、まさにそれが大切な事柄だからである。付随的な誤りなどは、あとからいろいろな記録や他の史料と対照すれば、たやすく削除できるだろう。だからこそ、当事者や目撃者の述懐は特別な重要性をもっている。その個人の体験が完全なものであり深いものであればあるほど、それだけそれをまとめる仕事は重要さを増し、また無理なく速やかに行なわれるにちがいない。そしてなおこの当事者が、自己のあり余る見聞に加えて記録や他の目撃者の報告をも合わせ駆使するならば、彼の仕事には第一級の意義が付与されることになる。

マフノ主義の運動について、望ましい時にふさわしい場でしかるべき照明を当てることは、いまもさし迫った私の課題である。だが、マフノ運動の全貌を伝えることは私にはできない。——私はこの運動についての完璧な知識も詳細にして全面的な見聞ももち合わせているとはいえないのである。私は一九一九年八月から一九二〇年一月までの約半年を、運動の中心近くで過ごした。しかし、それでも私が運動をその全般にわたってつぶさに観察したとはいいがたいというべきだろう。私がはじめてマフノに会ったのもこの時——一九一九年八月——だった。それから一九二〇年一月に私は逮捕され、運動からもマフノからも完全に遮断された。やがてその年の十一月になって、ようやく私は一週間のあいだ二、三の男女のメンバーと束の間の接触をもったが、その時はマフノがソヴィエト政府と協定を結んでいたのである。そしてそれ以来、再び私は運動から切り離されてしまった。だから、なるほど私はこの運動について多くを見、体験し考えもしたが、にもかかわらず私の現実の見聞が充分なものであるとはいえないのである。

それで、しばしば私は、どうして私がマフノ主義の運動について書かないのかという問いに「この問題には私よりはるかにぴったりの人物がいるからだ」と答えてきた。そして、ここに私が適任者というのは、ほかならぬ本書の著者のことである。

私は、運動内部での著者の持続的な活動を知っている。一九一九年にわれわれは一緒に活動していたのである。しかも私は、彼が極力綿密に運動史の素材を集めていることも、手ぬかりのない運動史を書き溜めていることも知っていた。そしてとうとう私は、その書物がいまや脱稿済みで、著者はそれをロシア以外の場で出版しようとしていることを知るに至った。何ものにもまさってこの著作こそが、マフノ運動の全貌であると私は思う。本書は、終始運動のただなかに身を置いたうえに豊富な材料を自在にあやつるということを、二つながら内に備えた人物によってしたためられた論考なのである。

こんにちなお多くの人々は、マフノは戦争で堕落した陰気な略奪狂の兵士や農民をかき集めることに長けた「ただの盗賊」であって、そのうえ「ユダヤ大虐殺《ポグロム》の立役者」だというようなくだらない確信をもっている。そしてマフノはなお方々に、一介の「いかさま師」だと思われている。それというのも、彼が「デニーキン軍のために前線を解いてやった」だのペトリューラと「親しかった」だの、あるいはヴランゲリと「連合した」……だのという悪意に満ちたいい加減な噂を人々が信じているからである。マフノは「反革命クラーク運動(原注2)の頭目である」とか、マフノの「アナキズム」などは、彼が我欲のために巧みに利用した数人のアナキストの素朴な造り話にすぎない……といった、ボリシェヴィキが無責任に流した中傷は、いまも各方面で繰り返し語られている。デニーキンやペトリューラやヴランゲリとのいきさつは特殊軍事上のエピソードにすぎない。人々はそれにしがみつこうとし、嘘の山を築き上げるのだが、けっしてこれらの反革命将軍たちとの戦闘がマフノ主義の運動のすべてなのではない。その本質と内容、組織的ないくつかの特性は、おおむねのところまったく知られていないままである。

あちこちに散在している簡単な記事やぞんざいなノート、あるいはばらばらな考察の類いでは、いずれにしてもあるがままの事実に歯の立つものではない。マフノ主義の運動のように重大で複雑な出来事には、こういう種類の論説や作業はひどく無力であって、そういうものは全体像をとらえずにほとんど跡かたもなくインクの海に溺れていってしまう。あらゆる「でっちあげ《メールヒェン》」を一撃のもとに排除し、確固たる追求と分析に道を拓くためには、まずこの運動についての多少ともまとまった、包括的な文献が必要であり、それをもとにしてはじめて個々の問題や細部を検証することができるのである。

　まさにそのようなまとまった文献が本書であり、著者は他の誰よりも執筆者としてうってつけの人物である。ただ、なおここにも残念なことがあるとすれば、それはこの著作が一連の好ましからざる事情のゆえにかなり遅れて日の目を見ることになったということだろう（原注3）。

*

　ところで、マフノ運動史の最初の記録者としての任務がひとりの労働者に与えられたことは意味深いことである。これは単なる偶然ではない。この運動は、その全過程において、理念上も組織的な点でも、労働者農民が直接に意見を反映させうるこういう勢力にしっかりと支えられていたのである。いわゆる知的な、理論的に訓練された分子は――一般的にいって――この運動には欠けていた。労働者農民はすべての時期にわたって己れの自由意志で運動を運営していた。そうしながら彼らは、自分たちのただなかから、運動を論理的に意味立て検討する最初の史家を生み出したのである。

　著者ピョートル・アンドレーヴィチ・アルシーノフはエカチェリノスラフ［現ドニプロ］県出身の工場労働者の息子であり、自身も労働者で本職は金具工だが、鉄のような勤勉さで確かな教養を身につけてもいた。一九〇四年、彼は十七歳で革命運動に加わり、一九〇五年には中央アジア・キジルのアルヴァートで鉄道工場の金具工をして働きながらボリシェヴィキの地区組織の一員となった。間もなく、彼は組織のなかで積極的に頭角をあらわし、指導者の一人としてまた非合法の革命的な労働者の機関誌「モーロト」（鉄槌）編集者の一員として活躍するようになった。このパンフレットは中央アジアの鉄道沿線を舞台にして、鉄道労働者の革命の動向に大きな意味をもっていた。やがてアルシーノフは地区警察に追われ、一九〇六年に中央アジアを去ってウクライナのエカチェリノスラフに帰り、ここでアナキストのグループに加わって、以後エカチェリノスラフの労働者のなかで（主にショドゥアルの諸工場において）アナキストとして革命の仕事を継続する。アルシーノフがアナキズムへ傾斜していったのは、ボリシェヴィキの最小限綱領《ミニマリズム》が原因であった。アルシーノフの見解によれば、ボリシェヴィキのミニマリズムは労働者の現実の要求に相応せず、他党派のそれと相俟って、一九〇五―一九〇六年の革命の敗北をもたらしたものだった。アルシーノフはアナキズムのなかに、彼自身の表現に従っていうと、自由と平等を求める労働者の志向と願望の刻印を、そしてそれらを集約する契機を見出したのである。

　ところが一九〇六年から一九〇七年までの間にツァーリ政府が即決軍法会議の網を全ロシアに張りめぐらしてからというもの、大衆のなかでの大規模な活動はまったく不可能になってしまった。それでアルシーノフは、この非常事態を考慮し自らの戦闘意欲に衝迫されて、たびたびテロルの方針を採用している。

　一九〇六年十二月二十三日、彼は数名の同志とともにエカチェリノスラフ県アムールの労働者居住区所轄の警察署を爆破した（爆発で、コサック将校三人と上級警官および討伐分遣隊員が死亡した）。が、準備が慎重だったためにアルシーノフとその同志たちは逮捕を免れた。

　ついで一九〇七年三月七日、アレクサンドロフスク［現ザポリージャ］中央鉄道工場長官ワシレンコを射殺。労働者階級に対するワシレンコの決定的な罪過は、アレクサンドロフスクにおける一九〇五年十二月の武装蜂起に際して百名にのぼる労働者を軍法会議にかけ、そのうちの多くの者が彼の指示によって長期の強制労働や死刑に処せられたことである。しかしそのほかにも、ワシレンコはこの事件の前後にわたって労働者に対する貪婪で無慈悲な弾圧者だった。自発的に、だが労働者人民の一般的な雰囲気と符合して、アルシーノフはこの働く人々の敵を清算したのである。彼はワシレンコを、工場近く、多数の労働者の眼前で撃ち倒した。現場で逮捕されたアルシーノフは残忍に殴打され、二日後の即決軍法会議で絞首刑を言い渡された。しかし刑が執行されるまさにその瞬間に、アルシーノフの場合は即決軍法会議のような簡易裁判ではなく軍管区の法廷に公然と訴えるべきだとの見解から、処刑は延期された。この猶予がアルシーノフに脱走のチャンスを与えた。アレクサンドロフスク監獄からの脱獄は、一九〇七年四月二十二日未明、囚人が獄中の教会に連れていかれるイースターの早朝ミサの間に実行された。数人の外の同志たちが大胆な奇襲を敢行したのである。教会で囚人を監視していた看守は不意打ちをくらって全滅した。囚われていた者全員が逃亡の機会を与えられ、この時十五名を越える囚人がアルシーノフとともに脱走した。

そのあと彼は約二年を、国外、主にフランスで過ごしたが、一九〇九年再びロシアにもどる。ロシアで彼は丸々一年半を、非合法下に労働者のなかでのアナキズムの宣伝に努め、また組織建設の活動にも従事している。

さらに一九一〇年、彼は、オーストリアからロシアへ武器を搬出しアナキズムの文献を運び込もうとしてオーストリア政府に検挙拘留され、タルノーポリ監獄に投獄された。ここで彼は一年を送り、それからロシア政府の要請によって、テロルのかどでモスクワの官憲当局に引き渡された。モスクワ高等裁判所で、彼は二十年の強制労働を言い渡され、やがてモスクワのブトゥイルキ監獄に下獄……。

この監獄のなかで彼ははじめて（一九一一年）若きネストル・マフノと出会った。マフノはアルシーノフ同様一九一〇年に敢行したテロルのために終身強制労働に処せられていたが、アルシーノフが彼をまだ全然知らない頃からマフノの方はアルシーノフの南部での活躍についてすでに聞きおよんでいた。獄中での共同生活における彼らの間柄は同志愛に満ちたものだった。そして二人は、一九一七年三月はじめ、革命の勃発によって釈放された。

マフノは革命の仕事のためにウクライナの郷里グリャイ＝ポーレに向かい、アルシーノフはモスクワに留まってアナキスト・グループのモスクワ地区連合の活動にエネルギッシュに参画した。

一九一八年の夏、ドイツ・オーストリア軍のウクライナ占領後、事態を同志たちと協議するためにマフノがしばらくの間モスクワを訪れた際、彼はアルシーノフのもとに逗留した。この時彼らはますます親しく打ち解け合い、革命のことどもについて、あるいはアナキズムの問題について活発に論じ合った。やがて三、四週間ののちマフノがウクライナへ取って返す時に、彼はアルシーノフと絶えず互いに連絡を保つことを申し合わせた。マフノはまた、モスクワを忘れないことを、そして時宜に応じた運動資金の援助を約束し、さらに彼らは機関誌発行の必要性についても話し合ったのである。……マフノは約束を守った。彼はモスクワへ資金を送り（それはアルシーノフの手には届かなかったが）そして繰り返し手紙を書いてウクライナへ来るように勧めた。マフノはアルシーノフを待っていたが、アルシーノフがいっこうに来ようとしないことに憤慨したりもした。

しばらくして突如マフノの名は、堂々たるパルチザンの指揮者として新聞という新聞に書き立てられた。

やがて一九一九年四月、まさにマフノ運動の端緒に、アルシーノフはグリャイ＝ポーレに駆けつける。そして彼はそれ以来、一九二一年の解放区の潰滅に至るまでほとんどずっとマフノ運動区に留まることになる。彼は解放区で主に人民に対する啓蒙活動を行ない、組織内のさまざまな仕事にも携わった。その間彼は文化および情宣部門の指導者であり、また叛乱軍報「プーチ・ク・スヴォボージェ」（自由への道）などの編集者でもあった。一九二〇年の夏に、ようやく運動の凋落にあたって彼は解放区を離れたが、この時刊行に備えて貯えられていた運動史の草稿が失われた。しばらくしてのちやっとの思いですべての敵に（白軍にも赤軍にも）包囲された解放区へ戻った彼は、それから一九二一年のはじめまでここに留まる。

一九二一年のはじめ、ソヴィエト政府が第三回目の、マフノの運動に対する恐るべき殲滅戦を挑んできた時、（原注4）アルシーノフはある重大な任務を帯びてついにこの地域を去った。そしていうまでもなくその任務とはマフノ運動の歴史を書き上げることにほかならなかったのだが、彼はそれを信じがたいほど困難な生活条件のもとで——一部はすでにウクライナ時代に、また一部はモスクワで——続行し、幸運にも今回こそ果たすことができたのである。

このようなわけで、本書の著者こそマフノ運動について語るにはもっともふさわしい人物である。彼はネストル・マフノを運動がはじまるはるか以前から知っていて、運動のさなかにも彼を最も近くからしかも非常にいく通りもの場面で観察することができたし、そのうえこの運動に加わった他のすぐれたメンバーたちとものきなみに知友なのである。アルシーノフは自ら積極的に運動に関与し、自らその栄光と悲惨を生き抜いた。それゆえマフノ主義の運動における内奥の本質と、理念的組織的な目論見、その固有の願望が、ほかの誰にもまして彼には瞭然としていた。彼は、運動をあらゆる側面から包囲している幾多の敵との巨大な闘争をつぶさに目撃し、労働者として、偽りのない運動の精神を深く自らの内面に獲得した。自分たちの運命と新しい生活の建設を実際に自分たちの手中に収めたいという、働く人々のアナキズムの理念に貫かれたはげしい渇望をである。彼は知的な労働者として運動の本質を熟慮し、この本質を異なる諸勢力や運動、諸潮流のイデオロギーに明快かつ鮮明に対置することができた。そしてこれに加えて彼は運動に関する史料に微に入り細にわたって精通していたし、誰よりも情報や素材を批判的に検討し、本質的なものを非本質的なものから、重要な事柄をどうでもよい事柄から、また根本的な物事を副次的な物事から区別できる立場にあった。

これらすべてのことが一体となって、あり余る不利な前提にもかかわらず、さらにたび重なった手稿や史料、文書の類の散逸にもかかわらず、特異で含蓄深いロシア革命の一頁を把握しそれを白日のもとにさらすことが彼には可能になったのである。

＊

ところで、この著作に取り扱われている多様な細目に関していくぶん注釈を加えねばならないこともあるだろうが、仮にそうだとしてもそれについてこの書物そのものがすでに充分に自ら証言を行なっているように思われる。

われわれは、本書が叙述の厳正さに対する格別の配慮をもって執筆されたということを特に確認しておかねばならない。少しでも疑わしい事実はただのひとつも採用されていないばかりか、著者は直截な理解を助けるために、事実に基づいた非常に多くの興味深くユニークなエピソードやデータさえも省略しているのである。一連の個別的な局面や動向、いくつかの出来事も、満足なデータが得られなかったという理由で登場していない。

しかし、極めて重要な文書のかなりの部分が失われてしまったという経緯は、作業の進行に大きな影を落としている。ことにその最後のもの、回数でいえば草稿と貴重な史料を含む四度目の紛失は著者をひどく困憊させ、それゆえ自ら告白しているように、彼は仕事を新たに再開すべきかどうかしばらく思い迷っていたほどだった。だがひとえに、たとえ不完全なものではあれ、せめて完結したマフノ運動の報告はなされねばならないという使命感が、彼をして再びペンを執らせたのである。

いうまでもなく、マフノ運動の歴史についてはさらなる尽力がなされ、新しいデータをもって補完されてゆかねばならない。この運動は極めて広汎に、深く独自に構築されたがゆえに、そんなにたやすく包括的な評価がなされてはならないのである。したがって本書は、歴史における最も偉大で啓発的な革命運動のひとつを検討するための最初の真摯な叩き台にすぎない。

＊

著者の原理的な主張のいくつかは議論の余地あるものである。しかしそれらは本書の根本的な要件でもなく、またそれだけに最後まで固執されてもいない。とはいっても、ブルジョアジーに替わって労働者を政経両面で支配しようと目論む新しい支配階級としてのボリシェヴィキに対する著者のそれなりの判断が、自説への愛着をそれだけ増大させたことは充分に察しのつくことである。

＊

マフノ主義の運動に関するもっとも本質的な事柄は、望みうる限りの明確さで本書のなかに浮き彫られている。そのなかで、著者によって鍛えられ公にされた「マフノフシナ」(マフノ主義の運動)という用語には、途方もなく広い象徴的な意味合いがこめられている。著者はこの用語に、しだいに自意識に目覚めて世界史的な行動の舞台に躍り出してきた労働者による、特殊で独自な、自立的で革命的で階級性のある運動という観念を結びつけるのである。そして著者はマフノ主義の運動を、こういう新しい動きの端緒における意味深いいくつかの出来事のひとつとして受けとめ、そのようなものとしてこの運動を、革命の渦中での他の諸勢力や諸運動に対置する。「マフノフシナ」という用語がもっている個人名と結びついた偶然性も、まさにこうすることによって普遍的な生彩を帯びる。マフノ運動はマフノなしにも成立しえたにちがいない。なぜならば、運動を創り展開させ、ただもっともすぐれた戦闘指揮者としてのみマフノを前面に押し立てたあの新鮮な部隊、あの生き生きした人民は、またマフノなしに存在したにちがいないからである。よしんば指導者の名が誰か他の人間のものであったとしても運動の本質は何ら変更を受けなかっただろうし、そのイデオロギー上の色彩も、明度はどうあれいずれあらわになったことだろう。

ただし、マフノの個性と彼の演じた役割にもこの論考は充分立体的に言及している。さらに、運動と敵の陣営――反革命派およびボリシェヴィズム――との関係は余すところなく語り尽くされていて、これらの圧力に対するマフノ叛乱軍の個々の英雄的な戦闘を扱った箇所は、感動をそそるとともにまさしく衝撃的でもある。

*

マフノ主義の運動とアナキズムとの相互の繋がりに関する興味ある問題は、納得のゆくかたちで処理されているとはいえない。全体を流れている基本的な見解は、アナキストたちが総体として、いや厳密にいえばアナキストの「首脳部」が、運動には外在的にしか関わらず、著者の表現を借りていうと運動に「乗り遅れた」のだということである。著者は主として、アナキストのうちのある層が「党派性」にまともに感染していて、人民とその組織や運動を領導しようという有害な志向に浸っているとすることで事態を説明しようとしている。ここからは、アナキストたちとは関係なく発生し、彼らから率直で献身的な理念上の援助のほかは何も求めなかった真に自立した大衆運動を、アナキストたちが理解していなかったという結論しか出てこないし、そのうえアナキストたちはそういう運動に対してまったくついで半分の偏見に満ちた態度しか取らなかったということにもなる。……だがまったくもってそのような見解は不充分極まる。

この問題はもっと広く深く考察されねばならない。アナキストのグループには、マフノ主義の運動に対する三様の反応の仕方があったのである。第一には著しく懐疑的な立場、第二には中間的な態度、そして第三の立場はまったく積極的なものだった。著者はこの第三のグループの存在を考慮せず、疑いもなく先に述べたような考え方をしている。しかしそういう視点には反論の余地が残っていて、したがって彼はこの問題にもっと慎重に立ち入ってゆくべきだった。とはいえこのテーマは本書の核心的な内容ではない。そして見方を変えていえば、先の彼の主張も本書の流れのなかに挙げられている幾多の事実によってそれなりにかなりの程度まで支えられている。……ともあれ、著者によって提出された問題がアナキストの刊行物においてさらに深化され、アナキズムの色彩を帯びた運動の全面的な検証が価値ある結論へと至るだろうことは期待できることである。

＊

いうまでもなく、「盗賊集団」だというでっちあげや反ユダヤ主義についての造り話、そしてそのほかマフノ運動につきまとう暗い風評の類いは、本書の出現とともに払拭されるにちがいない。たとえマフノ主義の運動が、人間のあらゆる所業と同様に影の側面をもち、過ちと歪みを犯し否定的な部分を含んでいるとしても、著者も指摘しているようにそれらはこの運動の巨大な積極面に較べていかにも取るに足らぬ軽微なものであるゆえに、もし取り立ててそれを問題にするなら、そういう観察は所詮恣意的のそしりを免れないだろう。そしてもしこの運動が自由に創造的に展開する契機をほとんどもち合わせていなかったのなら、運動は苦もなく霧消してしまっていたにちがいない。

＊

本書には、この運動がどんなに円滑軽快に、どんなに無理なく、一連の民族的宗教的なあるいはそれ以外の多様な偏見を超えて進んでいったかが、充分具体的に強調されている。この事実は極めて意味深い。それは、いうまでもないことだが、もし断固たる革命的な進撃の意欲に鼓舞された労働者人民が現実に自ら革命を構築するなら、しかも彼らに模索と行動についての真の自由がゆだねられているなら、彼らはどのような偉業をでも——そのうえいともたやすく！——達成しうることを示している。労働者人民の道には、ただそれが故意に遮断されさえしなければ、際限などないのである。

*

さて、本書の最も重要なポイントは以下の諸点である——

一、マフノ主義の運動を、単にあらゆる悪と戦時下の狂気を内蔵した（ということがマフノ運動に対するおおかたの拒絶反応のもとになっているのだが）一風変わったエピソードとして、あるいは命知らずのパルチザンの行動のみとしてとらえてきて、今なおそう思っている多くの人々に対して、著者がそのような理解のまったくの不当さを、反駁しがたいデータを引き合いに出しながら明らかにしていること。もっと詳しくいえば、著者が、広汎な労働者人民による、短期間ではあれ自由に満ち深く理念に支えられた独創的かつ組織的な運動の実像を、史実にのっとってわれわれの眼前に解き明かしていることである。そして、互いに緊密に合同しあったパルチザン部隊は、これら人民によって、ひたすら革命と自由を譲ることなく防衛するためにのみ編制されたのだった。このことを公にすることは、マフノ叛乱軍に関していたるところで猖獗を極めている出鱈目な噂を緩和することになる。

　また、軍事戦略上ある程度の手ぬかりがあったとして著者がマフノ運動を真剣に批判していることは注目に価する。マフノ叛乱軍が犯した失策に言及している部分で、彼は、もしこの軍隊が適当な時機に可能な限りの広範囲を掌握しうる厳格に編制された単一の大革命軍を組織していたら、大ざっぱにいってウクライナにおける革命の全過程は全然異なったものになっていたかもしれないと述べている。著者の所信が正しいとすれば、この点に関してマフノ運動の運命と、軍事的な失策が同じく悲劇的な意味をもった過去のいくつかの革命運動の運命とを比較してみることもできるだろう。いずれにせよ読者はこの問題に格別の注意を払われたい。それはたいそう有益な考察を導く糸口となるはずである。

二、この運動の全き自立性が、つまりあらゆる外部注入的な勢力に対して自覚的精力的に戦いとられた独立性が、本書では鮮明に際立っていること。

三、ボリシェヴィズムとソヴィエト政府のマフノ主義に対する関係がきっぱりとしかも綿密に確認されていること。そしてそれによって、ボリシェヴィキのあらゆる正当化の作業と造られた歴史が粉砕され、彼らのありとあらゆる犯罪的な策動、嘘と反革命的な本質が赤裸に暴露されていること。本書の当該箇所の標題には、サムソーノフという男の次のような発言こそふさわしかったのではないかと思う。この男は汎ロシア特別委員会の秘密行動班長だったが（獄中で私が「予審判事」に喚問された際）その彼がつい口をすべらせてしまったのである。両者が協定を結んでいた時点でのボリシェヴィキのマフノに対するやり口は裏切り的ではなかったかという私の意見に、サムソーノフは荒々しく応酬した――「きみはそれを裏切りだと考えるのかね？　われわれにいわせれば、あれはただわれわれの方がすぐれた政治家だということを示しているにすぎない。つまり、われわれがマフノを必要とする限りにおいて、われわれは彼を利用する方途を知っていたし、もはや用はないとあらば、粛清することだって心得ていたんだよ」

四、多くの真摯な革命家たちは、アナキズムを理想主義的なファンタジーであるとし、一方ボリシェヴィズムを唯一可能な不可避の実体、世界革命途上の一定の段階がくぐらねばならない不可欠な実体としている。それゆえボリシェヴィズムの否定的な側面は非本質的なものとされ、歴史のうえで是認されている。

ここにさらに挙げておかねばならないいまひとつのポイントは、本書がそのような把え方に致命的な反撃を与え、明瞭に二つの枢要な問題を確認しているということである。すなわち、(1)アナキストの志向が「有害な夢想家のユートピア」ではなく労働者の極めて現実的で具体的な革命を目指しているものであることは、ロシア革命が働く人民による真の自立した革命である以上、この革命の過程で立証されていて、(2)またまさしくそのようなものとして、アナキズムを奉ずる運動はことさら残忍悪辣にボリシェヴィキに圧殺されていった、という二点である。

本書に取り扱われているいくつもの史実は、ボリシェヴィズムの「実体《レアリテート》」なるものが本質的には実にツァーリズムのそれと変わらないものであることをはっきりと示している。これらのデータは、労働者にとって唯一かつ真に革命的なイデオロギーであるアナキズムの実体とその絶対の正当性を、具体的立体的にボリシェヴィズムの「実体」に対峙させながら、後者から、何らかの歴史的な正当化の基となる幻影の片鱗までも奪い去っているのである。

五、本書が、アナキストの側からする評価の多くの部分をも変えさせてしまうような史料をふんだんに提示し、また、数点の新しい問題を惹起するとともに旧来の問題にけりをつける一連の事実を開示して、繰り返し洞察されねばならないいくつかの忘れられた真実に証言を与えていること。

＊

ところでなお一言付け加えておこう。

たしかに本書はひとりのアナキストによって執筆されたものではあるが、その役割と意義は疑いもなく各々の読者層のイデオロギー的な境界を越えて広がってゆく性格のものである。

ある人々には本書はまったく思いがけない暴露となるだろうし、またある人々はようやく本書によって自らをめぐる情勢に眼を開くようになるだろう。そして、さらに他の人々には、事の次第が新しい相貌を帯びて見えてくるにちがいない。

ただ読むことに慣れた一部分の労働者農民のみならず、革命家たちのみならず、総じて身辺に関心を払う考える人間なら誰しも、本書を注意深く読破し引き出される結論を検討し、その教訓について自ら判断を下さねばならない。

生活がおびただしい事件の波に囲繞《いじょう》され、世界が抗争を孕んでいるこんにち、革命が随所に噴出し、人間たちをなんとかしてその渦に巻き込もうとしているこんにち、そしてただに資本家と労働者、旧体制と新世界のあいだばかりでなく異なる闘争と建設の可能性をかかげた党派相互のあいだでも、いたるところで巨大な反目が幕あけているこんにち、さらにボリシェヴィズムが日々新たな血を求めながら革命を裏切ることによってこの地上を荒々しく蹂躙し、歪曲と欺瞞と買収をもって新しい協調者を手に入れているこんにち、そのようなこんにちこそ、革命闘争の小径を照らす幾冊かの書物がどの家庭の机上にも飾られていなければならない。

アナキズムは選ばれた人々の特権的な所有物ではなく、こんにち誰もが習熟していなければならない深遠で包括的な理論であり世界観である。

読者がアナキストになる必要はない。だが、たまたまアナキストの集会に参加していたある年老いた教授の悲哀を読者も舐めることのないようにと私は願う。講演のあと、彼は感動に涙さえ浮かべながら、とり巻く聴衆にこう語ったのである——「私は……私は髪に霜を置くまで、研究者として生きてきました。そして、にもかかわらず今この時に至るまで、私はこのすぐれた素隋らしい理論を予感だにしなかったのです……私は、私は恥じねばなりません……」

読者がアナキストになる必要はないのである。アナキストたることは必須の義務ではない。しかしながら、アナキズムの何たるかを知ること、そのことはゆるがせにされてはならない。

一九二三年五月

序・原注

（1）国内外に無数にばらまかれている、節度など毛頭ない小さな中傷記事の類いは論外としても、なおそのほかに、多少は包括的な「出鱈目の」論考も出版されているのである。それらはなんらかの理念的なあるいは歴史的な意義を主張しているが、実際にはマフノ運動の意識的な歪曲をもくろんでいて、そうでなければ子供だましの造り話にすぎない代物である。例えばボリシェヴィキのヤー・ヤコヴレフの手になる『ロシア大革命下のロシア・アナキズム』（数種の国内外版あり）は曲解と虚偽以外の何ものでもなく、また、ゲラシメンコなる人物による史料集『歴史家と同時代人』（オリガ・ギヤコヴァ社刊、第三巻、一五一頁、「マフノ」、一九二二年、ベルリン）はあまりの捏造のためにこちらが赤面するような論文となっている。さらに、マフノ運動を真摯に扱い右にあげたような「史家たち」とはまったくちがった側面から検証しているアナキスト・グループの考察にも数多くの誤りがひそんでいることを書き加えておかねばならない。結局は彼らも個人的に直接運動の渦中にあったわけではなく、聞いたり読んだりしたことを基にして書いているからである。例えば、一九一九年にペトログラードのアナキスト・グループ機関紙「ヴォーリヌイ・トルート」の論説として書かれ、一九二二年三月アルゼンチンで復刻されたペ・ルヂェンコの『ウクライナにて――叛乱農民と無政府主義の運動』にしても、かなりの誤認事項が紛れ込んでいて、やはり著者自身が運動のなかにおらず多様な変転の過程を具体的に体験していないという弱点を示している。

（2）「クラーク」という単語は元はたんに「富農」と訳されていたが、ここでは「プチ・ブル」あるいは「市民」という概念に置き換えるのが妥当である。――ドイツ語版製作者。

（3）本書の刊行に先立って、アルシーノフは、外国の同志・人民にマフノ運動についてのいくつかの事実を伝えるため「ネストル・マフノ」「マフノ主義と反ユダヤ主義」と題する二つの論説を各国紙に載せている。
（4）「赤色コサック」騎兵師団の攻撃によるこの虐殺の際、アルシーノフは辛うじて脱出したが、親しい同志たちは無抵抗のまま彼の眼前でなぎ倒された。なおアルシーノフにとって、九死に一生を得るという経験はこれが最初でもなければ最後でもない。

著者まえがき

マフノ主義の運動は、ロシア現代の巨大な事件である。その理念の深度と多様性において、この闘争はわれわれが聞きおよんでいる労働者の、他のどのような自立的な運動をも凌いでいる。その事実経過を示す史料はとてつもない量にのぼるが、目下、共産主義が徘徊する諸条件のもとで、この運動の検証に役立つ素材を残らず収集することはおよびもつかないことである。その仕事は後年に譲りたい。

マフノ運動史の執筆を、私はこれまでに四度試みた。そしてそのために、運動に関するありとあらゆる史料を丹念に集めた。しかし四度とも、ほぼ半ばまで進んだ仕事が史料もろとも失われてしまったのである。二度は前線にいて戦闘のなかで、あとの二度は家宅捜索されたためだった。就中《なかんずく》、格別貴重な史料を失ったのは、一九二一年ハリコフでのことで、その時は前線の宿営やマフノ個人の手文庫からかき集めたものが一切合切そろっていたのである。そのなかには、重大な証言を含むマフノのメモの類いや印刷物の大部分、闘争の記録、それに機関紙「プーチ・ク・スヴォボーヂェ」（自由への道）のバックナンバーと責任をもって運動に加わった同志たちの詳細な伝記的データがあった。散逸した史料のほんの一部をでも近日中に再び集めることは不可能である。そしてそのような状態で、数多くの不可欠な史料を欠いたまま本書は着手された。しかも問題はそればかりではない。この仕事は、最初の時は戦闘の合間に、二度目以降も極度に困難な条件下に、つまりボリシェヴィキの警察とのやり取りのさなかでなされねばならなかった。それで結局は、ちょうどツァーリの監獄で囚人たちが「とっつかまる」のを絶えず心配しながらどこかの片隅や机のうしろに隠した紙切れを用いて交信したような書き方しかできないありさまだった。

当然その結果、本書が大慌ての書き下ろしとなりたくさんの欠陥を秘めていることは否めない。しかしわれわれの現在は、仮にこのような不完全な形態ではあっても本書が公にされることを要求している。したがって、大切なのは完璧な著作ではなくて、後続する作業を引き出す発端なのである。だがそのためには、この運動に関連する史料の集成がどうしても必要である。信頼するに足る史料を保管しておられるすべての同志たちに告げたい。どうかそれらをこの著者に送付されんことを。

＊

ところで外国の活動的な同志たちに、このまえがきの場で注意を促しておこうと思うことがある。あれやこれやの会議でロシアを訪れる同志たちの多くが見る現在のロシアの生活は、ただボリシェヴィキの政府が演出してみせるものだけだということである。同志たちは、ペトログラード［のちにレニングラード、現サンクトペテルブルク］やモスクワやその他の諸都市の工場を巡察し、そこで政府や親政府派が提出するデータに基づいて情況を知るだろう。だがこのようにしてロシアの現実を認識しても、結局は詮ないことである。客人たちに見せられる生活は、実際にあるがままの生活から常に遠く隔っている。ここでは次のような例を挙げておこう。――一九一二年か一九一三年のことである。ひとりの学者が（イズラエル・ファン＝カン氏だったと思うが）、ロシアにおける監獄制度を調査するためにアムステルダムからやってきた。ツァーリの政府は、ペトログラードやモスクワをはじめ各地の監獄の視察を彼に許可した。そこで彼は房を回り、囚人の状態について尋ね、囚人たちと歓談したりしながらまた（ミノールほかの）少数の政治犯ともこっそりコンタクトをもったが、それでも彼の見たものは、当局が見せようとした範囲を何ら越えてはいなかった。そしてこの学者は、ロシアの「監獄《カトルガ》」の特殊性を把握することなく引きあげていったのである。ロシアを訪ねる外国の活動的な同志たちが、短期間のうちにボリシェヴィキやそのライバルの案内でロシアの実生活に精通できるなどと考えているなら、彼らはイズラエル・ファン＝カン氏の場合と似たり寄ったりの結果に終わってしまうだろう。もしそうならば、同志たちが重大な錯覚を犯すことは眼に見えている。

ロシアの実態に触れるためには、一介の農夫となって村に入るか工場労働者の仲間入りをせねばならない。そしてそこで、共産主義者の政府が人民に交付しているような「パヨーク」（配給チケット＝市民権）を経済的政治的に手に入れ、もし労働者の神聖な諸権利が拒まれるようならそれらの権利を要請し、そのために戦わねばならない。労働者のための革命こそが究極の正義であるゆえに、まさに革命的に戦わねばならないのである。こうしてはじめて、見かけのものではない真のロシアの現実が、そのような勇敢な戦士の眼には映じてくるだろうし、本書に述べられている歴史も納得のゆくものとなるだろう。彼は震撼しつつ認めるにちがいない。労働者の偉大な真実は、地上のいたるところにおけると同じくこんにちのロシアでも十字架にかけられていることを。そして彼は、この真実を擁護せんとしたマフノ運動のヒロイズムをついには理解するに至るだろう。

自らの階級の運命に思いを馳せ、主体的に思考するすべてのプロレタリアは、他国の現実の総体がそうであるように、ロシアの現実もまさにこのようにしてしか理解されないことを認めるだろう。それゆえ、これまで外国の派遣団がロシアの現実を知るために採っていたやり方は、まったくの無意味であり自己欺瞞であって、ちょっとした外遊にすぎず、時間の浪費であったことをここに警告しておかねばならない。

一九二一年四月　モスクワにて

第一章　人民とボリシェヴィキ

世界史を見渡しても、働く人民自身によってつまり都市の労働者や貧しいが他人の労働を食いものにすることのない農民によって、それらの階級の固有の利害に基づきながら行なわれた革命はただのひとつもない。なるほどあらゆる偉大な革命の本来の原動力は、革命を勝利に導くために数限りない犠牲を払った労働者と農民だったが、指導者やイデオローグたちあるいは革命の形態と目標を組織した者たちは、いつの場合にも労働者農民ではなく、外在的な、労働者農民には疎遠な諸要素であり、通常、旧体制の支配階級と都市・農村のプロレタリアートとの間を浮動する一種の中間層であった。

この中間層は、旧秩序と古い国家システムの崩壊を基盤として――つまり隷属させられてきた人民の自由へのあくなき衝迫によってもたらされた崩壊を基盤として――芽ぐみ成長したものであるが、そういう階級的特性と権力志向のゆえに、旧体制が凋落しつつあることを顧慮してなんらかの革命的なポーズをとり、容易に圧迫された労働者の指導者となり人民による革命運動の指揮者となった。だがこのような中間層は、革命を組織し労働者農民に固有な利害を保証するという旗印の下で革命を領導しながら、実は常に自分たちの狭いグループの利害、狭い階層の利害を追求し、国内に自らの覇権を確立するために革命の全過程を利用しつくそうと腐心していた。このようないきさつはイギリス革命でもフランス大革命でも見られたし、また一八四八年のフランスとドイツにおける革命期にも見られたが、実際他のどのような革命の経過をとってみても同じことがいえるのである。そこでは都市および農村のプロレタリアートが解放のための戦いに血を流し、一方人民の背後で自分たちのグループの利害を顧みながら革命の課題と目的に手を加えていた指導者や雑多な分派の政治家たちが、プロレタリアートの犠牲と労苦によってもたらされた成果を思うままにしていた。

フランス大革命でも、労働者たちは目標の達成に全力を注ぎ膨大な犠牲を支払ったが、しかし革命に携わった政治家たちはいったいプロレタリアートの出身だっただろうか。そしてプロレタリアートが抱いていた理想――自由と平等のために、彼らは戦っただろうか。否、断じて否であった。ダントン、ロベスピエール、カミーユ・デムーランたち、その他一群の指導者たちは皆当時の自由主義ブルジョアジーの代弁者だった。彼らが戦ったのは一定のブルジョアタイプの社会内諸関係を樹立するためにであり、そしてそのような諸関係は、十八世紀フランスの民衆が描いていた自由と平等についての革命の理想とは何ら通じ合う性格のものではなかった。それでもともかく彼らはあらゆる偉大な革命の指導者として取り扱われてきたし、こんにちもなおそういう処遇を受けている。ところがこれに反して、例えばフランスの一八四八年革命の後、まさにこの革命のために三カ月もの間英雄的に艱難と窮乏に耐え辛苦と犠牲を捧げてきた労働者階級は、革命の指導者たちから約束されていたような「人民共和国」を獲得しただろうか。労働者が彼らを欺いた指導者たちに抗して決起しようとした時、彼らを待ち受けていたものは大っぴらな圧制と殺戮、五万人にのぼるパリの労働者の銃殺だった。

これまでのすべての革命で労働者農民が達成したものといえば、彼らの生活の基底に横たわる志をわずかに表明することと独自な勢力を形成することにすぎなかった。そのうえこの勢力は不断に歪曲され、やがてより賢明で老獪な、より学のある革命の「指導者」によって解体させられてしまった。これらの革命を通じて働く人民が獲得したものの大半は、例えば集会・結社・出版報道の自由に関する権利というかたちの、あるいは選挙権というかたちの、まさに投げ与えられて差しつかえないような取るに足らぬ殻であり、しかもこういう残り骨ですら、極めて短かい時期つまり新政府がまだ充分に地歩を固めていない期間に限って保証されたにすぎなかった。そして新政府が確立してしまうや、人々の生活は以前の無権利の状態、収奪され欺かれる状態へと逆戻りしたのである。

ラージンの叛乱や現在の労働者農民による革命的蜂起のようないわば最深部の大衆運動においてのみ、人民は実際に運動の主《あるじ》であり、あるいは指導者に自らの刻印と内容を付与しえた。なるほどあらゆる「思慮ある」人々にたいていは誹謗され悪態を浴びせられたこのような闘争は未だかつて勝利したことはなかったが、その内実と形態によって、政治的なグループや党派に領導された革命とは決定的に異なっていたのである。

われわれのロシア革命は、さしあたっては疑いもなく人民によって人民のものではない諸利益が実現された政治革命だった。この革命の本質は、労働者農民の未曾有の犠牲と苦悩と革命的な武装闘争にもかかわらず、革命成立後の政権はあの中間層、社会主義を奉ずるいわゆる革命的インテリゲンチャ＝社会民主主義者に簒奪されたということにある。

ロシアのあるいは世界の社会主義的インテリゲンチャについては多くが語られてきた。そしてほとんどの場合、彼らは至高の人間的な理想を担った者として讃えられ不朽の真理のために戦った人々とされた。

彼らが非難されるということは極めて稀だった。しかし良かれ悪しかれ彼らに言及したもののすべては、ある重大な欠陥をもっている。すなわちインテリゲンチャ自らが自らと同じ立場の者を定義し讃美しまたは批判しているという点である。労働者農民を客観的に理解するにはそれらは著しく説得力に欠け、さらにインテリゲンチャと人民の関係についてはまったく意義をもちえていない。本書では両者の関係にも留意しながら事実のみをもって論考してゆこうと思う。インテリゲンチャの生態に関する、現実の議論の余地ない事実は、彼らが絶えず特権的な社会的地位を得てきたということである。ばかりか、そのような立場を享受して無為に暮らしてきたインテリゲンチャは心理のあり方においても特権的であった。あの「社会につきつける理想」と呼ばれる彼らの内面の志向には、どれにも避けがたく選良意識がまつわっているのである。そしてこの選良意識はインテリゲンチャの社会的発展の全過程に見られる。インテリゲンチャによる革命運動の端緒からつまりデカブリストの乱(原注1)の時代から「ナロードニキ運動《ナロドニーチェストヴォ》」、「人民の意志派《ナロドヴォーリチェストヴォ》」を経て、マルクス主義とさまざまなヴァリエーションを含んだ社会主義の運動に至る全階梯を順を追って検討してゆくならば、いたるところでわれわれはこの実に顕著な選良意識に出くわすだろう。

　社会に求める理想が外見はいかに高邁なものであれ、それが人民の労働と諸権利の犠牲のうえに成立している特権を内包したものであるならば、そのような理想はもはや全き真理たりえない。そして人民に全き真理を提供しない理想は、ほかならぬ人民に虚偽として受けとられるほかはない。社会主義を奉ずるインテリゲンチャのいかなるイデオロギーも、ちょうどインテリゲンチャの生態そのものと同様、人民の目にまさにこのような虚偽として映じるのである。人民とインテリゲンチャの間に生じるすべての対立は、以上の事実によってははじめから規定されているといってよい。人民は、彼らの隷従的な労働と無権利の状態を踏み台《ア・コント》として特定のグループが社会的な特権を手に入れ、自分たちだけの利益に基づいてこの特権を来たるべき新しい社会にまで持ち越そうと腐心してきたことを必ずや記憶しつづけるだろうし赦すこともないだろう。

人民と社会民主主義者とは、さらに彼らの狡猾かつ謀略的に人民に忍び寄ってくる社会主義のイデオロギーとは、所詮二つの根本的に異質な要素なのである。だがもとより、例えばソフィア・ペロフスカヤのごとき幾人かの英雄的な人々は、卑俗な、社会主義とこみになっているどのような特典からも遠く立っていたのであり、そしてそうありえたのはひとえに彼らがただ政治的に民主主義的な事柄をでなく、心理上のあるいは道義上のレベルの事柄を問題にしていたからである。彼らはわれわれの生の花々であり、人類を飾る人々であった。真実への熱情において決起したこれらの人々は、人民への貢献のために惜しみなく己れの一身を投じ、またそのように美しい自らのあり方をもって社会主義者たちのイデオロギーの変節をなお一層際立たせたのである。これらの人々を、人民はけっして忘れないだろう。そして人民は、彼らへの尽きることのない愛をいつまでも携えてゆくだろう。

一八二五年のロシア・インテリゲンチャの混乱した企ては、半世紀を経過するうちに、完結した社会主義的な国家システムの希求へと展開してゆくが、しかしインテリゲンチャ自体も、明瞭な輪郭をもちながら利害を共有するグループ、すなわち社会民主主義者へと発展してゆく。彼らと人民の関係は決定的に定着している。人民は社会的経済的な自治を達成しようとし、社会民主主義者は人民に対する支配を達成しようとしているのである。両者の連携は狡智と虚偽、そして武力によってのみ保たれ、いかなる場合にも、何らかの共通する利害のゆえに自然なかたちで成立したことはなかった。両者は互いに敵対しあっている。

人々を強制的に支配しようという理念、そのような国家観は、いつの時代にも、平等に関する感覚を欠きエゴイズムに貫かれた人物たちによって担われてきた。そういう人物にとって、民衆とは意志なく意識なく主体性もない原料同然のものであり、社会を自主管理することなどおよびもつかない存在だった。

このような考え方は、常に働く人民の外にある特権的な支配階級のものであり、つまりは家父長や軍人、貴族や僧侶のものでありあるいは産業ブルジョアジーのものであった。

こんにちの社会主義なるものがこういう考え方の忠実な従僕であることは訝《いぶか》るにあたらない。なんとなれば、それが現在の新しい支配階級のイデオロギーを構成しているからである。いったい集権的社会主義国家論者やそのアジテーターたちが実際に何を望んでいるのかを注意深く観察するならば、われわれは、彼らの誰もが貪婪な支配欲に満ちていて、誰もが何ものにもまして自分自身を、それによって人民が支配され導かれる中心点であると見なしていることに思い当たるだろう。集権的社会主義国家論とその担い手たちのかかる心理的特性は、以前の、すでに死滅したかまたは死滅しつつある支配階級の心理の直接的な継承である。

われわれのロシア革命におけるもうひとつの基本的な事実は、労働者農民が相変わらず「酷使される階級」としての従来の状態に留まっているということである。彼らはなお、政府に支配される生産者としてある。

こんにちロシアで実施されているいわゆる社会主義の建設というもの、あるいは国土を管理する国家のあらゆる装置、新しい社会的政治的な諸関係の樹立——これらすべてのものは、まさしく生産者に対する新しい階級支配の創出と強権形成以外の何ものでもない。こういう建設と支配へのプランは、何十年ものあいだ社会民主主義の唱道者たちによって立案され、準備され、ロシア革命以前は集産主義《コレクティヴィズム》として周知のものだったが、こんにちではソヴィエト制と呼ばれている。

このプランは、ロシアにおける労働者農民の革命的な動向を土台にはじめて実行に移されたが、それは、革命を通して一国に覇権を定着させるための社会民主主義者の最初の試みだった。そしてこの試みは、社会民主主義者のほんの一部分、その行動的先進的な革命派によって、つまり共産主義を奉ずる左派によって企てられたはじめての試みとして、一般的な民主制を求める広汎な人民には奇想天外に映ったことと、またその激越な実施方針も相俟って、当初からほかならぬ社会民主主義者たちをいくつかの相互に敵対するグループに分裂させてしまった。これらのグループのうちのあるもの（メンシェヴィキ、社会革命党《エス・エル》、その他）は、この段階でロシアに共産主義をもち込むことは尚早であり冒険的にすぎるとしていた。彼らはまだ、いわゆる合法的議会主義的な方法で、つまり労働者農民の投票を通じ、議会に多数の議席を獲得することで覇権の確立を達成しようとしていたのである。このような見解の相違が左派＝共産主義者との抗争の動機だった。しかしこういう抗争も一時のものであり、行きあたりばったりで、まともに取り扱うにはおよばない。それは誤解から、すなわち社会民主主義者のうちで多数派だが日和見主義的な部分がボリシェヴィキに領導された政治的転覆の本来の意味を理解しなかったことから生じた抗争であって、それゆえこの部分が、共産制というものが自分たちに何ら不利益をもたらすものではなく、それどころか新体制のなかの上等なポストを約束するものであることを納得するや、一切の悶着はおのずから止んで単一の共産党の戦列に帰属することになるだろう。

こんにちすでに、このような意味での社会民主主義者の「思わく」は見てとることができる。ロシア内外のどのようなグループも「ソヴィエト制」になびいているし、第二インターナショナルで音頭をとって、そういう立場からボリシェヴィズムを批判していた各国の大党派も、いまやコミンテルンの懐に結集してはためく共産主義の旗印を押し立てながら、「プロレタリア独裁」の合言葉をもって労働者階級ににじり寄ろうとしているのである。

しかし、労働者農民が闘ってきたこれまでのいくつもの偉大な革命においてもそうであったように、われわれの革命もその自由と平等を求める闘いのなかで働く人々によるいくつかの自立した動きを創り出し、革命を通じてその根底に横たわる潮流の輪郭を表現してきた。そのようなもののうちの最も強力で意味深いものがマフノ主義の運動である。革命をくぐって三年の歳月に、マフノ叛乱軍は英雄的に血路を開いてきた。ロシアの労働者をしてその永年の夢である自由と独立に至らしめる血路をである。運動を窒息させ歪曲し泥にまみれさせようとする共産主義者の政府の仮借ない企みにもかかわらず、運動は成長し生きつづけさらに広大に展開していった。内戦のなかで、叛乱軍はいくつもの戦線で闘い、その都度敵に深傷を負わせながら、希望を、大ロシアやシベリアおよびカフカースの労働者農民をして革命の事業にとりかからせたまさにその希望を堅く守り抜いた。マフノ主義の運動がなぜこのように成功裡に展開していったかは次のような理由をもって説明できるだろう。つまり他国の革命の歴史とそれまでのロシアにおける革命的な動向に学び、それらの経験を活用できたこと、また労働者農民が自らの内部から、人民の心を引きつけ表現し、革命運動の本質的な側面へと彼らを領導しつつこの側面を社会民主主義や共産主義の政治的な業績と対置してみせ、それを尊厳と強靭さと才覚をもって防衛することのできる人物たちを生み出したことである。

ところで、いきなりマフノ運動の歴史に入る前に、われわれは以下の点に留意しておかねばならない。しばしばロシア革命は「十月革命」と呼ばれるが、この際二つの事柄が、すなわち、そのもとに人民が革命を達成したスローガンと達成された革命の成果とが混同されているということである。

一九一七年十月における人民の行動は「工場を労働者に、土地を農民に！」というスローガンのもとに実践された。そしてこの簡潔にして味わい深いスローガンのなかには、資本主義と賃労働と圧制の廃絶から、生産者による自主管理を基礎とした新しい生活の建設に至る人民の革命プログラムの総体が含まれていたのである。だが現実はどうだったか。十月革命はこれらのプログラムを実行に移さず、資本主義は破壊されたのではなく改造されたにすぎなかった。賃労働と生産者に対する搾取は同様に存続しているし、新しい国家の諸機関は以前の大地主と資本家の国家がそうであったように相変らず労働者の意志を束縛している。したがってわれわれは極めて限定的な意味においてのみ、つまりボリシェヴィキの課題と目的が実現されたという限りでのみロシア革命を「十月革命」と呼びうるのである。

　十月革命はロシア革命の全行程における一段階にすぎない。それはちょうど、一九一七年の二月―三月の出来事が革命のほんの一幕以上の何ものでもなかったことと同じである。ボリシェヴィキは十月行動の革命的な諸力を自らのプランと目標の達成のために利用したが、このことはけっしてわれわれの革命の全体を物語るものではない。革命の巨大な河床は、十月をもっては終熄しない他の数多くの流れをも含んでいるのであり、それらは献身的で平等かつ権力なき共同体生活を希求する労働者農民の歴史的使命が果たされるまでつづくのである。現在もはや久しく硬化した十月は、疑いもなく、人民の手になる革命の次の段階に道を譲らねばならない。そしてもしそうでなければ、これまでのすべての革命と変わることなく、やはりこの革命もたんなる権力の交替にすぎなかったということになる。

第一章・原注

（1）デカブリスト。「十二月党」の意。一八二五年十二月、ペトログラードにおけるロシア最初の革命運動に参加した青年将校たちが自らをこう呼称した。やがて叛乱は挫折し、首謀者五名が絞首刑にされた。――ドイツ語版製作者。

第二章　大ロシアとウクライナの十月

ロシア革命の経過を解明するためには、一九〇〇年から一九一七年に至る期間に労働者農民のなかで革命の理念がどう発展しプロパガンダがどう行なわれたかということと、大ロシアとウクライナにおける十月革命の意義はどうだったかということをぜひとも詳細に検討せねばならない。

一九〇〇年から一九〇五年までの間に労働者農民に向けて行なわれた革命的なプロパガンダは、二つの流派――集権的社会主義とアナキズムのそれぞれの代表者によってなされた。その際、集権的社会主義はよく組織されたいくつかの社会民主主義者と共産主義者の党派、ボリシェヴィキやメンシェヴィキあるいは社会革命党《エス・エル》やその他それらに親近な一連の政治勢力によって唱道されたのに対して、アナキズムの陣営は革命における任務さえ充分には明確にできない少数の小さなグループしかもっていなかったということを確認しておかねばならない。政治的なアピールと政治教育の分野はほとんど全面的に左右両派の社会民主主義者に占有されていたのである。自らのプログラムと理念をもってこれらの社会民主主義者は人民を飼育した。民主制共和国を征服すること、これが彼らの急務であり、政治的転覆はこの課題を実現するためのひとつの手段だった。

アナキズムの陣営は民主政体をも国家形態の一種として拒否し、またそういうものを創設する手段としての政治的転覆を拒否していた。社会の変革をアナキズムはもっぱら労働者農民による評議会設立の要請としてとらえ、そのような革命を人民に提起したのである。それは、労働者農民の手になる国家なき自由共同体の名において資本主義の完膚なき廃絶を主張する唯一の理論だった。だがアナキズムは、極めて少数の勢力をしか傘下に収められず将来に対する具体的なプログラムをもちえなかったがゆえに、強力な普及を見ることも、確固たる社会・政治上の理論として人民のなかに根づくこともできなかった。にもかかわらずアナキズムは、隷属させられている人民の死活問題を扱い、けっして人民に茶番を演じることなく、また人民が人民自身の利害に従って戦い死すべきことを説くことによって、働く人民の内部から一群の革命の戦士と殉教者を輩出させた。アナキズムの理念は久しいツァーリの反動を耐え抜き、個々の都市労働者や農民のなかに彼らの社会的政治的な理想として生き残ってきたのである。

社会民主主義者のなかから無媒介的に生成した社会主義の陣営は、広汎な知識人層を常に意のままにあやつってきた。学生層、教授層、医者、法曹人などはいずれも官許のマルクス主義者であるかまたはことさらめいたシンパサイザーだった。この政治的に訓練された数多い支持層のおかけで、社会主義の陣営は、不分明なうさんくさい民主主義理念のための戦いを提起してきたにもかかわらず、労働者階級のかなりの部分を自らのものとすることに成功したのである。

ところが一九一七年革命の勃発とともに階級的な利害と本能が上位を占めて、労働者農民は直接に自分たちの目標を、土地と工場の占拠を追求した。

かかる人民の離反が明らかになるにおよんで——といってもこれは革命のずっと前から予兆のあったこ

となのだが——マルクス主義者の一部、つまりその左派であるボリシェヴィキは、自らの明白にブルジョア民主主義的な立場をいち早く清算し、労働者の要求に見合ったスローガンを唱えながら、ヘゲモニーを達成せんがために蜂起の人民に追随した。そして、自派に組み入れた著しい数の知識人と、人民をまるめ込む社会主義のスローガンのせいで、またもやボリシェヴィキはそれに成功した。

十月革命が「工場を労働者に、土地を農民に！」という二つの力強いスローガンのもとに進行していったことはすでに第一章に述べた通りである。人民はこれらのスローガンを、あれこれと注釈することなく簡明直截に理解していた。彼らにとって革命とは、全国の工場をただちに労働者の管理に帰せしめ土地と農業を農民の手に帰せしめるものでなければならなかったのである。そして、このスローガンの大義と活性は人民を深くとらえ、それゆえ人民のもっとも能動的な、数のうえでもけっして少なくない部分が、革命成立と同時にまさしくスローガンの表明している意味における生活の建設に着手する備えをもっていたし、いくつかの都市では、労働組合と工場委員会が企業と工場を引き継ぎ資本家を追放して賃金の自主管理にとりかかりもしていた。しかしながらすべてのこれらの試みは、すでに独裁党にのしあがっていたボリシェヴィキ＝共産党の無情な妨害に出くわしたのである。

革命的人民と相携えて進みしばしばその無政府主義的なスローガンをも承認してきたボリシェヴィキは、臨時連立政府を倒壊せしめ権力を掌中に収めるにおよんで実践上急速な方針転換を行なった。いまや十月の理想を掲げた人民運動としての革命はボリシェヴィキにとっての目的を達し、労働者階級の主要な敵、産業および農業ブルジョアジーは打倒され、資本主義政権の超克と破壊の時期は過ぎて、共産主義的な建設の、プロレタリア社会創設の時代が始まっているとされた。共産主義者には、だから、以後革命は国家の装置に領導されてのみ進行しうるものであり、労働者が街頭や工場から檄をとばしつづけ農民が新しい政府に注目せずに自身の生活を独自に形成しようとするようなそれまでの状態を継続することは危険な結果をもたらしかつ党を解体させるものであると映ったのである。

ボリシェヴィキにとって、これらのことはすべて終熄せねばならず、それもあらゆる手段によって、時には国家の強権を発動しても終熄させねばならなかった。権力掌握とともにボリシェヴィキが行なった転回はこういうものだった。

それからというもの、彼らは、労働者農民の社会主義建設におけるいかなるイニシアチブにも執拗に敵対し始めたが、いうまでもなくこういう革命の変質とその後の官僚的なプランの実体は、実にその現在あるをもっぱら人民に負っている党による、人民に対する厚顔極まりない介入にほかならなかった。あらゆる価値がおびただしく簒奪された。だがともかく、ボリシェヴィキが革命を通じてとってきた立場からする論理的な帰結は、まさに彼らは断じて別様の行動をとりえなかったのだということである。革命によって自らの覇権を追求した政治党派なら、どのようなものでもそのようにふるまったのではないだろうか。十月に至るまで、社会民主主義陣営の右派つまりメンシェヴィキと、さらには社会革命党《エス・エル》も、革命を主導しようと図っていた。ただ彼らは、充分な時間をもたずまた自派の部隊を組織立て人民をひきつけて堅固な戦列を維持しえなかったことにおいてボリシェヴィキとちがっていただけである。

*

さてここで、共産党の独裁とその国家機関以外による革命継続の禁圧が、ウクライナおよび大ロシアの人民にいかに受け取られたかを検討してみようと思う。ウクライナと大ロシアの人民にとって革命は同一のものだった。にもかかわらず、ボリシェヴィキによる革命の国営化は異なったかたちで受け取られ、ウクライナにおける反応の方が大ロシアのそれに較べてより険悪だった。まず大ロシアの情勢から分析してみると――

革命前も革命下でも、この地域の都市労働者の間ではボリシェヴィキの活発な活動がみられた。ツァーリ政府のもとで、彼らは社会民主主義陣営の左派として、民主政体獲得の闘争に依拠しつつ都市労働者の組織化を目指し、そのなかでこの都市労働者を信頼するに足る軍へと実戦的に育成していった。

一九一七年二月―三月のツァーリズム打倒のあと、労働者農民には緊張に満ちた猶予ならぬ時期が訪れた。彼らは臨時連立政府のなかに明白な敵を見出し、それゆえもはや待機することなく革命的手段に訴えて自らの諸権利を主張し始めた。――まず八時間労働を、次いで生産・消費機構の確立と土地に対する権利をである。このような事態のただなかに、ボリシェヴィキは高度に組織された人民の同盟者として登場した。もとより彼らはこの同盟をもってただ自らの目標を追求したのだが、人民はそれには気付かず、もっぱらボリシェヴィキが人民とともに時の資本主義的な政権と闘ったという事実のみを確認した。ボリシェヴィキは組織の総力を、その政治的組織的な経験のすべてともっとも有能な党員を、密集した労働者の戦列とその軍団に投入し、デマゴギーを駆使して焦眉の問題である労働者の奴隷化を告発しながら人民をして自らのスローガンのもとに結集させようと全力をふりしぼった。自由な土地を要求する農民と自由な労働を要求する労働者のスローガンを採用しつつ、彼らを臨時連立政府との決定的な衝突へと駆り立てていったのである。来る日も来る日も労働者の隊列のなかにはボリシェヴィキの姿があった。彼らは労働者の側に立って倦むことなくブルジョアジーと闘い、そうしながら労働者階級を十月革命に向けて導いていった。それゆえ、大ロシアの労働者がボリシェヴィキを革命における自分たちのもっともエネルギッシュな共闘者であると見なして抵抗を感じなかったとしても不思議はない。ロシアの労働者階級には固有の革命組織といったものはほとんどみられず、組織的な点では分散していたという事情と相俟って、右のようななりゆきがボリシェヴィキの手に難なく指導権を委ねる結果を招いたのである。そして臨時連立政府がペトログラードとモスクワの労働者によって転覆させられてのち、権力はスムーズに革命の指導者たるボリシェヴィキの掌中に移行した。

ところがこうなるとボリシェヴィキは、次いで強力な中央政府を形成することと労働者農民による大衆運動を解体することに全力を傾注し始めた。労働者農民は、なおロシア全土で、革命の本来の諸目的を直接行動をもって達成しようと闘いつづけていたのである。ボリシェヴィキのこの策動は、彼らが十月の段階で獲得していた巨大な影響力のおかげでさして労することなく成功した。権力奪取の直後、なるほどボリシェヴィキはそのために、労働の平等化の原則に従って自らの手で生産を組織しようとする方々の労働者団体の試みを、しばしばあらかじめ圧殺せねばならなかったし、幾ダースもの村や幾千もの農民の不服従と政府なしにやってゆこうとする企てのために勢いを削がれる破目に陥った。またさらにボリシェヴィキは、一九一八年四月中旬のアナキスト・グループに対する弾圧とそれにつづく左翼社会革命《エス・エル》党の解体にあたって、モスクワはじめ一連の都市でやむなく武装し、機関銃を連ね、まさにそれによって左から内戦の火蓋を切らねばならなかった。にもかかわらず、大ロシアの労働者が示していた永くはつづかないにしても一定の十月以後の信頼のゆえに、ボリシェヴィキは人民を容易に早急に手に入れ、労働者農民による革命のさらなる深化の制動をおおむね果たしたのである。革命は深化されるかわりに党の政治主義的な方針の奴僕となった。こうして大ロシアにおける革命は終焉する。

だが、これに対してウクライナでは、十月革命前後の事態はまったく別様に展開した。ボリシェヴィキが駆使しえた組織力はこの地方では大ロシアの十分の一にも満たず、労働者農民に与える影響力もつとに狭小だった。十月革命がウクライナに波及したのはずっと遅れてようやく十一月、あるいは十二月から翌年一月にかけてのことであり、それまでウクライナは地方ブルジョアジーの傀儡である「ペトリューラ党（原注1）」（ペトリューロフツィ）の支配下にあったが、ボリシェヴィキはこの党派に何ら革命的根拠をもって対決しえず、もっぱら軍事上の理由からかけひきを行なったにすぎない。大ロシアでは、権力のソヴィエトへの移行はまさしくそのボリシェヴィキへの移行と同義だったが、ウクライナにおけるそれは、このようなボリシェヴィキの弱体と不評のためにまったく異なった様相を呈した。ウクライナのソヴィエトは、どれも、人民を統率しようというような野望をもたずにただ純粋に選出された労働者の集合体であり、それゆえ各工場の労働者や各村落の農民はそれぞれに自らが独自の権力単位であると自任していた。だが遺憾ながらそれらは未組織であって、いつでも任意の鞏固な党の独裁に繋がれる危険に瀕していたことも事実である。

　ともかく革命の全行程にわたって、ウクライナの労働者農民は、大ロシアにおけるボリシェヴィキのようなしつこくつきまとう後見人をもたなかった。したがってここには、大ロシアに較べて幾倍も根強いある種の精神の自立性が確立したのであり、それはまた人民の革命運動に計り知れない影響を与えずにはおかなかった。

　さらにもうひとつ、（移住者ではない土着の）ウクライナ農民や労働者の生活には、けっしてゆるがせにできない特色があった。いわゆる「ヴォーリニツァ」の伝統である（原注2）。それははるかな遠い時代からウクライナに定着していて、エカチェリーナ二世以来歴代のツァーリ政府もその全き根絶を図ってきたが、十四世紀から十六世紀に至る戦乱の落とし子であり、ひいては奔放不羈への熱い情熱ともいうべき「ザポリージャの生活（訳注1）」の遺産であるこの「ヴォーリニツァ」の伝統はこんにちなお拭いがたく継受されて、自らを圧伏しようとするあらゆる権威へのウクライナ農民の頑強な反撃のうちに色濃く投影している。

　このようにして、大ロシアでは問題にならなかった二つの条件が、ウクライナの革命運動に決定的な役割を演じた。そして、精密に組織された政治党派の欠落とウクライナ人民には歴史的に見てほとんど生得のものであるあの「ヴォーリニツァ」の自由精神というこの二つの条件は、ウクライナにおける革命の性格に否応なく反映した。大ロシアでは、革命は事実上さしたる困難もなく国営化され共産主義国家建設の軌道に乗ったが、ウクライナでは革命の国営化はけっしてスムーズには進行しなかった。ボリシェヴィキお手盛りのソヴィエト装置は、だからただ機械的に設置され、主として軍事力による恫喝を背景にようやく成立したのである。だがこれと並行して、農民を中心とする人民の自立した運動もますます進展した。こういう動きは「民主主義的な」ペトリューラ共和国の支配下ですでに発生していたが、その後も進路を模索しつつ徐々に前進した。しかしここではっきりさせておかねばならないことは、運動は自立的だがそれがまさしくロシア革命の諸原則にその本来の基礎を置いているということである。それは早くも二月革命の最初の段階で明確に登場し、人民最深部の運動として、奴隷制経済の廃絶とそれに替わる生産手段の公共化に基づいた新しいシステムの建設、さらには実際に耕作する農民自身による土地管理の実現を標榜した。

これらの原則の名において、労働者は工場主を追放し、労働組合や工場委員会あるいはそのために組織された管理委員会に生産の管理を委ね、一方農民は地主や富農から土地を奪い、その使用を厳密に耕作者自身に限定することによってまったく新しい農業経済の機構を創出した。

労働者農民のこうした革命的実践は、革命の第一年目にはほとんど妨害を受けずに進展し、健全かつ確固たる人民の革命路線を形成した。そして、権力を手にしたいかなる党派がいかにこの革命路線を破壊しようとしても、その都度ウクライナ人民はそれらに革命的に敵対し、あらゆる手段を用いて抗戦した。

こうして、すでに革命の端緒から成立していた社会的自立を求める人民の革命運動は、どのような政権がウクライナに樹立されようと色褪せることなく、十月革命のあと全土に独裁的な覇権を構築しつつあったボリシェヴィキでさえ運動の火を絶やすことはできなかった。

いったいウクライナにおける運動の特質とは何だっただろうか？——それは、人民の階級的利害を貫徹し労働の非隷属を克ち取りあらゆる働かざる階級を駆逐する革命の希望そのものであった。

ボリシェヴィキはなお自らが労働者階級の真の頭脳であり、その政権はまさに労働者農民の政権であるとの甘言を弄しようとしたが、未だ階級意識と階級的本能を喪失していないすべての労働者農民の目には、自分たちが本来の革命的任務から遠ざけられて政府の統制下に置かれようとしていること、また国家装置の機能がそれ自体として人民の独立権と自決権の剥奪にほかならないことは明々白々だった。

全き自治への渇望、これこそが人民の底辺から出現した革命運動の基盤であり、あらゆる道程を経、あらゆる局面をくぐって人民の思いはいつもこの渇望に連なった。そして、ボリシェヴィキの国家は仮借なくこの願いを弾圧したが、ほかでもない傲岸にして矛盾なき党のそのような強権の発動こそが自治への渇望をさらに切実なものとし、人民をひたすらにそれへと駆り立てたのである。

当初、ウクライナにおける革命運動は、新政府を無視することと農民が随意に地主の土地および私財を押収することに限られていた。そうしながら、運動は自己にふさわしい形態と方途を模索していたのである。だがドイツ・オーストリア軍による突然のウクライナ占領は人民をまったく新しい情勢に追いやり、運動の速やかな展開を衝迫することとなる。

第二章・原注

（1）シモン・ペトリューラに追随する人々、ペトリューラ党。——ドイツ語版製作者。

（2）ウクライナ特有の、コサック仲間による一種の戦友組織――同右。

訳注

（1）Запороже　ドニエプル河下流の一地方。古くはコサックの本営があり、自由共同生活が営まれた。ここでのコサックの生活については、ゴーゴリの小説『隊長《タラス》ブーリバ』などに詳しい。

第三章　蜂起するウクライナ――マフノ

ボリシェヴィキがドイツ帝国政府と締結したブレスト＝リトフスクの講和は、ドイツ・オーストリアにウクライナへの門戸を広々と開け放つものであった。彼らは我がもの顔で侵攻してきて、軍事行動にとどまらず、この地方の政治経済にまで手をくだした。ドイツ・オーストリアの目的はウクライナの富をそっくり略奪することだったのである。この目的を可能な限り完璧にまた何ら抵抗を受けることなく遂行するために、彼らはすでに人民の手で破棄されていた地主と貴族の権力を復活させ、その頂点にヘトマン(訳注2)＝スコロパツキーの専制を据えた。一方、ウクライナに駐留しているドイツ・オーストリア軍の兵士たちは、将校連から意図的にロシア革命に関する虚偽の知識を与えられていた。これらの兵士たちは、秩序を蔑ろにし真摯な働く人々にテロルをもって迫る暴虐蒙昧の徒の支配するのがロシアとウクライナの現状であると教え込まれていたのである。それゆえすべての叛乱民に対する「造られた」敵意は部隊中に蔓延していて、こうして革命ロシアにおけるドイツ・オーストリア軍のむごい略奪行為の基礎が醸成されていった。

ドイツ・オーストリア軍がスコロパツキー傀儡政権の強力な支援のもとに行なったウクライナの略奪は、

恐ろしく莫大で信じがたいほど無謀なものだった。穀類、家畜、家禽、卵、原料品など、これらすべてのものが輸送機関を確保するのに困るほどおびただしく運び去られた。ドイツ・オーストリア軍は、占拠した巨大な倉庫に略奪品を山積みしたうえに、なおできる限りの物資を掠め去ろうと焦っているようなありさまで、幾百幾千の貨車が貨物を満載して次々と発進していった。農民がこの略奪に反抗したり、自ら収穫したものを無償で手離そうとしなかったりすれば、彼らは報復され鞭打たれあるいは銃殺された。

　ドイツ・オーストリアによるウクライナ占領は、ウクライナの革命史における暗い一頁である。占領軍の公然たる戦時略奪と蛮行は地主階級の凶悪な反動を引き出し、ヘトマンの復権は全き過去への逆行であるとともに労働者農民がひとたびは獲得したあらゆる革命的成果の潰滅を意味した。だが当然のことながら、この新しい情勢は、すでにペトリューラ党やボリシェヴィキの支配下にあって農民のうちに台頭していたあの運動の急速な発展を促さずにはおかなかった。いたるところで、ことに方々の農村で、人民は地主とドイツ・オーストリア占領軍に抗して譲ることなく決起した。こうして、のちに「革命的叛乱」として知られるウクライナ農民の新しい革命運動はその端を発したのである。

　この叛乱の原因をもっぱらドイツ・オーストリアの占領とスコロパツキー政府の専横に求めようとする解釈は不充分であり正確なものではない。叛乱は時の情況全般に基づいていて、さらにロシア革命の基本原則に深く根ざしているのである。この運動は、革命をその最終目標まで、つまり労働者階級の真の解放と主権確立にまで推し進めようとする人民の行動であって、ドイツ・オーストリアの侵攻と地主階級の反動はただ闘争の勃発を速めたにすぎない。

　叛乱は急速に拡大していった。農民は諸処で蜂起し、地主を殺害しあるいは追放した。彼らは地主の土地財産を奪い、ドイツ・オーストリア軍の兵士たちにも容赦はしなかった。だがこれに対してドイツ当局とヘトマン政権の側からも仮借ない対抗措置がとられ、蜂起地域の農民は大量に処刑され虐殺されて家々は焼け落ちた。短期間のうちに、数百の町村が軍人と地主どもによる恐ろしい階級裁判の舞台となった。これらのことは、一九一八年の六月から八月にかけて起こった。

一方、なお頑強に叛乱を守り抜いていた農民はやがて義勇軍を編制し始め、まるで不可視の地下組織に統率されているように、多数のパルチザン軍団がほとんど同時多発的に地主やその守備隊、あるいは政府の代理人を狙って進撃を開始した。二十騎、五十騎、時には百騎の充分に武装した農民からなるこれらの軍団は、通常、思いもかけぬ地域に現われて地主館や傀儡軍に急襲をかけ、農民の敵を殲滅していずこへかかき消えてゆくのだった。農民を迫害してきたすべての地主とその忠実な部下は例外なくパルチザンの攻撃目標になっていて、絶えず襲われる危険にさらされていた。どの傀儡軍将校もどのドイツ人士官も、同じく死刑の宣告を受けていた。そうして、日夜繰り返されるこの襲撃は、農村反革命の生命線に打撃を与え、反革命の着実な没落と農民の勝利を準備したのである。

ところで、まったく自然発生的に燃えあがったこれらの広汎な突発的な農民の蜂起と幾多のパルチザンの行動が、いかなる政治結社にも領導されることなくひたすら農民自身の手によって遂行されたことは特筆に価する。叛乱が前進するにつれて、農民は自力で運動を支え指導し、勝利へと牽引せねばならない立場に立たされたのである。ヘトマンや地主との戦闘のどのような時期にも、またそのもっとも困難な局面においても、農民はよく装備され組織立った残虐な敵に己れの力量のみをもって敢然と立ち向かっていった。このことはあらゆる革命的「叛乱」の特質を考えるうえで大きな意味をもっている。最後まで階級意識に貫かれ、政党や民族主義の影響に溺れなかった地域における叛乱の基本的な性格としては、それが農民階級の深奥から発生したものであったということばかりではなく、自身が運動の指導者であるという自覚が農民に行き渡っていたことも挙げられねばならない。なかでもパルチザンの兵士はことにこの自覚に鼓舞され、それを誇りとし、自分たちの力とその偉大な使命とを痛感していたのである。

　地主による非情な反革命的抑圧も、運動を制禦するどころかますます成長させるだけだった。いまや叛乱は全ウクライナに燃えさかっていたからである。農民はさらなる鞏固な団結を克ちとり、また自力で運動を貫徹する過程で、革命の前進にとっての全般的統一的なプランに接近しつつあった。なるほど農民は、全ウクライナ的な規模でひとつの指導部のもとに行動する統合された組織体を形成したのではない。共通の革命精神において彼らは連帯していたが、実践的構造的には、個々のパルチザン軍団の連合というかたちで地域別に結束していた。各地で蜂起が頻繁となり、対する報復も苛烈かつ体系的な色彩を帯びるに従って、このような連合は火急の要件となっていたのである。

　南部ウクライナでの結束のイニシアチブをとったのはグリャイ＝ポーレ地区（訳注3）だった。しかもこの地区における結束は、たんに農民の自己防衛を目指すにとどまらず、なによりも革命全体の防衛と農村反革命の根絶を企図していて、さらにはいかなる反革命をも迎撃し、解放区と自由を守り抜きうる組織された革命的な農民軍の創出を目標としていた。

　個別の叛乱を合同させる仕事と南部ウクライナにおける革命的蜂起総体の進展について決定的な役割を演じたのは、グリャイ＝ポーレ出身の農民、ほかならぬネストル・マフノに率いられた一群のパルチザンだった。そして、運動の冒頭から農民が地主を撃退した最盛期に至るまで、すべての叛乱地域ともっとも英雄的な作戦が彼なしには考えられないほどに、マフノは闘いのなかで卓抜した業績を果たした。やがて、叛乱がスコロパッキー反革命を一掃し新たにデニーキン軍の脅威にさらされ始めた時、マフノはいくつかの主権が並び立つ叛乱区域の数百万の農民の糾合点になっていた。

この時点で、ウクライナの個々の叛乱はそれぞれに明確な特質を帯びつつ各々の歴史的任務を分岐させていった。なぜなら、ウクライナの叛乱がその革命的本質と人民の利益に対する忠誠をあらゆる地域で守り抜いていたとはいえなかったからである。南部ウクライナの叛乱がアナキズムの黒旗をかざして人民による反集権的な自治への道を歩みだしていた時、西部および北西部ウクライナの叛乱は、ヘトマンの倒壊後、人民には疎遠で敵対的な要素、すなわち「民主制」を標榜する民族主義者（ペトリューラ党）の影響下に入っていた。実際ほぼ二年もの間、西部ウクライナにおける叛乱部隊のある部分はペトリューラ党を支持し、民族主義の旗のもとに土着の自由主義ブルジョアジーの利害を追求したのである。こうして、キエフ、ヴォルィーニ、ポドリスクの各県、および部分的にはポルタヴァ県内でも、叛乱農民は他の叛乱と起源を同じくしながらも発展の途上で自らに固有な歴史的使命と力量を自覚しえず、人民の敵の手中に陥ってその盲目の走狗と化していった。

だが南部ウクライナの革命的蜂起はこれらとはまったく異質な意義をもち、まったく異質な役割を獲得していた。この地域の叛乱は、労働者に敵対するあらゆる要素、つまり奴隷制社会に発する民族的、宗教的、政治的なあらゆる偏見を峻厳と拒否し、都市および農村のプロレタリア階級の真の要請に徹底的に依拠しつつ、労働する人民にとっての幾多の敵に、臆せず妥協なき戦闘を挑んだのである。

ネストル・マフノ

マフノが南部ウクライナ全域に広がる農民叛乱区で巨大かつ非凡な役割を演じてきたことはすでに述べたが、ここではひとまず叛乱初期における、すなわちヘトマン潰滅以前における彼の活動について言及しておこうと思う。まず若干の伝記的な記述から始めよう。

　ウクライナ農民ネストル・イヴァーノヴィチ・マフノは、一八八九年十月二十七日エカチェリノスラフ県アレクサンドロフスク郡のグリャイ＝ポーレに生まれ、村の貧しい農家に育った。生後わずか十一カ月にして父は死亡し、彼と四人の幼い兄が母親の手に残された。家計は非常に苦しかったので、彼は早くも七歳の時から羊飼いの仕事につかねばならず、農家の牛や羊の世話をして暮らした。八歳になると小学校に入学し、冬は学校へ通ったが夏にはまた羊飼いの仕事に戻らねば生活できなかった。やがて小学校卒業後、十二歳の少年マフノは職を求めて故郷を去り、ドイツ人富農や大地主の領地で、法的には許されていないもぐりの少年農夫として働いた。そののち、彼は鋳物工として再び故郷の工場へ帰るが、まだやっと十四、五歳の少年であった当時から、すでに搾取者である地主や貴族どもにはげしい憎悪を抱き、いつの日か力をもてば、彼自身のためにも他の抑圧されている人々のためにもこういう連中に仕返しをしてやりたいと考えるようになったのである。

　十六歳になるまで、マフノは政治の領域とは何らの接触ももたなかった。したがって彼の社会についての革命的な所信は、彼自身と同様まぎれもないプロレタリアであり農民である村民との生活上の狭い交流のなかから生まれ育ったものだった。だが一九〇五年の革命が突如この閉鎖的な生活圏から彼を連れ出し、広大な革命の奔流のただなかへ叩き込んだ。時にマフノは十七歳の若者だったが、革命への熱情に満ちて、人民解放のためのいかなる闘いにも進んで一身を投じる決意を固めていた。そしてやがていくつかの政治組織の内容に通じてのち、彼はアナルコ・サンディカリストの一員となって、以後たゆみなく革命の戦士へと成長してゆく。

　この頃ロシアのアナキズムは二つの火急の課題をかかえていた。その第一は、マルクス主義者を頂点とする社会主義者の陣営が人民に行なっている政治的な欺瞞をあばくことであり、いまひとつは、真の革命の路線を労働者農民に提起することであった。そのなかに、マフノは大きな活動の場を見出し、無政府主義者による多くの極めて危険な闘争に参加していった。

一九〇八年、マフノはとうとうツァーリ官憲の手に落ち、アナキスト・グループとの関係とテロル実行のかどで絞首刑を宣告された。判決はのちに未成年のゆえをもって終身強制労働に変更され、彼はモスクワの中央刑務所（ブトゥイルキ監獄）で刑に服した。監獄《カトルガ》の生活は希望もなく耐えがたいものだったが、マフノはこの服役期間にこそ教養を身につけようと努め、そのために驚くべき情熱を注いだ。彼はこうしてロシア語の文法と数学、国文学、文化史、さらには政治・経済をも学んだ。監獄は彼にとってはまさに絶好の学校であり、この学校でマフノは歴史や政治についての知識を吸収したのである。その知識は、彼のもうひとつの学校、人間と社会に関する判断力を植えつけた実人生という学校の成果とともに、やがて革命の実践のなかで彼に多大の寄与を提供することとなった。

マフノは当時まだとても若かったが、監獄で健康を損ねてしまった。というのも、生来の頑固さも手伝って、監獄ではどの囚人も甘受せねばならない全き無権利状態を容認しえず、絶えず当局と争っては繰り返し禁固室に閉じ込められたからだった。極寒の禁固室の生活でマフノは肺結核を病むようになったのである。そのうえ「態度が悪い」という理由で、彼は拘禁の最後の日まで九年間の服役のあいだ、両の手足に枷をはめられていた。だが一九一七年三月二日、モスクワ人民の蜂起によって他の政治犯とともについにマフノは解放された。

出獄するや、マフノはただちに、農民たちがその英雄的な労をねぎらおうと待ちかまえている故郷グリャイ＝ポーレに戻った。革命によって帰郷してきた政治犯はグリャイ＝ポーレ近辺に彼一人であり、おのずと彼は農民の熱狂的な歓待の的となったのである。そしていまやマフノは一介の未熟な若者ではなくて、鞏固な意力と的確な闘争プランを備えた歴戦の闘士だった。

　グリャイ＝ポーレでマフノはすぐに革命の任務につき、まず第一に村と近郊の農民の組織化に心を砕いた。そのために彼は農場労務者の組合を作り、労働者コミューンと地方農民ソヴィエトを組織した。彼がもっとも力を注いだ課題は、圧制者と権力者の徒輩を永久に放逐して自分たちの生活を築けるように、すべての農民の結束を打ち固め戦列を整備することであった。彼は組織者として農民のなかで活動したが、けっして指導者ぶることはなく、残存せる奴隷制のもとで人民のこうむらねばならないまやかしと屈従と不正を告発しながら相互の固い団結を構築してゆく実践家として振る舞った。こうしてマフノは、ケレンスキー内閣の時代とそれにつづく十月革命の期間に、地域農民同盟、農業委員会、金工・木工労働者組合連合などの委員長をつとめ、またグリャイ＝ポーレ地区農民労働者ソヴィエトの議長にも選任された。

　一九一七年八月中旬、彼はソヴィエト議長としての権限で管内のすべての地主貴族を召喚して私産目録を提出させ、これに基づきつつ全私有財産の明細を作ってまず郷ソヴィエトに、次いで地方ソヴィエトに報告した。彼はこの報告のなかで、土地の用益権に関して農民と地主・富農を対等に扱う旨の提案を行ない、この提案が支持された結果、土地ばかりでなく家畜・生産用具もすべて、あくまで農民と同等の基準で地主・富農にも分け与えられた。グリャイ＝ポーレ地区のこのような先例にならって、エカチェリノスラフ、タヴリダ、ポルタヴァ、ハリコフの諸県やその他の県でも、数多くの農民の郡大会が同様の決議を行なった。

　こうしてマフノはこの地域における農民運動の中核となり、地主から土地と財産を没収し、これに抵抗する者には必要とあらば処刑をもって臨むことも辞さなかった。それゆえ彼は地主や富豪あるいは各種ブルジョア・グループの第一の仇敵となったのである。

　ウクライナがドイツ・オーストリアに占領されると、マフノはグリャイ＝ポーレ革命委員会の要請に従って占領軍と傀儡軍に反撃を加えるべく労農戦闘団を編制したが、この部隊を率いて交戦しながらやがてタガンログ、ロストフ、次いでツァリーツィン［のちにスターリングラード、現ヴォルゴグラード］へと撤退を余儀なくされた。こうするうちに、ドイツ・オーストリア軍の侵攻によって再び土地を取り戻した地方ブルジョアジーはマフノの首に賞金をかけ、ついにマフノはやむなく潜行したが、これに対して占領軍と傀儡軍は彼の母親の家を焼き傷痍軍人であった長兄エメーリアンを銃殺して報復を果たしたのである。

　一九一八年の六月、ウクライナにおける以後の活動方針を幾人かの古参のアナキストと協議するため、マフノはモスクワに赴いた。だがボリシェヴィキによる四月の大弾圧のあと同志たちはひどく動揺し弱体を極めていたので、彼は何ら満足のゆく助言も示唆も与えられずに仕方なく自分の対策をあたためながら再びウクライナへとって返さねばならなかった。

　マフノには久しく成熟しているプランがあった。それは、いかにして歴史的な使命を担った自立した勢力である巨大な農民層を組織し、いかにして数世紀にわたって蓄積されたその革命的なエネルギーを噴出させて現下の抑圧に対抗させるかということについてのプランだったが、彼は今こそそれを実行に移す時だと判断した。モスクワにあってウクライナの農民叛乱の報に接するたびに、マフノはいきりたち我を忘れた。それで、モスクワに留まっていねばならない毎日が彼には苦痛だったが、やがて苦しみと思想をともにしたブトゥイルキ監獄時代からの古い友人の助力で、急ぎウクライナへ、彼のグリャイ＝ポーレへ出立することが可能となったのである。すでにモスクワに来てから一カ月が過ぎていた。この帰還は非常な困難を伴ない、なるたけ極秘裡にすすめられねばならなかった。いつでもどこでも、ヘトマンの手先たちの目が光っていたのである。実際彼が危うく処刑されそうになるという場面もあった。アナキズムの文献を携えたままでドイツ軍に捕縛されたのだった。この時は、偶然グリャイ＝ポーレから来ていた知り合いのユダヤ人が、大金を積んでやっと彼を助けたのである。また、途中ボリシェヴィキからウクライナのある地域で地下活動に従事し、そこでボリシェヴィキの宣伝を手伝うよう依頼されたりもした。だがマフノがこの申し出に一顧も与えなかったことは言うまでもない。彼が思い定めていた仕事はボリシェヴィキの思わくとは真正面から対立するものだったからである。

こうしてマフノはグリャイ＝ポーレに帰還した。今や彼は、勝利かしからずんば死かという不抜の決意に燃えていて、いかなる事態に至ろうともはやこの地を去るまいと心を固めていた。彼が帰ったという知らせは、またたく間に村々へ伝わった。彼はためらうことなく集会に現われ公然とパンフレットをばら撒いて、農民たちにヘトマンや地主貴族に対する断固たる闘争を提起し、労働する階級が自身の運命を自身の手中に死守するようあたう限りの熱意を込めて主張した。はげしく極めて格調高い彼のアピールは数週のうちに一円に響きわたり、人民はいよいよさし迫った巨大な進撃に備えた。

マフノは実際の活動にとりかかった。急務は、町村における政治行動を保証しつつただちにゲリラ戦を開始しうるに充分なパルチザンの建設だった。この部隊は速やかに編制された。どの村にも戦闘的で良く訓練された分子が多数控えていたのである。そして、唯一彼らに欠けていたのは有能な指導者であり、マフノこそそれにふさわしい人物だった。

パルチザンは早速二つの任務についた。農民のあいだで精力的なプロパガンダと組織化の仕事を進めることと、農民の敵に対する非情なゲリラ戦を展開することである。パルチザンの基本的な行動原理は、農民を抑圧するすべての地主とヘトマンの民兵（ウクライナ防衛隊）およびツァーリとドイツの将校を農民と農民の自由の邪悪このうえない敵として扱い、この罪状において即座に殺害することであり、かつまた貧しい労働者農民に対する抑圧と奪権やその財産と収獲物の強奪に手を貸していたすべての者も右の原則に基づいて同様に処刑すべきことであった。

わずか二、三週間のうちに、この部隊は地方ブルジョアジーだけではなくドイツ・オーストリア軍にとっても恐怖の的となった。マフノが革命的軍事行動をおよぼした地域は極めて広く、ロゾヴァ［ロゾバヤ］からベルジャンシク、マリウポリあるいはタガンログまで、さらにルガンスク［ルハンシク］、グリシノからエカチェリノスラフ、アレクサンドロフスク、メリトポリにまで至った。マフノ得意の戦術は電撃戦である。活動範囲の広大さと並外れた敏捷さのため、彼の部隊は常にもっとも予期されぬ地域に出現し、またたく間に地主の土地を蹂躪し尽くして駆け去った。ヘトマン支配下の二、三カ月間に儲けた輩や再び貴族の庇護下に入った連中、農民から土地と権利を奪いその収獲物を掠めた者たちや、また農民のうえに主人として君臨した者たち、こういった徒輩はすべてマフノとそのパルチザンの無慈悲で容赦のない攻撃によって砕かれた。彼らは疾風のごとく襲来して地主の荘園に不意討ちをかけ、怖れを知らず情無用に農民の敵を掃討しながら再び跡形もなくかき消えてゆくのである。そしてもう次の日には、百キロも離れた荘園が襲われ、あるいはどこかの村で、駐留していたヘトマンの民兵隊（いわゆる「ヴァルタ」＝「ウクライナ防衛隊」）と将校、地主が全滅させられていて、パルチザンの姿はとうに見当らないのだった。そんなわけだから、ほんの近くに宿営しているドイツ軍でさえまったく襲撃を察知しえず、すぐ近在の村で起こっている事件を夢想だにしないままいたずらに時を過ごしているありさまで、さらにその翌日にはまたもたっぷり百キロ離れた地域にあらわれて農民を迫害しているハンガリー軍に戦闘を挑むか捕縛したヴァルタの将兵を絞首刑にしていた。

やがてヴァルタもドイツ・オーストリア軍当局も慌て始め、数個大隊を派遣してパルチザンの討伐とマフノの逮捕にあたった。だがすべては徒労だった。マフノとそのパルチザンは卓抜した騎兵であって、少年の頃から鞍にまたがり疾駆しながら馬を替えることもできたのである。それで、彼らはよもや捕えられるはずもなく、通常の騎馬隊ではとてもこなせない距離を一日のうちに走りおおせてしまうのだった。マフノはまるで敵を嘲り挑発するように、時にはグリャイ＝ポーレの中心部に、時にはドイツ・オーストリア軍が増強されているポロギーやその他の敵の集合地に姿を見せて捕虜にした将校を処刑し、しかもいつも見事に消え失せて敵に一指も触れさせなかった。また彼は、ヴァルタの隊員に変装したごく少数のパルチザンを率いて集結している敵中に潜入し、その作戦と部隊の状態を偵察しながら、マフノを包囲したなどという情報に基づいて討伐に向かうヴァルタの将兵とともに出撃して途中でこの部隊を殲滅してしまうのである。

ドイツ軍およびオーストリア・ハンガリー軍に対して、パルチザンは次のような方針を守っていた。すなわち、将校は処刑するが捕虜にした兵士は釈放する、その際この兵士たちに、故郷へ帰ってウクライナの農民の闘争を報告し母国の革命に寄与すべきことを説得する、というものである。釈放される兵士には闘争のパンフレットの類いや路用の金銭まで支給された。ただ、農民に暴行を加えたことが明らかな者だけは、一兵卒であっても処刑された。そして、捕虜に対するこのようなパルチザンの態度は、敵軍に重大な革命的影響を与えた。戦闘のなかで、マフノはたんに農民の組織者であり指導者であったばかりでなく人民のための仮借ない報復者でもあった。叛乱初期のわずかなあいだだけで、彼は数百の貴族の巣窟を潰滅させ数千におよぶ人民の敵を惨殺し放逐したのである。その大胆、断固たる行動、神出鬼没、そして敵の追跡をかわす無比の智謀、これらによって彼はブルジョアジーの憎悪と恐怖の的となり同時に農民の誇りとなった。いくつもの伝説が彼をめぐって織りなされたが、実際の彼もさまざまな意味で伝説的な人物だった。驚くべき不敵さ、鞏固な意志と旺盛な反逆心、聡明さ、さらには農民らしい素朴で快活な機知を、マフノはどれひとつ欠くことなく兼ね備えていたのである。

しかしただこれだけがマフノの気質のすべてではない。叛乱の冒頭からすでに見られたその好戦性や戦士としての活躍は、彼の法外な軍事的政治的手腕のほんの一端を示すにすぎない。農民の代表者としてのマフノがいかに優れた軍事上の識見を具有し、いかに卓抜した組織力を発揮したかは、本書の論述のうちにやがて明らかになってゆくだろう。

ともかくマフノは傑出した戦闘の指揮者だったが、それだけではなく有能なアジテーターでもあった。いたるところで彼は倦むことなく集会を設定し、当面の任務について、革命について、また叛乱の本来的な目標である自立した農民共同体についてぶちまくり、同様のアピールを労働者農民はもとよりドイツ・オーストリア軍の兵士あるいはドンやクバーニのコサックにも発した。

「勝利か、しからずんば死か——これこそ歴史の現時点におけるウクライナ農民の切迫した課題である。だがわれわれが滅びることはない。なぜならば、われわれは人類であり、われわれは無数であるからだ。それゆえわれわれは勝利するだろう……しかしながら、ここ数年の流れに即して運命を新しい政府に委ねるためにわれわれは勝利するのではない。われわれは、運命をほかならぬわれわれの手中に守り抜き、われわれ自身が望み真実と感じうる生活を築くために、まさにそのために勝利するのである」——初期のアピールのあるもののなかで、マフノはこのように広汎な農民階級に語りかけている。

こうして間もなく、彼は蜂起する人民の糾合点となった。ほとんどすべての村で農民による秘密の遊撃隊が組織され、それらはどれもマフノを中心として結束していった。彼らは全面的にマフノを支援し、その指示に従った。新旧を問わずいくつものパルチザンが、マフノの部隊に合流して共同の作戦に従事し始めた。系統立った行動と統合指導部の必要性はすでに広く認識されていたし、どの部隊もマフノのもとに結集するのが最良の方法であることを承認していたのである。ベルジャンシクで作戦していたクリレンコの軍団やギブリフスクのシチュシ、グリシンスクのペトレンコ＝プラトノフの各部隊のような大規模なものも同様の見解に達し、自発的にマフノ叛乱軍の一翼となった。情況と人民の要請に基づいた、このようなまったく自然な成り行きで、南部ウクライナに群発した個別のパルチザン部隊は単一の叛乱軍へと成長していった。

ちょうどこの頃、一九一八年の九月に、マフノはウクライナにおける革命的叛乱の指導者として「バチコ」（首領）という親称を与えられることになった。それには次のような劇的なエピソードがからんでいる――

都市へ逃亡している地主や富農およびドイツ軍当局は、マフノとその部隊を是が非でも掃討し尽くそうと決意していた。地主・富農の子弟はとくにこのために義勇軍を編制し、九月三十日、ドイツ・オーストリア軍とともに大ミハイロフカ（ギブリフスク地区）でマフノを包囲してすべての出入口に強力な部隊を配備した。対してマフノたちのグループはこの時総勢わずかに三十名であり、機関銃も一挺しかなかった。それでマフノには優勢な敵中を切り抜けて撤退するほか方法はなく、郊外の森に逃げ込んだ段階での情勢は極めて困難なものだった。退路は絶たれていた。たったこれだけの手勢で血路を開くことはとてもできない相談だったが、マフノはなおあえて、各人がそれぞれに已れの脱走を図ることは革命家としての沽券に関わる問題だと考えていた。しばらく検討したあと、彼はその翌日に再び大ミハイロフカに引き返してこの部分で包囲を撃破しようと決意した。森のはずれでパルチザンは数人の農婦と行き合い、大ミハイロフカには敵の大軍が集結しているので形勢を見て急遽他の方面から脱出すべき旨警告を受けた。だがマフノとパルチザンは計画を変えなかった。農婦たちの涙ながらの制止にもかかわらず彼らは大ミハイロフカに向かい、用心を怠らずに村に接近した。マフノ自ら若干の部下を率いて偵察に出、教会に敵の本陣があって数十の機関銃座を構え、数百の鞍を置いた馬と騎兵がそここに野営していることを確認した。また農民からも、村にはオーストリア軍の大隊と地主の義勇兵の一団が駐屯しているという情報がもたらされた。もはや無傷で逃れることなど望むべくもない。マフノは生得の毅然たる意力をもって部下のパルチザンにアピールした。

「さあ、同志たちよ！　われわれはこの場で、ともに戦って倒れようではないか」

それは厳粛な瞬間だった。一同はきりきりと緊張し、感激にむせんだ。彼らの進むべき道はただひとつ、敵中への進撃のほかなかった。三十騎で、ほとんど千騎にのぼる重装備の敵中にである。全員が己れの最期の間近いことを充分に心得ていたが、そのために奮い立ってこそいても戦意を失うようなことはなかった。そしてこの時、パルチザンのなかにいた地元ヂブリフスクのシチュシがマフノに向かってこう言ったのである——

「今の今から、きみはわれわれの首領《バチコ》だ。われわれはきみと一緒に戦場で死ぬことを誓う。そうしたいんだ」

こうしてパルチザン全員が、けっして戦線を放棄しないこと、マフノを蜂起の革命軍全軍の首領と見なすことを誓約したのである。

部隊は攻撃にとりかかった。シチュシは六、七騎を率いて側面攻撃をかけ、残余はマフノとともに正面戦を挑むことになった。巨大な喊声をあげて、サーベルをかざしライフルと拳銃を乱射しながら、パルチザンは敵中深々と突撃していった。敵は混乱し、薙ぎ倒され、丸腰のまま武器も機関銃も軍馬も捨てて先を争って逃走した。パルチザンは猶予を与えなかった。敵の将兵は、何ごとを考える暇もなく、反撃のためにパルチザンの勢力を確認することもならなかった。彼らは寸断されて駆逐され、またたく間に潰滅したのである。ヴォルチア河まで逃げた地主義勇軍の一隊も、駆けつけた近在の農民によって河へ投げ込まれ溺死した。まさに電撃的にパルチザンは勝利した。

英雄たちは、大ミハイロフカの農民と急を知って各地から到着したパルチザンの歓呼に迎えられ、ここで、マフノを全ウクライナの革命叛乱軍の総帥と認める旨、満場一致で採択がなされた。

二日後、ウクライナ全土から動員されたドイツ・オーストリア軍と地主義勇軍の大部隊が大ミハイロフカを包囲した。十月五日に熾烈な砲撃が始まり、やがてすべてが完膚なく破壊され尽くしてのち、村はドイツ・オーストリア歩兵部隊と地主義勇軍の闊歩するところとなった。おびただしい住民が処刑され、なおそのうえ、村は四方から火に包まれた。大ミハイロフカは二日のあいだ燃えていた。しかもこの二日のあいだ、ドイツ・オーストリア軍と豊かな地主らの報復の手が名もなく貧しい農夫たちのうえに極まりない無情をもって打ちおろされつづけたのである。

だがこの大弾圧はかえって農民の結束をいやがうえにも鞏固ならしめ、革命の士気はいよいよ高揚した。いうまでもなく、各町村の農民全部がパルチザンに入隊したわけではなかったが、彼らは常にそれぞれの軍団に密接な接触を保っていた。このような農民たちはパルチザンのために生活用品や馬、飼料を調達し、必要に応じて食料を森のなかへ運び、あたう限り敵の情報を通報した。また彼らは時として当面する問題のために大挙してパルチザンに加わって戦い、数日すれば再び平常の仕事に戻ってゆくのである。

この点、ヘトマン政権とドイツ・オーストリア軍のウクライナにおける潰滅前夜、パルチザンによるグリャイ＝ポーレの占領は典型的な様相を示している。マフノは少数の部隊を率いてグリャイ＝ポーレを守備していたが、ポロギーに本営を置くオーストリア軍がこれに一隊の討伐隊を差し向けた。昼間はマフノには援兵もなく、村を放棄して退却せねばならなかったが、夜になるとグリャイ＝ポーレから数百の農民が支援に駆けつけて敵の正規軍と渡り合える戦力を確保できる。だがまた朝には、誰かが敵に密告する危険を避けるために村民たちは皆家へ帰ってゆかねばならない。それでマフノは数に優る敵軍を逃れて再び村を撤退するが、夜とともに農民の支援を受けてまた攻撃を開始し、村からオーストリア軍を追い出して占拠するという具合である。こうして三、四日の戦闘をもちこたえるうちに、グリャイ＝ポーレは最終的に叛乱軍の占領下に入ってしまった。

一般農民とマフノのパルチザンとのこのような協働はいたるところで成立した。そしてこの両者の結合こそ、ウクライナ農民の革命的叛乱に重大な意義と特性を付与するのである。

第三章・訳注

（２）Гетман　ウクライナ・コサック軍の首領あるいはポーランド軍の指揮官のこと。特にスコロパツキーに冠していう。なお一般的にアタマン（атаман）とは、コサックの隊長を意味する。

（３）Запорожe　グリャイ＝ポーレ村を中心とする近郊一帯の総称。一九二〇年から暫時にわたるアレクサンドロフスク郡の県昇格にともない、グリャイ＝ポーレ郡となったこともある。

第四章　ヘトマンの没落——ペトリューラ党、ボリシェヴィキ

ヘトマン政権に象徴されるウクライナの地主・貴族・富農の反革命は、自然発生的なものではなくて疑いもなく作られたものであり、ドイツ・オーストリア帝国主義によって育成されたものだった。もしドイツ・オーストリア軍の支援がなければ、ウクライナの大地主や資本家は激動の一九一八年をただの一日も生きながらえられなかったことだろう。おおまかに見積っても、ウクライナは最低五十万のドイツおよびオーストリア＝ハンガリーの部隊に占領されていたが、多分これらの実数はもっと多かったはずである。連合軍は計画的に全ウクライナに散開して布陣していて、なかでも革命の気運が漲っていて治安の悪い地域には重点が置かれていた。連合軍は、ウクライナへ侵攻してくるなり反革命派の利害のみを配慮し、占領地の農民には常に支配者として振る舞った。それで、この反革命の嵐のなかで、ウクライナ農民は国内反動派ばかりでなくドイツ・オーストリア＝ハンガリー連合軍とも戦わなければならなかったのである。だがこれら占領軍の支援を受けながらも反革命派はほんのいっときも確固たる地歩を築けず、農民叛乱の興隆とともに解体し始める。一方占領軍も叛乱の圧力の前に徐々に後退を余儀なくされ始めるが、ひとつには

この革命的武装蜂起の脅威のために、またいまひとつには本国における政治危機（ドイツ革命）の影響でウクライナ駐留の意味を失ったために、再び本国へ召還されるや、途端に反革命派はさながら霞のように宙に浮いてしまった。彼らの命数は定まったのである。反動の徒と傀儡たちは実に弱体かつ臆病であり、とても独自の反撃を準備できるような代物ではなかった。ヘトマン＝スコロパツキーは、農民叛乱の危険がもっとも少ない地帯を辿ってドイツ帝国がなんとか安全を保障する地区へ脱走せねばならず、また地主たちはといえば、ヘトマンよりさらに早く逃亡してしまっていた。

このときから、ウクライナには三つの互いに全然異なった勢力が連立することになる。ペトリューラ党、ボリシェヴィキおよびマフノ叛乱軍である。そしてこれら三者は、時とともに互いに他の二者に対してまったく非和解的敵対的な態度をとるに至った。ところでここでは、マフノ運動の本質をできるだけ正確に叙述するために、ひとまずペトリューラ主義の階級的本性について触れておかねばならない。ペトリューラ主義の運動（ペトリュロフシナ）というのは、自らの政治的経済的主権を追求するウクライナ民族ブルジョアジーの運動であって、たとえばフランスやスイスの共和制が彼らの国家建設の典拠となっていた。さしあたってこの運動はけっして社会的な基盤に立つものとは言いがたく、ひたすら政治的かつ民族主義的な見地から構築されたものであった。彼らのプログラムに謳われている労働者の地位向上というスローガンは、革命の時代を見計らってもち出されたまやかしの文句であり、自分たちの目標を達成しやすくするための旗印にすぎなかった。

溯って、すでに一九一七年二月—三月革命の最初から、ウクライナの自由主義ブルジョアジーには大ロシアからの分離独立問題が日程にのぼっていた。そして広汎な富農層や自由主義を奉ずるインテリゲンチャ、つまりウクライナの知識階級は、進んでペトリューラ党に投じてウクライナの政治的自立を目指すこの運動の基盤となったのである。運動の指導者たちは、まず第一次大戦で前線や兵站に出征していたウクライナ出身の兵士に着目し、彼らを民族的郷土的な観点から編制してウクライナ特別連隊なるものに仕立て上げた。

一九一七年五月、指導部は正式の軍事会議を開いて運動全般を領導すべき最高軍事委員会（参謀本部）を選出した。この参謀本部はのちに改名して「ラーダ」（ウクライナ国民議会）と呼ばれた。次いで一九一七年十一月に招集された汎ウクライナ会議は中央ラーダを組織し、ウクライナ民主共和国の議会としてこれを承認した。そしてそのちょうど一カ月のちに、中央ラーダは共和国の独立を公的に宣言したのである。このようにケレンスキー臨時連立政府の時代に、ウクライナには新しい自主政権が成立していて、それは全ウクライナに支配をおよぼし始めていた。これは、運動の積極的な指導者の一人であったシモン・ペトリューラにちなんだペトリューラ主義の政権であり、ペトリューラ政府と通称された。

ペトリューラ政府の定着と発展は、大ロシアに覇権を確立しいまやウクライナへと伸張を図っていたボリシェヴィキには深刻な打撃だった。ウクライナを失っては大ロシアにおける地位も危ういものであることを、当初からボリシェヴィキは知っていたのである。ボリシェヴィキはペトリューラ政府の首都キエフへ部隊を急派した。一九一八年一月十一日から二十五日にかけて、両軍ははげしくキエフを攻防し、ついに一月二十五日、ボリシェヴィキはキエフを占領してここを拠点に全ウクライナへ勢力の拡張を企て始めた。ペトリューラ党は西部ウクライナに後退してそこからボリシェヴィキ占領軍に対する抵抗を続行した。

だがこの時はボリシェヴィキも長くはウクライナに留まれず、わずか二、三カ月して一九一八年の三月―四月に大ロシアへ撤収した。ボリシェヴィキはブレスト＝リトフスクの講和にのっとってドイツ・オーストリア占領軍にウクライナを明け渡したのである。ペトリューラ党はこの事態を利用し、再び政府をキエフに戻した。共和国の名称は先の民主共和国から「ウクライナ人民共和国」と変更された。だがもちろんのことこの人民共和国政府も、およそあらゆる政権と同じくもっぱら軍事力を頼んで樹立されたものであり、キエフ入城にしても何ら住民の意向によるものではなかった。ペトリューラ党はチャンスをつかんで入城し、自ら人民の政府であると宣言したにすぎない。共和国を支えるものは人民ではなくて銃剣だった。

しかし今回もこの政権の命脈はすぐに尽きた。ウクライナに侵攻したドイツ・オーストリア軍当局にとっては、ペトリューラの一党と結ぶよりは旧来の支配階級である地主や軍人と結ぶ方が有利だったのである。迷うことなく軍事力を行使して、占領軍はペトリューラの共和政府を除き、替わってヘトマン＝スコロパツキーの独裁政権を据えた。ここに先に述べた地主とツァーリの旧軍人による反動期が幕開けるが、この反動とのかけひき上、ペトリューラ党は幾分革命的なポーズをとることになる。そうすることで、彼らは自分たちが再び権力の座に返り咲くためにスコロパツキー傀儡政権の崩壊を早めようとしたのである。だがペトリューラ自身は捕えられ、この間の政治の舞台からはしばらく消えていた。

一方ヘトマン政権の崩壊も間近く、いたるところに燃えあがった農民叛乱の渦中でそれは目に見えていた。ペトリューラ党は事態を察知し、ヘトマンの最終的な潰走に備えてウクライナ各地に自派の権力を押し立て部隊を配置し始めた。情勢はペトリューラ党に有利だった。数十万の叛徒が、不穏な動きを示しながらヘトマンに抗して決起する最初の合図を待ちこがれていたのである。ヘトマンの政府はまだキエフをもちこたえていたが、南部ウクライナの大都市は次々とペトリューラ党の手に落ち、それらの各地にはペトリューラ政府の機関が設けられた。ペトリューラとその一党は権力の拡張と確立を急いだが、当時ウクライナには他に強力な主権はなく、なかでもボリシェヴィキの不在が彼らに決定的に幸いした。一九一八年十二月、ヘトマン＝スコロパツキーは逃亡し、ペトリューラをはじめとする人民共和国政府指導部に率いられたペトリューラ党は覇者としてキエフに入城した。

ヘトマン政権の潰滅によって住民は熱狂していた。ペトリューラ党はそのなかで自ら民族的英雄を気取って得々としていた。こうして短期間のうちに、人民共和国政府の支配はウクライナの大部分におよんだ。ただ南部のマフノ叛乱区では、彼らは何の成果も得られないばかりか逆にはげしい抵抗に遭って手痛い打撃をこうむらねばならなかった。しかしながらウクライナの主だった中心地においてペトリューラ政府は勝利していて、彼らの旗は誇らしげに翻っていたのである。かくて独立ウクライナのブルジョアジーはいまや鞏固な地歩を確保しつつあるかに見えた。だがそれが一片の幻想にすぎないことを彼らはやがて思い知らねばならなくなるのである。

＊

ブルジョアジーの主導するこの新しい権力は、それが不動のものとして定着する間もなく、内に孕んだ階級的な矛盾のために早くも解体の兆候を見せ始めた。ヘトマンの放逐にあたってペトリューラ党の影響下に入っていた膨大な労働者農民がこの時点で大挙して戦列を離れ、自分たちの利害と願望にふさわしい部隊を新たに求めだしたのである。そして大部分の者は郷里に帰って新政府に敵対的な態度をとり、他のグループはペトリューラ党の理念と権力に宣戦しているマフノの叛乱軍に参加していった。ペトリューラの共和国は、こうして期せずして強力な軍事力を達成したと同じく速やかに武装解除されてしまった。そのブルジョア的な民族統一と自治の理念は、革命の息吹きにむせ返る人民のさなかにあって永くは通用すべくもなかったのである。人民の熱い革命の士気はブルジョアの偽瞞に満ちた謳い文句をけし飛ばし、その唱道者たちをよるべない苦境へと追い落とした。しかもそれだけではない。まさにこの時、北からはボリシェヴィキの実戦部隊が急速に南下していたのである。彼らは人民に対するどのようなアジテーションをも心得ていて、そしてウクライナ全域の実権を掌握しようという揺るぎない意欲に支えられていた。ペトリューラの入城からわずか一カ月ののち、首都キエフはまたもボリシェヴィキの前にあえなく陥落した。これ以後、ボリシェヴィキの共産主義政権がウクライナのほとんどの地域に浸透してゆくこととなる。

ボリシェヴィズム——その階級的本性

いわゆる社会主義建設の総体、政府に寄与する国営ソヴィエト装置と新しい社会的政治的諸関係の樹立、つまりボリシェヴィキがロシア革命を通じて実施したすべての企ては、社会民主主義者の党利の実現に他ならずまた彼らによる新たな階級支配の貫徹に他ならないことをわれわれはすでに第一章で確認した。革命のなかで絶えずその名を濫用されてきた労働者農民は、あの中間層出身の指導者たちが権力を達成するために利用する掛け橋にすぎなかったのである。

ところでこの指導者たちの階層は、一九〇五年の革命に露骨な敗北を体験している。労働運動の主導権を握ってから、当時彼らは得意の政治主義的な路線で目標を実現しようとし、周知のミニマリズム（最小限綱領）をもって事に当たろうと考えた。そこでまずツァーリの政府を廃して共和政体を建設することが計画され、西ヨーロッパやアメリカのように議会主義による権力奪取が試みられたのである。だがこの意図は労働者農民からの支援を得られずに全き挫折に終わった。

一九〇五年の敗北をツァーリの強権発動の結果とするいくつかの見解は正しくない。革命が頓挫した原因はもっと深く、この革命の性格そのもののなかに求められるのである。

すでに一九〇〇年から一九〇三年にかけて、大規模なストライキが南ロシアから北に飛火し、次いで全土に広がっていた。当初、これらのストライキの目的は必ずしも明確ではなかったが、その性格が社会的あるいは階級的なものであることはつとに明らかだった。にもかかわらず、社会民主主義者はこの一連の動きにあくまで外在的にしか関与せず、しかもそれらを純然たる政治闘争の範疇へ領導してゆこうと考えたのである。政治宣伝の分野を牛耳っていたいくつものよく統制された組織の力で、社会民主主義者は社会的な基盤に立つ生き生きしたストライキのスローガンをすべて去勢し、それに替えて自分たちの政治主義的な標語を押しつけた。そしてこれが、そのまま一九〇五年の革命のスローガンとなった。だが、まさに人民とは疎遠なこれらのスローガンのゆえに、革命は不発の憂き目を見なければならなかったのである。社会的な要因を無視し、社会問題を扱った労働者のプログラムを削除することによって、社会民主主義者は革命から力を奪い巨大な人民の革命的衝動を窒息させた。一九〇五年の革命はツァーリがあまりに強力であったために敗れたのではなく、指導部の狭小な政治主義的引きまわしによる人民の幻滅のゆえに瓦解してしまった。広大な農民層はほとんどその居住地から動き出さず、わずかに都市労働者の一部が戦列に加わったにすぎなかったのである。かくて、ひとたびは譲歩に傾いていたツァーリの政府も、事の真相を知るやただちに行動を再開して難なくこの中途半端な革命を鎮圧した。革命の指導部は国外に逃亡した。だがこの敗北の教訓はまったく跡形もなく忘れ去られてしまったわけではない。社会民主主義者の左派、つまりボリシェヴィキは、この教訓を銘記していた。ロシアでは純然たる政治革命は考えられないこと、社会的な矛盾が人民のなかに満ち満ちていること、ロシアにおける革命の勝利はもっぱら社会問題に発する労働者農民の運動としてのみ可能であり、その限りにおいて闘争は旧体制の政治的経済的転覆へと向かうものであること、これらを彼らは学ぶに至ったのである。一九一四年から一九一七年までの帝国主義戦争は、このような革命の土壌を一層強化し盛りあげた。この戦争はまた、ブルジョア自由主義派や一般の社会民主主義者の正体をあばき、皇帝派も民主主義者もともに似通っていていずれにしても人民の搾取者であり屠殺者にすぎないことを明らかにした。戦争が勃発する以前からすでにロシアには政治革命のためのいかなる基盤もなかったが、さらにこの戦争がそのような政治的改良の理念まで根絶してしまった。

あたかも劫火をくぐったように、こんにちの世界は互いに敵対する二つの基本的な勢力――資本家と賃労働者――に久しく分割されている。このことには国境はない。そして隷属の元凶としての資本家階級を収奪すること――これこそ人民のみが抱きうる思想であり、彼らは倦むことなく革命を夢見てきた。人民はそれまでのような政治的なレベルだけでの革命にはまったく冷淡になっている。ロシアの現実もそうであり、西ヨーロッパやアメリカについても同様のことがいえる。こういう事態を見抜こうとしないならば、それは畢竟時代遅れというものである。

ボリシェヴィキは現実のかかる側面を正確に洞察し、その政治的プログラムを急ぎ転換した。ボリシェヴィキは、当面する社会の基礎をなす農業資本および商工資本を撃ってやがてロシアに人民の革命が成立することを認め、都市と農村の所有せる階級が没落の運命にあることを察知して次のような結論を引き出した。すなわち、ロシア社会の巨大な爆発は不可避であり、革命の指導部はこの爆発をとらえてその歴史的使命を貫徹すべきこと、またそのために指導部はいかにして人民の革命的エネルギーを利用するか知っていなければならず、ブルジョアジーの潰滅に際しては人民の先頭に立って行動せねばならないこと、こうして権力を手中に収め、集権的社会主義にのっとって支配の機構を構築すべきこと、これらである。ボリシェヴィキは人民の十月行動の前後を通じてこれらの方針を貫徹した。ロシア革命におけるボリシェヴィキの活動の総体は、ただ自らの優位を着実に確保してゆくためにのみあった。

疑いもなく、ボリシェヴィズムの台頭はロシア一国にとどまらず世界史のうえでの重大な出来事だった。

それは社会的のみならず心理的な典型をも革命に提供したのである。ボリシェヴィズムは、執拗かつ専横な、また社交的道義的感傷を去って戦闘には手段を選ばない多数の活動家を輩出させ、しかもこれらの活動家に見合ったひとりの指導者を前面に押し立てていた。その指導者、レーニンは、たんに党の首班であったばかりではなくて人間心理のある格別なタイプの代表者でもあった。このことは重要である。レーニンのなかに典型的に見られる心理の傾向に従って観察すれば、世界中の社会民主主義の攻撃力を分類し選抜することも可能となるだろう。ボリシェヴィキの心理上の特性とは以下のようなものである。他者、他党派の意向を強硬に排撃して自身の意志を主張すること、私情を徹底的に抑制してそれを非情な目的と等質化できること。――ここに旧体制の支配者と共通する心情を読みとることも困難ではなく、事実ボリシェヴィキは、ロシア革命のどの時期にももっぱら暴力的にすべてに対処したのである。ボリシェヴィズムのこのような性格からは、来たるべき人民の真の社会革命がもっている特質は片鱗さえうかがえない。人民の特質とは、つまり勤労意欲であり、他者のために自身をかえりみず、身を粉にし全力を尽くして働きたいという衝動なのである。常に貪欲頑迷なボリシェヴィキのすべての所業は、人民の側から見れば旧来の強圧的な威嚇や号令と何ら変わらない機能をもつ権力装置の創設にひたすら向けられていた。

ここにいま少し、ボリシェヴィズムがその共産主義イデオロギーに則して行なった労働者農民の生活に対する歪曲について述べておこう。

土地、商工業、都市住宅の国営化と労働者農民の選挙権――これらがボリシェヴィキのいう共産主義の基礎である。そしてこの「国営化」とは、具体的には、人民のあらゆる生活領域を国家が集権的に管理することにほかならない。産業、運輸、教育、厚生などが国有化されたばかりではなく、働く階級の総体と個々の労働者、その労働力とエネルギー、労働組合や協同組合など一切合切が同様に国有化された。国家こそすべてであり労働者個人は何者でもないのである。これがボリシェヴィズムの至上の掟だった。そして国家は現実には官僚によって体現されるがゆえに官僚こそがすべてであり、労働者階級はやはり何者でもありえなかった。

産業の国営化は労働者をそれぞれの資本家の手から解放したが、それは同時に労働者を、遍在するより貪欲な手、国家という搾取者の魔手に引き渡すことを意味した。労働者とこの新しい雇い主の関係は、厳密にいえば以前の資本家との関係と変わるところはなく、ただちがうことは、共産主義者の雇い主、つまり国家が、労働者を搾取するだけでなく自ら処罰しもすることである。というのも、搾取と処罰という二つの要素はただ国権の発動においてのみ結びつきうるものだからである。労働力を売る形態には以前に較べて何らの変化も見られず、それどころかそのうえに国家的な強制という性質まで加わった。労働組合は本来の諸権利を喪失して労働者を統制する警察機関に成り下がり、税率と賃金の算定、雇用と解雇、事業全般の管理と各工場への仕事の配分などに関するすべては、党およびその機関あるいは党機関の手先の占有するところとなった。生産の全部門に対する労働組合の役割はたんなる上部意志の代行であり、反抗も変更も許されない党の決定にただ忠実に追従せねばならなかった。

事態は明白である。ここでは国営資本主義が私営資本主義に入れ替わったにすぎず、産業の共産主義的国営化とは、労働者の経済的な隷属と服従が国家の掌中に集約される新しい生産関係の別名にすぎない。このような機構をもって労働者の状態が好転するわけはない。（いうまでもなく官僚を除く）労働者階級の一般義務労働制と労働制度の軍隊化こそ、ボリシェヴィキのいう国営工場の精神なのである。このことを雄弁に物語る例がある。

一九一八年八月、モスクワの、革命前はプロホーロフ織物工場と呼ばれていた工場の従業員間に、低賃金と工場内の警察体制をめぐる不満が高まりいまにも暴動が発生しそうな形勢となった。彼らは数度の集会を開いて、党の細胞によって構成されている工場委員会を追放し、労賃として自分たちが作った反物の一部を分配した。繊維連盟中央執行委員会は、従業員に対する調停活動を一切拒否されたあげくこの問題を次のように見なした。それによれば――プロホーロフ工場従業員の行動はソヴィエト政府の権威に暗影を投じるものであって、こういう動きをさらに活発に継続することは他工場の労働者の眼前で政府を冒瀆することである。よってこの行動は黙過さるべきではなく、プロホーロフ工場は閉鎖され従業員は解雇されねばならない。そのうえで、工場内に鞏固な労働体制を敷くべく監視団を設置し、新たな従業員を雇い入れねばならない――

この見解はそのまま実行に移された。だがその際、ではいったい誰が多数の従業員の運命を自在にあやつるわずか三、四人の監視員になるのか、監視員は果たしてその地位を承認され、従業員は彼らにこの大きな権限を委譲するだろうか、という疑問が生じる。しかし事は簡単だった。監視員はボリシェヴィキ中央によって指名され、そのことで彼らの権限もまた揺るぎないものとなったのである。

これは幾千のなかの一例にすぎない。だが一粒の水滴のようなこの事件のなかにも、国営化された生産機構における労働者階級の法的な立場が過不足なく反映している。

ところで、このような状態に置かれている都市労働者とその組織になお何か残されているのだろうか。残されているものといえば、実に取るに足らないちっぽけな権利、中央に徹頭徹尾従属している各ソヴィエトの代議員を投票でもって選出するという権利だけだった。

一方、では農村はどうかというと、そこでの実情はもっと厳しかった。農民は元の大小地主や貴族の所有地に対する用益権を得ていたが、この特典を与えたのは革命そのものであって共産主義者の政府ではなかった。農民は何十年ものあいだ土地の所有を切望してきた。そして彼らは一九一七年にその権利を手に入れたが、それもソヴィエト政府が樹立されるまでのことだった。当初ボリシェヴィキが土地の収用をめぐって農民の利益を考慮したのは、そうする以外に農業ブルジョアジーを打倒する可能性を見出しえなかったからにほかならない。したがってそこからは、つづいて成立する共産主義政権が農民に土地を分配するという結論はけっして出てこない。実際は逆であって、政府の理念は、常に唯一の雇い主＝国家に従属する画一的な農業経済の建設にあった。国家に雇われた労働者農民によるソヴィエト制農業、これが原則であり、政府はこの原則にのっとって国営農業を全土に組織しようとしていたのである。革命の最初の段階が過ぎるとそのあとずっと、ボリシェヴィキの指導者たちはこの問題について極めて単純明快に言い切ってきた。「共産主義インターナショナル」第一三巻には、農業問題について、国営農業の建設に関する右のような見地からの詳しい言及がある（ロシア版二四三五頁—二四四五頁）。そこで主張されていることは、集産的な（いわゆる国営資本主義的な）土地管理に順序立って慎重に着手する必要性である。だが幾百万の農民を自営農から国家の雇い人の立場に急激に移行させることは、とりもなおさず共産政権を破局へ追いやる暴動を誘発するものであることは明白だった。それで、農村における共産主義の具体的な建設は、もっぱら各町村からの食料品並びに各種原料の徴発と、こういうボリシェヴィキ政府の態度に対して燃えあがった農民暴動の弾圧に向かった。

農民階級の政治的な権限は、政府中央に無条件に従属する村および郷ソヴィエトの選出に限定され、それ以外の事柄については無権利の状態だった。数百万にのぼる各県の農民は、政治的な天秤にかけてみると、それぞれの県の党委員会よりも軽いということになる。端的にいえば、農民にはいかなる権利もなく、ただ救いを求めて天に叫ぶ無権利の現実があるだけなのである。

こうして国家のソヴィエト装置は、出鱈目にもプロレタリアートにとっての前衛であると自称する社会民主主義者の手にすべての指導権が帰属するように造られていて、それゆえ管理機構のどの分野をとってみても、指導的な立場にはどこでも変わることなく社会民主主義者が陣どっているのである。

新聞や雑誌、その他の刊行物に決定的な影響力をもっているのは、ほかならぬ特権的な中間層出身の政治家たちであり、全ロシア中央執行委員会の「イズヴェスチャ」や「共産主義インターナショナル」あるいは党中央の機関紙のような、不遜にも世界プロレタリアートを領導しようとする枢要な紙誌に執筆しているグループといえば、すべてこの厳密に選び抜かれた教養ある社会民主主義者からなっているのである。また、すでに折に触れて名をあげたような、労働者のためにではなくひたすら政治と支配のために組織された諸機関がどのような部分の人間に運営され、党中央委員会議「ソヴナルコム」（人民会議）さらに「フツィク」（全ロシア中央執行委員会）が誰の手に握られているかを考えてみても、そこにあるのは、労働者の外側に立って政治的に強大になったあの階層であり、あたかも破戒僧が空虚に神を呼ぶようにしかプロレタリアートという言葉を発しない者たちなのである。そしてそのような彼らの手に、「ソヴナルホース」（訳注4）に始まってより下級の各中枢に至るすべての経済支配の機構もまた握られている。

われわれはかかる教養ある中間層の総体が国家の指導的なポストを占有しているという事実を確認せねばならない。だが人類史は、ある特定の社会的なグループが、自身の階級的利害を追求しながらも人民に人民を救済するようなポーズをとって接近していった例を知らないだろうか。否、歴史上常になんらかの特権的なグループが、人民を服従させるために人民に近寄ってきたのだった。ロシアの社会民主主義者にしてもけっして例外ではなかった。それどころか彼らこそ、人民の利用を徹頭徹尾肯定していたのである。

たしかに、指導的な地位には若干の労働者もいたが、それはただ隷属のシステムを強化する機能をしか果たさなかった。彼らはこの政権にそれがやはり人民のものであるという幻想を付与するものであって、社会民主主義者の支配構造を接着剤で補強する役割を演じるものだった。このような労働者出身の指導者の職分は副次的であり、主として執行機関に限られている。そのうえ彼らには他の圧制にあえぐ人民の犠牲においていくつかの特典が与えられ、しかも彼らはいわゆる「自覚せる労働者」、つまりマルクス主義とインテリゲンチャの社会主義運動の原則を無批判に受け入れている労働者のなかから選抜されるのである。

　共産政権下の労働者農民は、社会的には隷属させられていて、経済的には搾取され政治的には無権利である。だがなおそればかりではない。あらゆるものの国有化を公然と宣告してからというもの、ボリシェヴィキは無遠慮にその支配を人民の精神生活にまでおよぼしてきた。実際、共産主義国ほど完全に人民の思考が統制されている国を他に見出すことは困難だろう。ブルジョア的かつ反革命的な理念との闘いという名目のもとに、共産主義を標榜しないすべての印刷物は、仮にそれが広汎なプロレタリア人民によって造られ支持されていても廃棄されるのである。自ら思うところを声高に語ることは何ぴとにも許されていない。国内の社会経済体制を己れのプログラムに即応して構築したように、人民の精神生活をもボリシェヴィキは己れのプログラムの範疇に押し込めてしまった。人民の思考と欲求の生き生きした広野は党の教練と教条が支配する陰気な兵舎に変貌し、プロレタリアートの思想と感情は党の訓練所へ放り込まれた。そしてこの訓練所の壁を越えて視線を放とうとするあらゆる企ては、有害であり反革命であるとされるのである。

　しかしまだこれだけで済んだわけではない。ボリシェヴィキによってその独裁とともに助長された革命とその展望のこのような歪曲は、人民の側からの抗議と反撃を引き出さずにはおかなかった。だがこの反撃はけっして政治的圧迫の緩和をもたらすものではなく、かえってその強化を招いてしまった。終わりない赤色テロルの幕が開いたのである。ロシア全土が法外な監獄となり、忍従は美徳と、虚偽は義務となった。政府の犯すテロルの恐怖のもとに、大人も生徒も、五歳から七歳あたりの子供たちまでもせっせと嘘をつきまわったのである。

では、なにゆえに共産主義国で、社会的政治的にまた道義上からも信じがたいこのような事態が発生したのか、という疑問が出てくる。社会民主主義者は、本当はその前任者ともいうべき資本主義ブルジョアジーよりも悪辣なのだろうか。彼らは、ヨーロッパおよびアメリカのブルジョアジーが外観だけにしてもそれでもって国内のバランスを保ってこられたところのあの欺瞞的な自由さえも許容しようとはしないのだろうか。

これにはいくつかの要素がからんでいる。社会民主主義者の出身階層は、なるほど階層としての自立した存在をそれなりに主張してはいるが、物質的な見地からはまったく心許ない状態であり、歯に衣を着せずにいえばつまりは貧窮しているのである。それゆえ彼らは、その政治の舞台への登場の最初から旧体制の支配階級が経済上の優位によって堅く保有してきた団結と協調性を何ひとつ自らのなかに見出すことができなかった。社会民主主義者の階層にできることは、ただ何らかの戦闘部隊を、さらにいえばボリシェヴィキというかたちの部隊を、前面に押し出すことだけだった。そしてこの党は、三年以上の歳月のあいだ、新国家建設という大事業を自力で遂行せねばならなかった。こうしてボリシェヴィキは、どのような階級にも、すなわち労働者農民にも貴族やブルジョアジーにも本来の後楯を得られず、といって自らを生んだ階層は経済的に組織されているわけではないので問題にならず、結局やむなく赤色テロルを採用し全面的な弾圧体制を敷くに至ったのである。

このボリシェヴィキのテロルとの関連において考察すれば、なぜ共産政権が官僚制と軍隊の頂点に立つ党という形態で、あからさまに性急に新しいブルジョアジーを繁殖させ固定しようとしたのかもまた理解できるようになるだろう。つまりボリシェヴィキは、そこから旺盛な活力を汲みあげる本来の後楯として、あるいは人民に対する弾圧を貫徹するうえでの恒常的かつ階級的な支援部隊として、この新しいブルジョアジーを必要としたのである。

労働者農民に屈従以外の何ものをももたらさない共産主義による建設の総体を、われわれはボリシェヴィキの過誤としてではなく、人民に圧制を加えようとする意識的な企てとしてまた独裁的で搾取的なその本質としてとらえねばならない。

ところで、この人民に疎遠な、ばかりか敵対するグループに、人民の革命的な諸力を領導させ権力を達成させて支配を現実のものたらしめたのは、そもそも何だったのだろうか——

解答は二つある。革命途上における人民の四散した未組織な状態と社会主義のスローガンに対する人民の錯覚である。

一九一七年に至るまでまだ存続していた諸処の労働組合組織は、沸き返る人民の革命の息吹きに完全にとり残されてしまった。人民の内部からあふれ出る革命的な高揚は、たちまちにしてそれら組合組織の枠を越え、押し流し、遙かな遠くまでほとばしってしまったのである。したがっていまや人民は、必須不可欠な階級組織の支援をもちえないままに群をなして社会総体の変革に直面していた。そしてこういう未統合な人民の前に、見事に整備された党（ボリシェヴィキ）が颯爽と登場してくる。

ボリシェヴィキは労働者農民と相携えてただちに農工ブルジョアジーの打倒に参画し、この革命こそがしいたげられた人々に社会主義のひいては共産主義の自由世界を開示する最後の革命であることを告げ、保証した。政治のかけひきに不慣れな大多数の人民の目に、それは偽りのない真実と映った。そして同時にこの党が資本制の転覆に参加したという事実は人民に大きな信望を植えつけたのである。

とはいうものの、社会民主主義の理念を担っているこれら知識人層は極めて少数であったために、人民はこの階層を一定の現実的なグループとしては意識していなかった。それで、ブルジョアジーが潰滅してゆく時期に、人民は自らの階級以外に自らに替わって台頭すべき何者をも予感することはなかった。だが現実には、人民のつくべき地位に、一見偶然に人民と協働した偽善的な指導者、政治デマゴギーに長けたボリシェヴィキが座ったのである。

良心の呵責などさらさらなしに、ボリシェヴィキは自由・平等・社会的自立への人民の願いをもっぱら利用したし、またこういう人民の理想に替えて自らのソヴィエト制のイデオロギーを巧妙に押しつける方途をも知っていた。革命ロシアのいたるところで、人民はソヴィエト制を、地方分権的な社会的経済的自治を志向するものとして受けとめた。そして、全土に満ちていた革命のエネルギーと、人民のイデーを自らの強権的なそれに融和させる煽動術のおかげで、ボリシェヴィキは人民を引きつけ、その信頼をあらゆる局面で利用し尽くした。

人民の不幸は、真理・正義と善を標榜する理念に対して常にそうであったように、彼らが社会主義と共産主義の教義をもひとつの完結した全体として素朴に受け入れたことにある。だが、これらの教義に含まれた真理はただの餌であり、人民の魂を鼓舞する美しいかりそめの約束にほかならなかった。他のすべての国家形態におけると同じくこの体制においても、枢要な問題はごく少数のしかし良好に整備された働かない人々のグループに人民の力と労働を従わせることであり、それらを適当に配分し配置することだった。

大ロシアとウクライナの激動のなかでも、また政治・軍事など多岐にわたる無数の行動のなかでも、新しい搾取者の群が権力の座を占めたという事実を、当初人民は正確に把握できなかった。その結果この事実が最終的に公然化するには数年を要し、さらにその空間的な伸張についても、このことに利害をもつグループによって巧みに包み隠されていた。事の全貌が人民の意識にのぼったのは、すでにかなりの時日を経てからのことである。

フランスの大革命においても、封建制と王制が決定的に倒壊した時、人々は自分たちがこの闘いを自由の名によって完遂したのであると考え、時の政治的指導部はたんなる援軍であって友人にすぎないと信じていた。そしてやがて数年してはじめて、人々はこの革命がただの政権交替にほかならず、王侯貴族の替わりに新しい搾取階級＝商工業ブルジョアジーが主権を握ってしまっていることに気付いた。こういう歴史の実相が実際に人民の耳目に明らかになるまでには、常に一定の時間が過ぎ去っているものなのである。

＊

以上でわれわれは、ボリシェヴィズムの社会的政治的本質といわばその底意を大ざっぱに見てきたが、大ロシアにおける独裁の最初の一年半のうちに、ボリシェヴィキは己れの本性を完膚なくさらけ出し、それはまず労働者農民の各グループに、やがて広汎な人民に過不足なく認識されるようになった。そしてこの若く権力欲に溢れた政府は、次いでいまやヘトマンなきウクライナに再びその矛先を向け、いかなる犠牲を払ってもこの地方の覇権を奪取しようとの揺るぎない意志を発動するに至ったのである。

ヘトマン＝スコロパツキー傀儡政権下のウクライナでは、ボリシェヴィキはこの政権の崩壊とともにただちに実権を握れるだけの力量をもちえなかった。(原注1) ボリシェヴィキの主力は大ロシアにあり、大ロシアから、ウクライナに侵攻して支配権を主張できる機会をじっと窺っていたのである。大ロシアのクルスク市に、ボリシェヴィキはピャタコフやクヴィーリンクなどを首班とするウクライナ臨時政府を擁立していた。

そうしながら彼らはますます虎視眈々とウクライナを狙っていたが、スコロパツキーの逃亡の時点で行動を開始できず、まずはペトリューラ政府に主権を譲ってしまった。

ウクライナにおける組織面でのこのような弱体は、それだけ精力的な軍事面での対応をボリシェヴィキに強いることになった。この時ウクライナをおおう気運は革命的であり、群発する農民叛乱の結果、情勢一般は極度に紛糾していた。いまやペトリューラ政府の六週間の優勢は、事態の進展とともに凋落に向かったといってよかった。ただ敏捷な行動こそが望まれ、そしてボリシェヴィキはそれを行なったのである。

クルスクに温存されていた臨時政府がハリコフに移動し（ハリコフはすでにアナキストのチェレドニャコフのパルチザンに解放され守備されていたが）、ここで人民政府の中核を組織し始める一方、あらかじめ解放され自立していた地区を南下してボリシェヴィキの各師団がウクライナの心臓部へ進撃し、軍事力を背景にしながら共産政権の諸機関を設置していった。先にも触れた通り、実際クルスク県から南、アゾフ海および黒海に至るウクライナ全土は革命的農民の蜂起によってとうにヘトマン一党の手を離れていたが、その後農民軍のある部分は帰郷し、他の部隊はアゾフ海沿岸に展開していた。早くもそのあたりから新しい革命の敵、デニーキン将軍に率いられた反革命軍が迫ってきていたのである。(原注2)

ボリシェヴィキはウクライナのほとんどの地域でほぼその目標を達し、ペトリューラ軍との戦闘では常にこれを下して地歩を固めた。ボリシェヴィキとペトリューラ政府の決定的な攻防は、ペトリューラ党の入城以来ただちにその首都となり軍の集結地となっていたキエフをめぐって行なわれた。一九一九年一月末、ボリシェヴィキはキエフに総攻撃をかけ、二月の初めにこれを落とした。ペトリューラのウクライナ人民共和国政府はこの時も西部国境近辺に後退し、ボリシェヴィキはついにウクライナの覇権を掌握することとなった。

なおここには以下の事実も付記しておかねばならない。つまり、戦闘でペトリューラ軍を駆逐して得た地域はもとより、抵抗もなくただ農民が自由に生活していただけの地域でも、共産政権は同じく軍隊の圧力をもって設置され維持されたということである。お手盛りの労農ソヴィエトすら、ずっとあとになって鞏固な基盤が固まってからようやく造りあげられたのであり、それ以前は党略に忠実な革命委員会があったにすぎず、さらにその前は端的に軍管区司令部の支配するところだった。

第四章・原注

（1）たしかにボリシェヴィキは、ヘトマン治下においても党の指令によって行動する志願制パルチザンを組織しようと努めていた。パヴログラードのコロソフの部隊などがそれである。だがこの種の部隊は極めてまばらであり、党の意向とは独立に作戦している巨大な人民叛乱の渦に巻き込まれてゆくことになる。そのうえ内的にも叛乱軍の革命精神が伝染していて、例えば右のコロソフの部隊にしても行動様式は叛乱軍と見分けがつかず、結局マフノらと共同作戦を組むことがしばしばだった。

（2）チェレドニャコフ、農民にしてアナキスト。間もなくボリシェヴィキに追放され、マフノ叛乱軍に参加。マフノとともにアゾフ海沿岸の前線でデニーキン軍と戦う。一九一九年六月のはじめ、デニーキン軍のグリャイ＝ポーレ攻略に際して囚われ三百回以上の鞭打ち刑を受ける。のちに脱走に成功するも、一九一九年盛夏にポルタヴァ県にて再度デニーキンに捕われ銃殺される。

訳注

（4）CHX, Совнархоз, совет народного хозяйства　国民経済会議。

第五章　マフノ叛乱軍（その一）

ウクライナ人民の革命的叛乱は、最初は嵐の荒ぶ海洋に似ていた。ウクライナという巨大な水槽のなかで人々は荒れ狂い、こぞって戦闘に突入していった。彼らは横暴な地主やヘトマン政府の手先どもを殺害しあるいは追放した。破壊こそが主要な仕事であり、積極的で建設的な行動などまるで問題になっていないようだった。自由な生活のための明確なプランを、この期の運動はまだもちえていなかったのである。だが運動の進展とともに徐々にその特性も明らかになり始め、多数のパルチザン部隊がマフノの指揮下に統合された時点で運動は系統的なものとなり確固たるバックボーンに支えられたものとなった。元々は自然発生した一連の部隊が、これから先は単一の社会運動体となり、特定のイデオロギーと固有の建設プランをもつに至った。これこそ、力強い蜂起の時代に「マフノ主義の運動」（マフノフシナ）あるいは「マフノ叛乱軍」の名をもって知られる運動体である。

この運動に内在する際立った特徴は、働かない階級と特権をもったグループに対する深い不信であり、政治党派に対する不信であり、いずれかの組織による独裁と国営化を拒否して随所で労働者による全き自主管理を追求するということである。そしてこの自主管理の具体的かつ基本的な形態としては、自由で実働する労農ソヴィエトが組織されねばならないが、ここにいう「自由」とは、これらのソヴィエトがいかなる中央権力からも独立していて、全経済機構に平等の原則が貫徹されているという意味であり、また「実働する」とは、それらが労働を基礎として成立し労働者だけが構成員であってどのような政治党派にも場所を与えることなくひたすら労働者の利害と意志にのみ拝跪するという意味である（「労農自由ソヴィエトに関するマフノ叛乱軍の一般的原則」による）。これがウクライナの革命運動のなかでマフノ叛乱軍によって掲げられた旗印だった。

マフノ叛乱軍は、ウクライナの激動期、農民総叛乱下の一九一八年夏に成立した。そしてこの叛乱軍はその成立の冒頭から瓦解の日まで、ただの一日も平和のうちに過ごしたことはなかった。

叛乱軍は互いに関連のない二つの要素によって発展していった。ひとつにはこの運動体の基礎をなす理念が広汎な人民のただなかに根を張っているということによってであり、いまひとつにはその戦闘力が絶えず増大し強化されたことによってである。革命的なパルチザン部隊が続々と結集してひとつの軍を形成し、やがてこの軍がウクライナ単一の人民解放軍となった。しかもウクライナの戦況はこの解放軍＝マフノ叛乱軍に多くの有能な指導者を送り込んできた。こうしてマフノ叛乱軍は期せずして農民の武装自衛軍となり、あるいは運動全体の指導部となりウクライナの革命一般における前衛となった。

地主階級の反革命行動に対する攻撃が開始された時、この攻撃のプランを練り上げたのもそのためのスローガンを作成したのもほかならぬマフノ叛乱軍だった。だがそれは金輪際私欲をはかる軍隊ではなかった。叛乱軍は常に広大な人民の海から革命の理念を汲みあげながら、一方でただただ人民の利益をかばったのである。それゆえ農民は、どんな場合にもこの叛乱軍を彼らの真の指導機関と見なした。（原注1）

ツァーリ政府の残党や各種政治党派、さらに総じて労働しない階級に対するマフノ叛乱軍の対応の仕方は、同時にこれらのグループに対する農民の対応の仕方となり、また逆に最下層であえぐ労働者農民の利害、その苦悩と悲哀は、ただちにマフノ叛乱軍の苦悩と悲哀につながった。軍と人民のこのような相互作用のなかで、間もなくロシア社会における無視しえない現実となってゆくマフノ運動は発展していった。

＊

マフノのパルチザンは、一九一八年十月から十一月にかけて、ヘトマン＝スコロパツキー反革命に対する同時多発的な攻撃をかけた。この時ドイツ・オーストリア軍は、母国に発生した革命のためにおおむね撤退して衰弱していた。

マフノはこの情勢を利用しようとしたのである。彼はこの占領軍のなかでも比較的革命の気風をもっている部隊と中立的な立場で交渉した。そしてそういう部隊はどれもあっさりと武装解除に同意し、その分だけマフノの部隊は装備を充実させることができた。だが交渉がうまくはかどらない場合には、マフノは戦いを挑んで彼らを武力で国外へと放逐した。やがて、反革命の頑強な三日間の抵抗を排除して、マフノはグリャイ＝ポーレに入り、ここを確保して司令部を置いた。誰の目にもヘトマンの政府がもはや余命いくばくもないことは明らかであり、若い農夫たちは群をなしてマフノのもとに馳せ参じた。この頃すでにマフノ叛乱軍は数連隊の歩兵および騎兵を擁し、一基の砲台と豊富な機関銃を備えていた。

グリャイ＝ポーレ近辺にはヘトマン傘下の部隊はおらず、ヘトマンの民兵隊であるいわゆる「ヴァルタ」も圧倒的な叛乱軍を見るや一目散に逃亡してしまった。それで結局叛乱軍だけがこの広大な地区をとりしきることになったのである。だがこの時期にはヘトマンはまだキエフにいた。そこでマフノは部隊を率いて北上し、鉄道の要地になっているチャプリノ、グリシノ、シネリニコヴォ［スィネーリヌィコヴェ］を占領してからパヴログラードまで前進した。さらにそこから彼は西へ転じてエカチェリノスラフ方面へと進撃し、この地域でペトリューラ軍と交戦する。

ペトリューラ党はいくつかの都市をおさえ、自らウクライナの主権者をもって任じていた。彼らは数多くの叛乱農民の部隊からなる軍を組織し、総動員制を敷いて正規軍の創出を図っていた。ペトリューラ党にしてみれば、マフノ運動はウクライナ革命途上のエピソードにすぎず、彼らはこの運動を自身の勢力下に取り込んで意のままにしようと望んでいたのである。彼らはマフノに次のような一連の質問を送り届けた。――「ペトリューラ主義の運動」とペトリューラ政府についてどう考えているか、ウクライナの政治機構は将来どうあるべきか、ペトリューラ党と手を組んで独立ウクライナの建設に携わることを願わしいことだとは思わないか?

マフノと叛乱軍司令部の回答は簡単にして明快だった。すなわちそれは、ペトリューラ主義の運動は農民と革命派にはまったく無縁なウクライナ民族ブルジョアジーの問題であり、本来ウクライナは、労働を基礎とし、いかなる政治支配からも独立であることを基軸として築かれねばならず、したがってマフノ主義の人民運動とペトリューラ主義のブルジョア運動のあいだには連合ではなくてまさに戦闘あるのみである、というものだった。

回答のあとマフノはただちに、ペトリューラ政府を追放すべくエカチェリノスラフに迫った。だがペトリューラ軍もかなりの兵力を保持していて、そのうえドニエプル河を天然の防衛線としているため、そのままではまったくの難攻不落と思われた。マフノの部隊はひとまずニジニ＝ドニエプロフスクに設営した。ニジニ＝ドニエプロフスクには若干の武装部隊をもったボリシェヴィキの都市委員会があった。マフノはすでにこの頃にはどの地区にも「人物」として知られていたし、革命的英雄としてまた天才的な軍事指導者としても通っていたので、このボリシェヴィキの都市委員会は傘下の部隊をマフノの指揮に委ねたい旨提案した。マフノはこの申し入れを受諾した。

マフノの兵法にはよく見られることだが、彼はこの時もある奇策に頼った。軍用列車に兵員を満載して、表向きには労働者を運ぶように見せかけながらドニエプルの鉄橋を越え、エカチェリノスラフのただなかへ直行したのである。危険は極めて大きかった。もし列車の入るほんの少し前にでもペトリューラ軍がこの戦術を察知していたら、彼らは難なく捕虜にされてしまっただろう。だが作戦は成功しマフノ軍は勝利した。列車は事もなく市の駅に入り、たちまち駅とその周辺を占領した革命軍は激戦ののちペトリューラ軍を破ったのである。

しかしマフノ守備隊の兵力は充分とはいえず、ザポリージャ方面から新たな戦力を加えて急行してきたペトリューラ軍の攻勢で、数日のうちにこの町は陥落した。さらに撤退の途中ニジニ＝ドニエプロフスクでは、マフノを狙った二回にわたるテロルが企てられたが、投げられた爆弾は二つとも炸烈しなかった。

マフノ軍はシネリニコヴォまで後退し、ここに拠って、ペトリューラ軍とのあいだに解放区の北西戦線を確立した。だが、主に叛乱に加わったことのある、しかも強制的に動員された農民からなるペトリューラ政府の部隊は、マフノ叛乱軍と接触してからというもの急速に瓦解し始め、間もなく両軍の対峙する戦線というものは事実上消滅してしまった。こうしてこの広大な地域はいかなる政権からも軍隊からも解放されることになった。

＊

国家主義者は自由な人民を恐れている。政府なき民は秩序の錨を失って分解し、野性化してしまうだろうと彼らは主張する。これは実に馬鹿げた考えである。こういう思想は、怠け者、権力や他人の労働にしがみついている輩、あるいはブルジョア機構の盲目的な信奉者たちによって流布された。人民の解放は、実は人民の堕落と野性化をもたらすのではなく、権威や特権をほしいままにして他人の労働を食いものにし人民の生き血を吸って生活してきた階級の頽廃と野獣化をもたらすものである。ロシア革命に則していえば、以前には豊かで清潔で満ち足りていた幾千もの特権階級の家庭が没落し野蛮な状態に陥った。革命で奉公人を失った彼らは、ものの二カ月もしないうちにもう不潔になり浅ましい姿になるありさまだった。このように、人民の解放によって堕落するのは人民の隷属によって豊かになっていた人々であり、逆に人民は解放の瞬間からようやく生き始め、勇躍発展し始めるのである。グリャイ＝ポーレ地区の農民はこのことを極めて明確に示している。半年余りのあいだ、一九一八年十一月から一九一九年七月まで、この地区の農民は外部からのすべての支配力を絶ち切って生き、その際彼らは内部の相互関係を失わなかったばかりか、かえって新しいより高度な社会形態を、つまり労働者の自由コミューンとソヴィエトを創出した。

地主を追放してからは、土地は事実上農民のものとなった。だが彼らの多くは、それですべてが済んだことにはならず、一片の土地を占有して事足れりとはできないことを正しく認識していた。それまでの辛い生活から、自分たちがいく通りもの敵に包囲されていて、団結せねば生きてゆけないことを彼らは学んでいたのである。いたるところで自治共同体の形成が急がれた。グリャイ＝ポーレ地区では、ボリシェヴィキの官製コミューンに敵意を抱いていた農民たちの手でいくつもの農民コミューンが造られ、それらは「労働者自由コミューン」と呼ばれた。ポクロフスコエ村近辺に組織された最初の自由コミューンは「ローザ・ルクセンブルク＝コミューン」と命名され、その担い手は全員が極貧の農民だった。はじめのうち彼らはわずか二、三十人にすぎなかったが、やがて参加者は三百人を越えた。このコミューンは農民のなかでももっとも辛酸をなめてきた部分によって築かれ、そしてローザ・ルクセンブルクの思い出に因んだこの命名はそういう農民たちの不偏不党の立場を表現している。コミューン内部の生活様式は、ローザ・ルクセンブルクが信じ闘った理想とはけっして同一のものではなかったし、またいうまでもなくウクライナの農民たちが彼女と知友であったわけでもなかったが、人民固有の素朴さと鷹揚さにおいて、革命闘争のさなかに叛逆者として己れの生を賭したひとりの女性革命家の思い出に彼らは熱い慕情をささげようとしたのである。コミューンの生活は非権力主義の原理に立っていた。そしてこのコミューンの近隣農民への影響は、その発展とともにますます拭いがたいものとなった。共産政権はこのコミューンに介入しようと図ったが、その試みは阻止された。コミューンは、どのような覇権からも独立した労働者自由コミューンと自ら銘打っていたからである。（原注2）

グリャイ＝ポーレの村から七露里《ヴェルスタ》（訳注5）離れたところにも、この地区の貧農の手になるコミューンが建設されていた。このコミューンは単純にグリャイ＝ポーレ農民コミューン№1と呼ばれた。さらに二十露里離れたところにコミューン№2と№3が造られ、その他の多くの場所にも同様のコミューンが成立した。とはいっても、全体から見てこのようなコミューンはそれほど多数であるとはいえず、また住民の少数、ことに安定したゆとりのある生活を営んでこなかった人々をしか結集しなかったが、それでもこれらのコミューンにとって重大な事柄は、それらがまさに貧農自身の発想で形成されたということである。コミューンにおけるマフノ主義者の活動の痕跡は、控え目にも、ただこういう自由共同体思想のプロパガンダの領分に限ってのみ認められるにすぎない。

右のようなコミューンは、断じて構成員個々人の私的な欲望からできたのではないし、他に先がけて傲岸にも手本を示すために組織されたものでもない。それらはもっぱら、革命の前には何ひとつもたず、革命の勝利ののち自治を基盤にして自分たちの生活を築こうとした農民にとって必要不可欠のものであったがゆえに創出されたのである。したがってこれらのコミューンはボリシェヴィキによる官製コミューンとは全然異なっていた。ボリシェヴィキお手盛りのコミューンには、種子を腐らせ土地を荒廃させることしか知らない人々がまったく行き当たりばったりに集められていて、その結果それらのコミューンは国家の最大限の援助を利用して、正当な労働を提供しようとする人民の犠牲のうえに運営されていたのである。グリャイ＝ポーレのコミューンは、労働を通じて建設され自他のための労働を尊重する真の農民コミューンだった。そういうコミューンではまず農民が働いて自分たちの日々の糧を得ようと努め、そうすることでまた各人は欠くべからざる道徳的物質的な擁護をコミューンから与えられていた。内部には同志愛と友愛の原則が貫かれていて、男も女も子供たちも、つまりは全員が己れの力に応じて労働せねばならなかった。コミューン内の公務は一、二の仲間に任せ、公務を委任された者もその任務を終えると他の者との共同の作業に戻らねばならない。これらのコミューンは、それが〈紛《まご》う方〉なく労働者自身によって構築されまた何らの強制にもよらず自然発生的に成長したがゆえに、このような特質を備えるに至ったのである。

　だが、こういう自由な共産体の芽から社会経済全般にわたる広汎な農民自治体が達成されるにはなお久しい時間を要する。芽はようやく開き始めたばかりなのである。一方、こうしたこととは別に、政治情勢の側からも共同行動の必要が緊急の課題となっていた。たんに村落単位の結束ではなく、解放された全地域、すべての県にわたる結束が要求されていたのである。どの地方にも同様に関係する多くの問題が、無条件に共通の解決を必要としていた。そのためにはこの目的に見合う機関が設置されねばならず、農民たちはためらうことなく事態に対処した。労・兵・農による地区大会がそれである。解放区が満足に存続していたあいだだけでもこの地区大会は三度開催されたが、農民たちはこうして連合し、情勢の全般を配慮し、差し迫った政経上の問題に決断をくだしていった。

一九一九年一月二十三日に大ミハイロフカで開催された第一回大会では、主として目前に迫っているペトリューラ党とデニーキン軍の反革命について討議された。

以前にも述べた通り、ヘトマン＝スコロパツキーの逃亡後ペトリューラ党はウクライナに新たな国家を組織しつつあった。彼らはウクライナ防衛という欺瞞的なスローガンを掲げて総動員制を敷き、それによって国民を新しい軛につないでいたのである。アゾフ海沿岸地区全域の革命的農民は、徹底抗戦を決議した。彼らはパルチザンと臨時代表団を組織しこれをペトリューラ支配区に派遣して人民に「ペトリューラ民主主義政府」のあらゆる偽善をあばき知らせ、反抗と動員ボイコットを呼びかけ、この政権の倒壊に至るまで蜂起行動をとりつづけるべき旨アピールした。

解放区にとってのさらに深刻な危機は、デニーキン将軍と彼の率いる反革命軍であった。デニーキン軍はありとある手段を講じてロシア革命総体に敵対し、滅亡したツァーリ政府を再建しようとする反革命潮流の一翼をなしていた。この反革命軍は、ツァーリズムの崩壊後間もなく、旧貴族が一定程度気を取り直して情勢を展望する余裕を得た頃組織された。コルニーロフ、カレージン、クラスノフ、アレクセーエフ、コルチャーク、デニーキンの各将軍が君主主義者全体の指導者だった。彼らは旧体制下現役の急先鋒であり、いくら民主主義的なスローガンをかざし憲法制定議会の招集を旗印としていても、それらは皆ただの戦術にすぎなかった。時代の流れに忠誠を誓うように見せかけながら、彼らは君主制の再来を望んでいて、共和制を信奉する精神などまるでもち合わせていなかったのである。

第二回目の労・兵・農地区大会は、第一回大会の三週間後、一九一九年二月十二日にグリャイ＝ポーレで開催された。この大会はいよいよ押し寄せてき始めたデニーキン軍の危険について綿密に検討を加えた。デニーキン軍は反革命の精兵、すなわちツァーリ職業軍人とコサックの部隊とからなっていた。農民たちは自分たちと反革命軍との衝突が避けられないのを見て自衛力の増強を図った。マフノ叛乱軍はこの頃約二万人の志願兵を擁していたが、彼らの多くはペトリューラ軍やデニーキン軍の前哨との五、六カ月にもわたる戦闘のために疲れ果て憔悴していた。そうするうちにも、デニーキン軍の勢力は日増しに強化され、巨大な雷雲のように解放区に迫ってきていた。以上のような事情を考慮して、第二回地区大会は志願制と地域間の均等の原則にのっとった動員を決議した。ただし、志願制による動員というのは各人の良心と善意に訴えるという意味である。動員といっても強制力をもつものではなく、大会はただその権威において叛乱軍に新しい戦力を補給する必要を強調しただけだった。(原注3) また「均等の原則にのっとった」動員というのは、単に各地の農民が共通の基盤に立って戦う兵士を出し合って叛乱軍に援助を与える義務を負うという意味にすぎない。

ところが、志願兵を求める大会の決定が農民間に流布されるや、どの村からもデニーキン軍との交戦を決意したパルチザンの軍団が続々とグリャイ＝ポーレに集結してきた。パルチザンの数は予想をはるかに上回った。だが不幸にもグリャイ＝ポーレには武器が欠乏していた。それゆえ時機を得た新しいパルチザンの編制はかなわず、このことは一九一九年六月のデニーキン軍本隊の侵攻に際して解放区の運命に決定的な影響を与えた。これについて以下にいましばらく述べてみようと思う。

ペトリューラ、デニーキン両軍との戦闘を全般にわたって指揮し、さらに内部の結束と情宜を維持しつつ幾多の決定事項を実行する目的で、この第二回地区大会は地区革命軍事評議会を設置した。この評議会はエカチェリノスラフ県とタヴリダ県の三二郷の代表者と各パルチザン部隊の代表者によって構成され、全解放区を統括して政治、社会、軍事の全面を処理するよう大会から委任されていた。したがって評議会はある意味では運動全体の最高責任機関だったが、けっして命令機関ではなく、ただの執行機関にすぎなかった。それは大会の決議と指令を遂行するのみであり、いつでも大会の権限によって解散させられ消滅してしまう性格のものだった。

この評議会が設置されてから、解放区内の活動は非常にはかどった。どの村でも、解放区全体に関わるテーマが検討され解決されていった。なかでも主だった課題は戦時下補給と各地域の自主管理機構の問題だった。

まず補給について、農民が叛乱軍にその都度物資援助を与えたことにはすでにある程度言及してきたが、解放区の一般住民に対する生活必需品の配給問題は差し当たって充分に解決を見たとはいえなかった。このことに関する最終的な決定は、ソヴィエト政府により公式なものとは認めがたいとされて挫折した一九一九年六月十五日の第四回地区大会で行なわれるはずだったが、それについてはのちほど述べることにしよう。ともかく叛乱軍に対しては農民が補給を引き受けていたし、補給部隊の本部がグリャイ＝ポーレに置かれ、あらゆる地域から集められた糧秣がここから前線へと送られた。

次に各地域の自主管理機構については、どの地域の人民も「労働者自由コミューン」の理念を主張した。ボリシェヴィキや他の社会主義者による官製ソヴィエトとはちがって、この労農ソヴィエトは社会、経済全般にわたる自主管理の機関でなければならず、それらはどれも人民の意志の執行主体と見なされた。そしてこれらのソヴィエトは互いに必要な接触を保ちつつ、経済問題や境界の問題をめぐってより上部の機構を形成してゆこうとするのである。

しかしながら、解放区全域に吹き荒れていた戦争状態のためにこのような自主管理機構の創出は困難を極め、完璧なかたちではついにただの一度も実現されなかった。

労働者自由コミューン＝労農ソヴィエトの一般諸原則は、ようやく一九二〇年になって成文化された。

だがこの時点に至るまでにも、解放区革命軍事評議会の発した「宣言」における自由ソヴィエト制についての項で、おおかたの方針は提示されていた。

ともかく、以上にわれわれは、広汎な農民と一部の工場労働者がヘトマンやその他の支配者から解放されたあと計画的にあるいは実情に即して新生活建設という大事業にとりかかったことと、いく通りもの敵に包囲されながらも彼らが自分たちの解放区を守り抜くべく健全かつ適正な対策を講じたことを確認した。労働者自由コミューンの創設と社会、経済上の自主管理機構を目指す努力は、自由で独立した生活を打ち固めるために労働者農民が企てた最初の数歩だったのである。そして、人々が自らの自由を前提としてこれまでに述べたような道を突き進んでゆこうとしていて、謀略を排し独自さと賢明さをもって建設の仕事に携わりながら真に自由な働く人々の共同体を築くために礎石を置こうとしていたことには疑いをはさむ余地もない。

だがそのような生活を樹立する間もなく、労働と自由の宿敵が、すなわち権力が早くも解放区を脅かし迫ってきていた。北からはボリシェヴィキの正規軍が南下していて、南東方向からはデニーキン将軍の部隊が接近していたのである。

まず最初にデニーキン軍が到着した。これに先立って、すでにヘトマンと農民軍の戦闘期およびヘトマン逃亡の直後に、ドンとクバーニ方面からシクロー将軍の率いるデニーキン軍の先遣部隊がウクライナへ侵入し、ポロギーやグリャイ＝ポーレを脅かしていた。これが解放区に対する新しい反革命の最初の脅威だった。もちろん、マフノ叛乱軍はただちに応戦した。この時叛乱軍はよく整備された数連隊の歩兵と騎兵を擁していたが、ついでながらマフノ叛乱軍のこの歩兵は実に風変わりな部隊だった。騎兵と同様に、彼らは馬で進軍したのである。といっても兵員各人が騎行するのではなく、南部ウクライナで「タチャンカ」と呼ばれるスプリングつきの軽い馬車に乗って行動し、通常一、二列の隊伍で騎兵と同じ速度を保っていた。こうして彼らは一日平均六十〜七十露里を移動し、必要とあらば九十から百露里もの距離を駆け抜けることができた。

　デニーキンはペトリューラ党とボリシェヴィキの相克するウクライナの複雑な事情を見越して、その大半が労することなく手に入るものと高をくくっていて、少なくともはじめのうちは、自軍の前線をエカチェリノスラフ県の北境あたりに設営できると考えていた。だが彼の先遣部隊は、思いもかけず統制のとれた頑強なマフノ叛乱軍に出くわし、数度にわたる交戦のあとドン河およびアゾフ海沿岸方面へ後退せねばならなかった。わずかのあいだに、デニーキン軍はポロギーからアゾフ海にかけての全地域から叩き出された。マフノ軍は一連の鉄道の要衝とベルジャンシク、マリウポリを占領し、それ以来、つまり一九一九年一月以降、この一帯に最初の反デニーキン軍前線《アンチ・デニーキン・フロント》が構築された。この前線に拠ってマフノ軍はカフカース地方からする反革命軍の攻撃を六カ月にわたって撃退し、そうしながらやがて前線はマリウポリから東方へ、次いで北東方向へとほぼ、百露里も延長されたのである。

　この長大な戦線での会戦は執拗かつ激烈だった。デニーキン軍はマフノの戦法にならってゲリラ戦をも採用した。解放区に潜入したデニーキン軍の騎馬隊は、手当たり次第に破壊し殺戮し火を放ってかき消え、また他の場所に現われて同様の暴虐を尽くした。このような襲撃の餌食となるのはいつもきまって無防備な住民だったが、反革命軍はこれら住民の彼らへの敵対的な態度とマフノ叛乱軍への援助に対して報復し、そうすることで同時に革命に対する反動を引き出そうとしていたのである。攻撃の魔手はまた、アゾフ海沿岸地方に古くから入植しコロニーを営んで定住していたユダヤ人にも向けられ、いたるところでユダヤ人虐殺《ポグロム》が行なわれた。これは、故意に反ユダヤ運動を激化させてデニーキン軍本隊の侵攻に都合のよい地域を確保しようとするものだった。こういう種類の反革命ゲリラ活動のなかで特にめざましい役割を演じたのは、先にも名を挙げたシクロー将軍である。

しかし、精鋭を擁して熾烈な戦闘を挑んだにもかかわらず、デニーキン軍先遣部隊は四カ月以上しても革命の熱情に満ちゲリラ戦に長じた叛乱軍を破れなかった。それどころか、叛乱軍の攻撃を受けた彼らは、全滅を免れるために一度ならずタガンログやロストフまで、つまり八十～百二十露里もの距離を命からがら逃げ帰らねばならなかったのである。それで、少くとも五、六度は、叛乱軍がタガンログ市のはずれまでも進攻するという事態が起こった。

戦局思うに任せぬデニーキン軍将校の叛乱軍に対する敵意と憎悪は、信じがたいほどの残忍さとなって結果した。捕虜になった叛乱軍の兵士はおしなべてひどく拷問されあるいは蜂の巣にされ、時には灼熱した鉄板のうえで生きながら焼け爛れていった（このようなデニーキン軍の残虐については叛乱軍報「プーチ・ク・スヴォボーヂェ＝自由への道」第二号、第三号に詳しい）。

四カ月を越えるこのはげしい戦闘の過程で、マフノの軍事的才能は遺憾なく発揮された。彼が天才的な用兵家であることは、敵のデニーキン軍でさえ認めないわけにはゆかなかった。だがいかに敵ながら天晴れだと考えていたにせよ、当然のことながらデニーキン将軍は迷わずマフノの首に五十万ルーブリの賞金をかけた。

ところでウクライナの革命的叛乱は、未だ現実のものとはなっていないロシア革命の理想を実現しようとする人民の試みであった。したがってそれは十月革命における大衆の行動を組織的に継承したものであり、十月革命を牽引した共同の精神と人民相互の友愛によって深々とくるまれていた。このことを示す典型的な出来事を次に書き留めておこう。

一九一九年春のたび重なる交戦のあと、マフノ叛乱軍はデニーキン軍をひとまずアゾフ海沿岸まで撃退したが、これらの戦闘中にマフノのパルチザンはデニーキン軍から車百台分の穀物を押収した。マフノと叛乱軍司令部はまずこの戦利品を飢えに悩んでいるモスクワとペトログラードの労働者に送ろうと考えた。この発案は解放区の叛乱農民に熱狂的に支持され、車百台に満載された穀物が派遣団の手でモスクワとペトログラードに届けられた。モスクワ・ソヴィエトはこのウクライナからの贈り物を心からなる感謝をもって受け取った。

*

ボリシェヴィキはデニーキン軍よりずっと遅れて叛乱軍解放区に入った。この時叛乱軍はすでに三カ月もデニーキン軍の前哨と戦っていて、彼らをほぼ駆逐してマリウポリ東方に前線を確立していた。このような段階で、ドゥイベンコを首班とするボリシェヴィキの最初の師団司令部がシネリニコヴォに成立した。

マフノとその叛乱軍の本質をボリシェヴィキはほとんど知らなかった。それまでモスクワはじめ各地の共産主義者の機関紙は、マフノを大胆かつ有望な叛乱者として扱ってきたし、ボリシェヴィキの指導者たちもヘトマン＝スコロパツキーからペトリューラ、デニーキンに至る敵との彼の戦闘のめざましさに心を奪われていた。彼らにとって、ウクライナの幾多の反革命と勇敢に渡り合ってきたこの革命軍がやがて赤軍に併合されてゆくだろうことは当然の成り行きのように思えたのである。それで彼らは実際にすべてを確認する前からマフノを讃え、彼についての記事を全段抜きで報道したりした。

このような一方的な称揚のうちに、一九一九年三月、ボリシェヴィキはマフノの前に現われた。彼らはただちに、対デニーキン軍の統一戦線を組むため赤軍に合流するようマフノに申し入れた。その際両者の政治的イデオロギー的な相異は自明のこととされ、いずれにしても共通の目標をもった連合の障害ではなく、むしろ互いに度外視すべき問題であるとされた。

マフノと叛乱軍司令部は、ボリシェヴィキの存在が解放区にとっての新たな脅威となり、それまでのものとは異質なものであっても、ともかくひとつの内戦の発端となりうることを充分に承知していた。しかしそのような危険を冒してまでボリシェヴィキとの連合を拒否しなかったのは、けっしてマフノや叛乱軍司令部あるいは労農ソヴィエトがウクライナの運命に重大な影響をおよぼす革命派内部の抗争を望んでいたからではなく、なによりも強力で公然たる反革命軍がドンとクバーニの方面から迫ってきていることを考慮したからであり、この部隊とは武闘するほかないことを知っていたからである。この頃反革命デニーキン軍の脅威は、先にも述べた通り日増しに高まり、前線での接触はますます熾烈なものとなっていた。叛乱軍は、予想されるボリシェヴィキとの抗争がイデオロギー闘争の域を出ないものと期待していた。そしてもしそうならば、それはウクライナにとって懸念すべきことではなかった。というのは、ウクライナ革命の理念の強靭さと農民の革命的本能、さらにはすべての他所者に対する住民の不信感といったものがこの地方の最良の防衛線となっていたからである。叛乱軍の首脳部は、全員が、いまは総力を君主主義者の反革命に向けるべきであってボリシェヴィキとの対決はそのあとで考慮すればよいという意見だった。叛乱軍と赤軍の連合はこのような経緯を辿って実現したのである。

ところで、ボリシェヴィキがたんなるイデオロギー上の対立者であると考えたことにおいてマフノ主義者の指導部は誤っていたといわねばならない。彼らは自分たちがこの時全き強権主義者であり国家主義者である人々と関係をもっているのだという事実に注意を払わなかった。だが過ちというものも、それが破滅につながらなければ結構役に立つものである。そしてこの時点では、こういう情況認識の甘さも叛乱軍にさして悪い結果をもたらさなかった。

両軍は連合に際して次のような内容の同意書をとり交わした。

（a）叛乱軍の内部組織は元のまま維持される。

（b）中央の共産政権によって任命された政治局員が叛乱軍顧問として派遣される。

（c）厳密に軍事上の事項に限って、叛乱軍は赤軍の指揮に従う。

（d）叛乱軍はデニーキン軍との戦線以外の場所に移動させられることはない。（訳注6）

（e）叛乱軍は赤軍同様に装備と糧秣を受け取る。

（f）叛乱軍は「革命的叛乱軍」の名称と従来からの黒旗を保有しつづける。

マフノ叛乱軍は三つの原則をもって組織されていた。志願制、指揮者の選任制、隊員による軍紀の制定である。

志願制とは、いうまでもなく、叛乱軍が自主的に加入してくる蜂起の人民によって構成されるということであり、選任制とは、各部隊の指揮者や司令部の人員、軍のソヴィエト、その他責任ある地位につくすべての人々が各部隊あるいは全部隊の集会で選任されるか追認されるということである。また隊員による軍紀の制定とは、隊内のすべての規律が選ばれた委員の手で起草され全隊の集会によって承認され、それぞれの部隊や個々の指揮者の確固たる責任において遵守されるということを意味する。赤軍との連合のあともこれらの原則は維持された。

最初叛乱軍は「第三旅団」と呼ばれ、次いで「ウクライナ第一革命叛乱師団」となり最終的には「ウクライナ革命叛乱軍（別名マフノ叛乱軍）」と通称された。

連合は厳密に軍事上の事柄に限定されていて、政治的な諸問題には手がつけられなかった。このために、解放区の生活様式やその社会革命の発展は連合によって変形を受けず、外部からの権力を拒否する人民の自立性は保たれていたのである。やがて明らかになることだが、まさにこれが、解放区に対するボリシェヴィキの武装闘争の主な理由だった。

一九一九年二月の地区ソヴィエト結成以来解放区の団結は鞏固なものとなった。人民による自由ソヴィエトという理念はどのような辺境の村々にも浸透していたが、ただ全体の困難な事情のためにソヴィエトの結成が遅れていただけだった。農民たちはこの理念を堅く守っていた。なぜといって、彼らはこれこそ自由共同体の建設が可能になる唯一の理念だということを知っていたからである。間もなく、農民と都市労働者との直接的な連帯が緊急の課題となってきた。この結合は、都市労働者や工場、労働組合との直結的なものでなければならず、国家機関を介したものであってはならなかった。それこそ革命の強化と発展にとって不可欠の事柄だった。だが解放区の人民は、このような両者の連帯がボリシェヴィキ＝共産党との抗争をもたらさずにはいないことをも察知していた。党がそうやすやすと人民に対する支配権を放棄するはずはなかったからである。とはいってもこのことは大して危険なことではないように見えた。なぜなら、労農両階級の結合は歴史上どんな政府をも容易に説得しうるものだったからである。第一、権力を解任しその全き対立を引き出すような直接的な結合以外に労農両階級の連携形態は考えられなかった。まさに農村と都市のそういう同盟関係のなかにこそ、革命の定着とさらなる展開の可能性があった。「労働者諸君、諸君の手をのべよ」、グリャイ＝ポーレの声は都市に向かってこう叫んだ。解放区の農民にとってこれに勝る大義はなかった。自分たちの土地のうえで彼らは完全に自由であり、自身の運命と労働の所産を自主的に管理していたがゆえに、当然にも彼らは都市労働者についても同様の生活を願っていたし、もし都市労働者が彼らとの接近を望むならば、過去に自分たちを苦しめたあらゆる政治的国家的かつ非生産的な組織体にためらわずに宣戦する用意があった。農民たちは、都市労働者の側からも彼らに直接的に結合を求めてくることを期待していたのである。

解放区のなかで、労農の連帯の問題は以上のように把握され、いたるところに伝えられ討議され集会のスローガンともなった。

いうまでもなく、勝手なスローガンをかざして入ってくる政治党派はどれも解放区では相手にされなかった。中央集権的な建設プランをもって現われる者はいずれも冷たくあしらわれ、己れの家訓を掲げて他人の家庭に介入する人々のようにしばしば嘲笑さえ浴びせられたのである。さまざまなかたちでこの地区に侵入し始めた共産主義者の中央政権は、実際この地方の住民にとっては外部からの闖入者としか映らないものだった。

最初ボリシェヴィキはマフノ主義の運動を赤軍の戦列にとり込もうとしていたが、やがてそれが空しい企てであることを思い知らされた。叛乱軍に結集した人民は頑強に独自の道を追求していたのである。彼らはボリシェヴィキの国家機関を一切無視し、方々でボリシェヴィキの臨時人民委員会が武装した農民によって追放されるという事態が発生した。ソヴィエト政府はグリャイ＝ポーレ地区にはいかなる機関をも設置できず、他の地区に開設した機関も住民と政府との流血の原因となった。ウクライナにおけるボリシェヴィキ中央政権の立場は、こうして極めて困難なものとなっていたのである。

やがてボリシェヴィキは、思想的にも社会運動としての観点からも、マフノ運動に対する組織的な敵対を開始した。

まず彼らは機関紙を動員した。そのなかでマフノ運動は土地の私有を目指す運動であると強引に烙印を押され、運動のスローガンと行動は反革命であると誹謗された。マフノ主義者の指導部は、中央政府とその機関紙によって脅迫を浴びせられた。解放区は本格的に逆封鎖され、グリャイ＝ポーレに行こうとしたりグリャイ＝ポーレからやってきた革命的労働者は途中で逮捕されてしまった。その結果、叛乱軍への武器弾薬の補給は五分の一あるいは六分の一に減少した。

このような情勢下で、解放区革命軍事評議会は一九一九年四月十日の第三回労・兵・農地区大会を招集した。緊急の諸問題と以後の方針についての速やかな決定が求められていたのである。大会には、全体として約二百万の労働者農民を代表する七十二地域の代議員が参加した。討議は極めて活発に進行した。残念ながら議事録の写しは手元にないが、もしそれがあれば、そこから誰しもいかに人民の代表が慎重かつ周到に革命のなかでの自らの道をまさぐり独自の生活様式を模索していたかを読み取れるものと思う。

議事が終わりに近づいた頃、大会は赤軍司令官ドゥイベンコから一通の電報を受けとった。電文は大会の組織者を不法者といい、大会そのものをも反革命と決めつけていた。

これは解放区に対するボリシェヴィキの最初の公然たる宣戦だった。もちろん、大会の参加者は全員がこの攻撃の真に意味するところを理解し、憤りを表明すべく抗議の声明を採択した。この声明はただちに印刷され、解放区の労働者農民に配布された。さらに数日後、地方革命軍事評議会はソヴィエト政府に（実際にはドゥイベンコ宛てに）詳細な回答を送り、そのなかでグリャイ＝ポーレ地区が革命のために演じた役割を強調しつつ、事実上反革命的な策動を行なったのはどちらであるか明らかにした。この回答は両軍の立場を余すところなく示しているので、以下に全文を転載しておこう。

われわれは反革命か？

「同志」ドゥイベンコは、四月十日のグリャイ＝ポーレにおける大会を反革命であると断定し、その組織者を法の保護外に置くと言言している。「同志」によれば、これらの組織者たちは厳罰に処せられるべきだというのである。ここにその電文を原文のまま記載する。

「ノヴォアレクセーエフカ発№二八三、四月十日、一時四十五分、アレクサンドロフスク師団参謀本部。ヴォリノヴァハ、マリウポリ経由、グリャイ＝ポーレ・ソヴィエト、同志バチコ・マフノ宛て。

本官の命をもって解散させられているマフノ叛乱軍司令部によって招集された大会は明白に反革命であり、大会の組織者は、法の保護対象から除外することをも含めた厳罰に処されなければならない。本官は、二度とこのような事態を繰り返さないために速やかな措置を講ずるよう命ずる。

師団司令官　ドゥイベンコ」

「同志」ドゥイベンコは、この大会を反革命と呼ばわる前に、どのような組織の名で何のためにそれが招集されたのかについて知ろうとはしなかった。そのため「同志」は、大会が実際は全解放区から承認された地方革命軍事評議会執行委員会によって招集されたものであるにもかかわらず、「解散させられている」グリャイ＝ポーレのマフノ叛乱軍司令部によって組織されたとしている。したがって地方革命軍事評議会のメンバーは、同志ドゥイベンコが法の保護外に置こうとしている対象ではない。

もしドゥイベンコ「閣下」に、どんな目的で誰がこの（反革命だといわれる）大会を組織したのか説明申し上げてよければ、それが電報に断言されているほどの大それたものでないことは、ほかならぬ「同志」にも納得いただけるものと思われる。

右にも述べた通り、大会は解放区全体からなる地方革命軍事評議会執行委員会の招集をもって、四月十日、（地理的に地区の中心部にあたる）当グリャイ＝ポーレで開催された。大会は第三回地区大会と称され、任務は地方革命軍事評議会の以後の方針を採択することだった（「同志」ドゥイベンコよ、貴下のいわれる「反革命的な」大会がこれまですでに三回も開催されてきたという事実に注目されんことを）。

　ところで、どのようないきさつから何の目的でこの地方革命軍事評議会なるものが設置されたかについて、貴下がまだ御存知ないのならばこの場で解説しておこう。地方革命軍事評議会は、本年二月十二日同じく当グリャイ＝ポーレにおいて行なわれた第二回地区大会の決定に基づいて結成されたものである（以来、ながい激闘の二カ月が過ぎてきたが当時貴下はまだわれわれの戦場におられなかったことをお忘れなく）。そしてこの評議会の目的は、前線の兵士を組織立て、同時にそのための志願制による動員を実施することだったが、それは、白軍の将兵に包囲されていながらそれまでのパルチザンからなる叛乱軍だけでは前線の維持も心許なかったからである。この時まだ当地に赤軍の姿はなかった。といってももちろんわれわれは貴下の部隊をあてにはしていなかったし、住民は自衛を自分たちの義務と考えていた。それでまさにこの自衛のために、エカチェリノスラフ県およびタヴリダ県の三十二郷《ヴォーロスチ》から各一人の代表者を出して、グリャイ＝ポーレに地方革命軍事評議会が発足したのである。

　こうして成立した地方革命軍事評議会についてはのちほどさらに詳しい説明を加えるつもりだが、ひとまずその前に、では第二回地区大会は誰によってどのように招集されたのかという疑問にお答えしておこう。第二回地区大会は誰が招集し認可したのか？　その者は不法者なのか？　そうでないとしたらそれはなぜか？

　第二回地区大会は、第一回地区大会で選出された五人の委員からなる代表団によって招集された。だが奇妙なことに、この時の招集者は法の保護を剥奪されなかったのである。なぜかといえば、その時はまだ人民が自分たちの血とひきかえに獲得した諸権利を踏みにじろうとするような「英雄」はウクライナにはいなかったからである。

ところでここに再び、ではいったい第一回地区大会はいかにして設定され、その組織者は誰であり、不法者とののしられたかどうか、そうでないならなぜか、という次の問いがあらわれてくるだろう。「同志」ドゥイベンコよ、貴下はどうやらウクライナの革命闘争を熟知されていないように思える。それでわれわれはそれについてはじめから説き起こさねばならない。貴下が事の真相を知られたなら、多分少しはその見解も妥当性を帯びようというものである。

第一回地区大会は、本年一月二十三日に大ミハイロフカの叛乱軍キャンプで行なわれ、前線近辺の各地区の代表者が参加した。無論この時も赤軍はさらに遠方にあり、われわれの解放区はすべての外部世界から遮断されていた。一方ではデニーキン軍によってであり、他方ではペトリューラ軍によってである。そしてこの段階では、マフノとシチュシに率いられた叛乱部隊だけが両面の敵に次々に攻撃をかけていた。各町村の組織は統一の名称をもたず、ある処ではソヴィエトでありまた人民事務局であり、時には叛乱軍本部であり、あるいは地域委員会であったりした。だがそれらのどの組織においても、流れている精神は等しく革命的なもので、結局前線の確保とある種の統一を達成するために地区大会が要請されたのである。こうして第一回地区大会は、誰に招集されたというのでもなく住民の了解のうえで自ずと開催された。

この大会では、ペトリューラ軍に強制動員されているわれわれの兄弟たちをいかにして救出するかという課題が重要なテーマとなり、そのために五人の委員からなる代表団が選出された。代表団には、マフノの司令部や必要な場合は他のパルチザンの幕僚とも協働してペトリューラ軍に入り込み、そこで動員されている兄弟たちに彼らが欺かれていることを、そして再び人民の戦線に復帰すべきことをアピールする任務が与えられた。加えてこの代表団は、右の任務を終えてのち、解放区を組織立ててより強力な前線を構築すべくさらに包括的な地区大会を招集するよう指示されていた。こうして、やがて使命を果たして帰投した代表団の手で、党派とも政府とも法律とも無関係に第二回地区大会の開催が宣せられたのである。「同志」ドゥイベンコよ、貴下や貴下のような法律の万能を信じる人々は、この苦闘の時に未だ遙か彼方に布陣していたのではなかったか。そしてその同じ時に、このウクライナの英雄的な指導者たちは、自らの血と手でもって隷属の鉄鎖を打ち砕いた人民の頭上にけっして再び権力をかざそうとはしなかったのである。それゆえにこそ、大会は反革命のそしりを受けるはずもなくその組織者を理不尽と呼ばわる者もなかった。

さてもう一度われわれの地方革命軍事評議会についての説明に戻ろう。ソヴィエト政府の権力がこの地方に入ってきたのはグリャイ＝ポーレにこの地方革命軍事評議会が誕生してしばらく経った頃だった。だが、中央権力の出現に際しても、第二回地区大会の決定にのっとって評議会は活動を放棄しなかった。地方革命軍事評議会は、それが命令機関ではなく執行機関にすぎないために、大会によって与えられた路線を歪めることなく任務を遂行せねばならなかったのである。評議会は、能力の限りを尽くしてひたすら革命的に、課せられた使命を続行した。

やがて徐々にソヴィエト政府の妨害が始まった。官製の人民委員会や官僚連が地方革命軍事評議会を反革命組織として扱いだしたのである。このような折に、のちの方針を定め、また必要と認められればほかならぬ自分たちを解任するために、評議会のメンバーは第三回地区大会を招集した。かくて大会は開催された。だがそこに結集したのは断じて反革命派ではなく、すべての抑圧者に抗してウクライナに最初の蜂起の旗を、社会革命の旗を掲げた人々であった。さまざまな地域・県、パルチザンから七十二人の代表が集まった。そして彼らは、グリャイ＝ポーレの地方革命軍事評議会が無条件に不可欠なものであることを承認し合い、これに人員を補充して、地域間均等の原則と志願制の原則に基づいた兵士の動員を委任したのである。大会はこれを「反革命」であるとした「同志」の電文に接して驚愕に堪えない。誠にわれわれの解放区こそ、困難な蜂起の旗を英雄的に押し立てた最初の地帯だったではなかったか。それゆえわれわれは、貴下と貴下の信奉する政府に対して心底からの抗議をもって応えようと思う。

「同志」ドゥイベンコよ、これが貴下に伝えねばならない真実である。考えてもみたまえ！　まさに革命が各人に要請する苦渋と栄光に満ちた至高の倫理において、思いめぐらしてもみたまえ！　自らの節くれ立った両の手でながい忍辱の枷を打ち砕き、いまや自身の意欲によって己れの生を築こうとする二百万の人民を反革命であると宣告する権利が、貴下には、貴下ひとりだけにはあるというのか？――否、断じて否である。貴下がもし真の革命家であるならば、抑圧者との戦闘のただなかに鮮やかにも自由な生活を建設してゆこうとしているこれらの人民に、貴下はありとあらゆる献身をこそ捧げようとするだろう。

いったい、革命家をもって自認している人々がほかならぬ革命的な人民に除名をもって対立することを正当化するような、そのような革命政府の法律などありうるだろうか？　まさしくわれわれの地方革命軍事評議会は、この地方の革命的人民の総意を体現しているのである。そして、ようやくにしてすべての法とその執行人の桎梏を離れた人民の土地に新たな法的強制をもち込むことが、果たしていかなる意味で道理であり許容されることだというのか？　革命家の許可なしに革命家が約束した自由と平等を享受した人民は、革命政府の法律によって弾圧されねばならないとでもいうのか？　革命的な人民は自らが勝ち取った自由を革命家に奪われても沈黙していねばならず、人民の代表者は、人民に委託された任務を遂行しようとすることによって革命政府の法律に銃殺を宣告されてしかるべきなのか？　ぜんたい、革命家とは誰の利益の代表者なのだろうか。党の利益のか？　自ら血を流して革命を前進させたわれわれ人民のか？

……

地方革命軍事評議会は、あらゆる党派に従属せずその影響を排してひたすら自分たちを選出した人民の意向に服するものである。したがってこの評議会の任務は人民に委託された仕事を実施することであって、ただそれだけである。評議会自体は党派と無関係に運営されるが、左翼社会主義者の宣伝活動を妨害することがその任務なのではない。だから、もしボリシェヴィズムが人民のなかに浸透すれば、この諸君のいう反革命評議会は自動的にボリシェヴィズムを信奉する「革命的な」組織体に取って替わられることになるだろう。だがそれまではわれわれに干渉しないでいただきたい。

「同志」ドゥイベンコとその仲間の人々に告げたい。もし諸君がこれまで同様これからもわれわれに対する姿勢を変えず、ばかりかそれを正当な道義にかなったことだと考えるならば、諸君はなおも小ぎたない政治を打ちつづけていればいいだろう。今回の地区大会を招集した人々も、諸君がまだクルスクで安閑としていた頃に大会を招集した人々も、ひっくるめて法の保護下から追放すればいいし、誰彼なしに反革命の烙印を押しつづければいいだろう。だがそれらのすべての人々は、はじめてこのウクライナに蜂起と革命の旗をかざした人々だったのであり、ただ諸君の許可を得ることなくいたるところの戦線へと英雄的に進撃し、諸君のプログラムには従わずに諸君より少しばかり左寄りの方針を貫徹しただけなのである。

「同志」ドゥイベンコよ、貴下はまたこれらの人々を地区大会へと送り出したすべての貧しい人民と、貴下の許可なく、虐げられた人々の悲哀を解放する戦闘のさなかで、志半ばに倒れたいまはなきすべての戦士たちをも、法の保護から除外する旨宣告すればいいだろう。貴下および貴下の信奉する政府に公認されないすべての集会と革命闘争を、貴下はおしなべて反革命と呼ばわり、不法であるとののしればいいのである。だが真実がやがて勝利することを忘れるな。諸君の脅迫にもかかわらず、われわれの評議会が義務を放棄することはない。評議会は義務を放棄する権利をもたないし、また人民の権利を簒奪する資格をももっていないからである。

グリャイ＝ポーレ地方革命軍事評議会
議　長　チェルノクニジヌイ
副議長　コーガン
書記長　カラベート
議　員　コヴァリ、ペトレンコ、ドツェンコ、他

この回答のあとボリシェヴィキ中央は、マフノ主義の運動をもはや放置しえない緊急の問題としてとらえた。それまでもマフノ運動については、良かれ悪しかれいい加減な報道しかしてこなかった党の機関紙だが、それがいよいよ本格的に虚偽に基づく悪罵を発し始めた。それによれば、あらゆる失策、あらゆる粗暴、あらゆる犯罪がすべてマフノとその運動に起因するというのである。これに関するボリシェヴィキの所業を典型的に示している例がある。

一九一九年の四月末か五月早々のことだが、捕えられた叛乱軍の一員に出鱈目を吹き込まれてなぶられたシクロー将軍は、そうとは知らずにマフノに一通の書状を宛てた。そのなかで、彼はマフノの軍事的天才を誉めそやしそれが「誤った」革命のために使われていることを嘆いて、ロシアの民衆のためにデニーキン軍と連合するよう提案した。たまたま集会の席でこの書状を目にした叛乱軍将兵は、ロシア革命とウクライナ革命のイロハさえ知らないこの反革命将軍の単純さと愚鈍さに、当然のことながら爆笑した。彼らは書状を叛乱軍報「プーチ・ク・スヴォボーヂェ」に掲載してシクローを嘲ったが、ついでに言っておけばこれはまさにデニーキン軍の残虐を報道した同紙第三号でのことだった。だが、ここでボリシェヴィキ＝共産党は何をしたかというと、彼らはこの記事を叛乱軍報からそっくり自分たちの機関紙に転載して

おきながら、恥知らずにも実はこの書状は叛乱軍に渡る前に没収したものであると公言したのである。そして彼らはマフノとデニーキン軍のあいだに同盟が成立しつつあり、あるいはすでに成立していると宣伝した。ボリシェヴィキがマフノ叛乱軍に挑んだイデオロギー闘争とは、およそこのような類いのものだったのである。

*

一九一九年四月半ば以降、解放区はボリシェヴィキ幹部によって厳重に点検されるようになった。四月二十九日、赤軍南部方面司令官アントーノフがマフノとマフノの前線および叛乱軍の士気を視察するためにグリャイ＝ポーレに入った。さらに五月四日から五日にかけて、国防ソヴィエト会議臨時全権代表エリ・カーメネフがハリコフ政府吏員を従えグリャイ＝ポーレに到着した。

カーメネフのグリャイ＝ポーレ視察は、うわべは友好的なものであり他意なく見えるものだった。彼は、集結していた叛乱農民に対して、農民パルチザンこそ自力でヘトマンの権力を駆逐しペトリューラとデニーキンからウクライナを防衛した英雄であるとの讃辞を送った。叛乱農民の自発的な革命行動は、あたかもカーメネフその人のうちに熱烈な賞讃者を見出したかのようだった。だがマフノや「第三旅団」司令部、地方革命軍事評議会のメンバーとの正式の会談では、カーメネフは労働者農民の自主行動にけっして好意的な評価を与えなかった。また地方革命軍事評議会とソヴィエト政府機関の共存の問題についても彼はこれを断じて認容しがたいこととし、評議会の解散を要請した。

国家主義者なら誰でもそうだが、カーメネフも二つの異質な組織を混同していた。党の手になる官製の革命軍事参謀本部と、じかに人民の意志によってその執行機関として創られた地方革命軍事評議会とをである。そして、一方は党中央の指令でいともたやすく廃止できるが、もう一方は人民以外の何者によっても解任されることはない。人民の評議会を破壊できるのは、人民を無視した反革命の権力だけであって革命家ではないのである。

カーメネフの要請は右のような回答に出くわして一蹴された。彼にとってこの回答は実に不愉快であり、その結果、会談ははげしい論争の場となった。しかしながらカーメネフは、アントーノフの場合と同様、出発にあたって心のこもった送別を受け、「第三旅団」＝叛乱軍に感謝を表明して彼らのめざましい武運を願った。カーメネフはマフノの肩を抱いて、ボリシェヴィキと叛乱軍は両軍がともに革命軍であり共通の願いを語るものであるがゆえに協働せねばならないし、またできるだろうと断言したのである。

だがボリシェヴィキ幹部のグリャイ＝ポーレ視察を額面通りに友好的なものと考えていいのだろうか。あるいはすでに当時から、その友好的な外見の背後に解放区への非和解的な敵意が隠されていたというべきなのだろうか？――事実はおそらく後者である。ボリシェヴィキには早くから、中央政府に従属しないこの叛乱に対する攻撃の意図が熟していた。後続する一連の出来事がこのことを雄弁に物語っている。それゆえ、アントーノフとカーメネフの視察は攻撃を前提とした慎重な情報収集活動であったと考えることができるだろう。

これらの視察のあと、ボリシェヴィキとマフノ主義者の間柄には、はじめのうちは何の変化も認められなかったが、党機関紙の宣伝は好意的になるどころかますます敵対的となり、叛乱軍に関するでっちあげの情報が、反革命派以上に低劣かつ陰険なやり方でばら撒かれた。これらのことはすべて、ボリシェヴィキが解放区に対する武装攻撃に備えて労働者と赤軍兵士を煽動しようとしていることの証しだった。そして、予定された攻撃の一カ月前には、マフノの暗殺まで計画されていたのである。ボリシェヴィキに買収された叛乱軍連隊長パダルカは、ポクロフスコエからグリャイ＝ポーレを攻略し、マフノがおればその幕僚もろとも逮捕するようにとの「指令」を受け取って行動を開始した。だがこの陰謀はマフノ自身によってあばかれた。その時マフノはベルジャンシクにいてちょうどグリャイ＝ポーレへ戻ろうとしていたが、偶然そこには飛行機があって、そのためグリャイ＝ポーレまでわずか二時間と数分で引き返すことができた。このため陰謀は回避され、逆に謀叛の部隊は急襲を受けて逮捕、処刑されたのである。

ボリシェヴィキの諸機関に潜入している同志たちから、マフノはしばしば、どのような招請を受けてもエカチェリノスラフやハリコフなどへは出向かないよう警告を与えられていた。いかなる正式の召喚も、すべて彼を確実に消してしまうための罠にすぎないというのだった。一言でいえば、ウクライナ革命における思想的主導権をめぐって、今日でなければ明日にでもボリシェヴィキが武闘をかけてくるにちがいないことは、日々刻々に明らかになってきていたということである。

しかし思いもかけず、赤軍内部のグリゴーリエフの叛乱が、ボリシェヴィキのマフノ運動に対する態度を少なくとも外見上はしばらくのあいだ軟化させた。

第五章・原注

（1）この点について、当時の次のような出来事が情勢の真相をよく示している。アゾフ海沿岸の農民はしばしば食料輸送車を止めて通行証の提示を求めた。この際マフノ叛乱軍司令部の発行する証書がなければ、叛乱軍からの指令が届くまでその輸送車は止めておかれた。ボリシェヴィキの支部がいくら要請しても、農民たちから返ってくる答えはいつも決まっていた。つまり、叛乱軍当局が許可しさえすれば即刻にも食料を引き渡す用意があるというのである。

（2）一九一九年六月九日から十日にかけてのボリシェヴィキによる解放区攻撃の際に、このコミューンは赤軍の手で破壊され、同志キリヤコフほかコミューンの指導者はすべて法の保護を停止された。数日後ポクロフスコエの村に侵攻してきたデニーキン軍はこのコミューンを最終的に灰燼に帰せしめ、農民にして傑出した土着の革命家キリヤコフは、即決裁判のあと銃殺刑に処された。

（3）叛乱軍や農民のある部分は、この動員を、その対象として該当する全住民の義務と受け取った。彼らによれば、全住民の総意を表現する大会の決議は仮にそれが要望の形式をとっていても完全に実施されねばならないというのである。これは誤りである。動員に関する大会の決議は、あくまで自由意志による志願を要請しているだけなのである。

訳注

（5）Верста　露里、一露里は約一キロ。

（6）この項は、ボリシェヴィキが叛乱軍を恣意的にマフノ運動区から他所へ移動させて運動の武装解除を図ろうとするのを防止するために付け加えられている。この懸念は、のちにボリシェヴィキが叛乱軍にポーランド戦線への転戦を迫った時（本文第八章一八四頁以下参照）現実のものとなった。

第六章　マフノ叛乱軍（その二）

グリゴーリエフの反逆——ボリシェヴィキ、グリャイ＝ポーレを襲う

一九一九年五月十二日、グリャイ＝ポーレの叛乱軍＝「第三旅団（ウクライナ革命叛乱軍）」司令部は次のような電報を受け取った。

グリャイ＝ポーレ、バチコ・マフノ宛て。
叛徒グリゴーリエフは味方の戦線を裏切った。彼は軍令を遵守せずわれわれに銃口を向けた。いまこそ決断の時である。戦うか、あるいは敵に与して前線を解くか。択一のほか方途はない。即刻部隊を移動せしめ、グリゴーリエフに宣戦せよ。而してハリコフ宛て本官に通報されたい。返答なき時は貴下がわが軍に宣戦されたものと見なす。本官は貴下をはじめアルシーノフ、ヴェレチェリニコフなど各位の革命的信義に信頼する。

カーメネフ　No.二七七
革命軍事監督官　ロビエ

ただちに地方革命軍事評議会代表者会議は右の電報とこの事件そのものを審議し、以下のような見解に達した。砕いていえばこうである――

グリゴーリエフはかつてのツァーリの士官であり、ヘトマン傀儡政権の潰滅直前にペトリューラ軍に走って叛乱農民の大部隊を率いた。だがペトリューラ政府がプロレタリアートに守られたブルジョア「自由主義」という階級的矛盾によって解体し始めると、グリゴーリエフは折しも大ロシアから進出してきたボリシェヴィキに部隊ごとそっくり乗り換えてペトリューラ軍に敵対した。その際彼と彼の部隊は、ボリシェヴィキに対して、一定程度の自律性と行動の自由を保持しえていた。やがてヘルソン県でのペトリューラ軍の武装解除にあたってグリゴーリエフは重要な役割を果たし、オデッサを占領した。以後彼はこんにちまでベッサラビア方面の前線を担当してきた。

グリゴーリエフの叛乱軍は、組織のうえでも、またことに思想的にも、マフノ叛乱軍に較べて著しく未熟である。そのうえこの部隊はどんどん発展してゆくというのではなくて、ずっと最初のままの状態を保っていようとしてきた。ウクライナが総叛乱の様相を呈し始めてからようやくここにも革命の精神が吹き込まれたが、それでも隊内や隊の母体である農民のなかにはマフノ軍に見られるような創造的な歴史的課題やスローガンは何ひとつなかった。巨大な革命的高揚に直面しながら、残念にも彼らは社会に対する確固たる展望をもちえず、それゆえにまずペトリューラの、次いでグリゴーリエフの、そしてやがてボリシェヴィキの影響下に無原則になだれ込んでいったと考えられる。

グリゴーリエフ自身は革命家でも何でもない。ペトリューラのもとにあった時も、またのちに赤軍の戦列に連なってからも、彼のあり方はむしろ投機家のそれといっていい。グリゴーリエフは基本的には一介の武人であり、ロシア革命はまずもってそのようなタイプの人間に何らかの役割を果たす場を提供していた。彼の精神の位相は複雑多岐である。たしかに彼には、屈従にあえいできた農民階級にはげしい共感をたぎらせる側面も見出されたが、そうかと思えば貪婪な権力欲もあり無法な略奪者の側面もあった。彼はまたナショナリストであって反ユダヤ主義を信奉してもいた。

ところで、何がグリゴーリエフをしてボリシェヴィキに弓を引かせたかといえば（これはマフノ叛乱軍としての正式見解ではないが）、党に従属しきらない彼の部隊を解体するためにボリシェヴィキの側から彼を挑発したのだというのがまずまず妥当なところだろう。なるほどグリゴーリエフの率いるパルチザンはマフノ叛乱軍のように独自の革命を目指すものではないが、それでもその形態と内容はボリシェヴィキの理念に沿うものではなかったはずである。ともあれ、この時点におけるグリゴーリエフのボリシェヴィキに対する背反は、けっして革命的なものではなく、単なる軍事的政治的な対応としか考えられない。これはマフノ主義者のもっとも嫌悪するところである。そしてこのことは、人民のあいだに民族的な不和をしかもたらさないような類いの「総括」をグリゴーリエフが発表したことによってなによりも明らかとなった。ただ、マフノ主義者として斟酌すべき唯一の点は、グリゴーリエフの傘下にも欺かれて政治的な冒険に走った数知れない蜂起の人民が存在しているということである——

以上のような内容の見解にのっとって、マフノ叛乱軍司令部はただちに前線に指令を飛ばした。

マリウポリ・マフノ叛乱軍野戦司令部発、各分遣隊指揮官宛て。ハリコフ、国防会議臨時全権代表カーメネフ宛て、写し。

前線のさらなる強化と死守が求められている。いかなる場合にも革命軍の前線を手薄にすることは許されない。われわれは、革命の栄誉と尊厳において革命と人民に忠実であらねばならず、権力をめぐるグリゴーリエフとボリシェヴィキの抗争にかまけて戦線を緩和してはならない。白軍は防衛線の弱点をついて侵攻を企て、再び人民に隷属を強いるだろう。白色ドン地方からする敵の浸透を撃退し、闘い取った自由を真に保証するまで、われわれは断固前線に留まり、権力や政略のためにではなくひたすら人民の自由の名において奮戦せねばならない。

旅団司令官　バチコ・マフノ
司令部幕僚一同（署名）

同時にマフノ叛乱軍司令部はカーメネフに返信を打った。

マリウポリ・マフノ軍野戦司令部写し、ハリコフ・国防会議臨時全権代表エリ・カーメネフ殿。貴下およびローシチンのグリゴーリエフについての通達（原注1）に接して、本官はただちに事態を検討し結論に達した。

前線は忠実に維持されねばならない。解放区はデニーキンら反革命の徒に一歩たりとも譲り渡されてはならず、ロシアと全世界の人民に対する革命の任務は堅持されねばならない。よって当方は貴下に、われわれが労働者農民の革命にこそ変わらぬ忠誠を誓うものであり、人民に専横をもって臨む貴下の人民委員会やチェーカーに従うものではないことを表明せねばならない。もしグリゴーリエフが戦線から脱落し、権力を掌中にするために撤収したのだとすれば、それは犯罪的な暴挙であり革命に対する裏切りである。このことについては、わが軍各部隊に能う限り広汎に通告するつもりである。だが現在、本官はグリゴーリエフとその部隊に関する詳細な資料を入手していない。彼が何を企てどういう目標をもって行動しているかを、本官は未だ察知しえないのである。よって当方は、さらに詳しい情報を得るまで彼に宣戦することを差し控えようと思う。われわれは、革命を志すアナキストとして、グリゴーリエフであれ誰であれ権力をほしいままにしようと図る者を支持することはない旨いま一度確言しておかねばならない。以前同様現在も、本官は蜂起せる同志人民とともにデニーキン反革命軍の脅威を追い、全権を掌握している労働者農民の連帯をもって解放区を防衛せんとするものである。それゆえ、党の独裁的圧力をもってアナキストの同盟とプロパガンダに敵対する貴下の人民委員会のごとき強制機関は、必定われわれの頑強な抵抗に遭遇するであろう。

旅団司令官　バチコ・マフノ
司令部幕僚一同（署名）
情宣局長　アルシーノフ

時を移さず、マフノ叛乱軍司令部と地方革命軍事評議会の代表者からなる臨時委員会がグリゴーリエフの作戦地区に派遣された。任務は、叛乱農民の前にグリゴーリエフの正体をあばき、改めてマフノ主義の旗のもとに結集するよう呼びかけることであった。

一方グリゴーリエフはその間アレクサンドロフスク、ズナメンカ、エリザヴェトグラード〔現クロプィウヌィーツィクィイ〕を占領し、エカチェリノスラフに迫ってハリコフのボリシェヴィキに少なからぬ脅威を与えていた。ボリシェヴィキは不安のうちにグリャイ＝ポーレを注視していて、グリャイ＝ポーレについてのあらゆる風評やマフノのすべての電報が貪るように集められて機関紙に掲載された。このような不安は、いうまでもなくソヴィエト政府官僚の無知から生じたものにほかならない。彼らは、革命的アナキスト＝マフノがグリゴーリエフと相携えて突如としてボリシェヴィキに襲いかかってくるものと考えていたのである。だがマフノ主義とその運動は終始原則にのっとった態度を崩してこなかった。彼らには、革命の大義と権力なき人民共同体への節操が常に至上の名分だった。だからマフノ主義者は、ただ自らもボリシェヴィキに対抗しているという理由だけから任意の反ボリシェヴィキ陣営と連合するようなことはしなかったのである。それどころか、マフノ主義者にとってもグリゴーリエフのような投機的行動は人民の自由に対する新たな脅威としか考えられず、彼らとてボリシェヴィキ同様そのような行動には敵対しようとしていた。事実マフノ主義者は、叛乱の全過程を通じていかなる反ボリシェヴィキ運動とも手を組むことなく、ひたすら単独に、傷つきながらもひるむことなく、ボリシェヴィキにもペトリューラ党にも、グリゴーリエフやデニーキン、さらにはヴラングリにも戦闘を挑んでいった。彼らから見れば、結局これらの運動はすべて、人民を従え収奪する少数の強権的なグループの利害へと還元されてしまう性格のものだったからである。それで、左翼社会革命《エス・エル》党からの反ボリシェヴィキ統一戦線の申し入れですら彼らは拒否した。左翼エス・エルといえども、一個の政治党派としてボリシェヴィキと変わるところはなく、やはり社会民主主義者のひとつの流派による人民に対する支配をもたらすものであるというのがその理由だった。

　ところでグリゴーリエフ自身は、この叛乱行動のなかで数度にわたってマフノとの同盟をもくろんだ。彼のグリャイ＝ポーレ宛てのたび重なる電報は結局一度しか目的地に着かなかったが、そのなかで彼は「親愛なるバチコよ！　共産主義者からきみは何を期待するか？　彼らを殲滅せよ！」と呼びかけている。もちろんこの呼びかけは無視され、そのうえ数日後、彼はマフノ叛乱軍司令部の最終的な断定に接しねばならなかった。以下のアピールがそれである。

グリゴーリエフとは何者か?

働く兄弟たち！　われわれは一年このかた、生死を賭けてドイツ・オーストリア軍の侵攻に抗戦しヘトマンと戦いペトリューラと戦い、いまやデニーキンを前に決起しているが、その過程でわれわれは常に戦いの意義を明確にし、蜂起の最初から、人民の解放は人民自身の任務であると確信してきた。そしてわれわれはうちつづく戦闘のなかで幾多の重要な勝利を獲得してきたのである。われわれはドイツ・オーストリア軍を駆逐しヘトマンを潰滅させた。またわれわれは、ペトリューラの小ブルジョア国家に根を張るいとまも与えず、われわれ自身の手で解放した大地に建設の鍬をふるった。しかもそうしながらわれわれは、広汎な人民大衆に、身辺のすべての情勢に注目するよう呼びかけてきた。権力を独占し人々を服従させようと機会を待ちうけている盗賊どもがいたるところに跳梁しているからである。そして、見るがいい、まさにいまわれわれの目の前にもグリゴーリエフという名の新しい盗賊が立っているではないか！　彼は、困窮し疲弊し屈従にあえぐ人々に鼻歌など歌って聞かせながら、実は収穫と権利を掠めとり貧困と圧制を肥大させるあの滅んでいった受苦の世のなかを再び現在に蘇えらせようとしているのである。ここで、このグリゴーリエフについて少しばかり説明を加えておこうと思う。

グリゴーリエフはかつてのツァーリの士官である。ウクライナに革命が始まった頃、彼はペトリューラの配下にあってソヴィエト政府と戦っていたが、やがてソヴィエト政府の側に寝返った。そしていま、彼はソヴィエト政府に対してばかりでなく革命総体に敵対して挙兵している。

グリゴーリエフの言葉を思い起こしてみたまえ！　「総括」の冒頭に彼はこう述べている。「ウクライナはキリストを十字架にかけた者どもと《大喰いのモスクワ》からやって来た略奪者に支配されている」と

――

兄弟たち！　諸君はこのなかに恐るべきユダヤ人虐殺《ポグロム》の宣言を聞かないだろうか？　同時にまた、革命ウクライナと革命ロシアの、生気と友愛に満ちた連帯を引き裂こうとする彼の底意を感じないだろうか？たしかにグリゴーリエフは節くれ立ったわれわれの拳と労働する人民の崇高についても語ってはいるが、そんなことに欺かれてはならない。こんにち、いったい誰が労働の神聖と人民の福利に触れないでいられるだろうか。われわれと、われわれの土地を脅かす白軍でさえも、人民のために戦っていると公言しているのである。だがわれわれは、そういう彼らがひとたび人々を掌握した時、果たしていかなる福利が人々に与えられることになるのかも充分に承知している。

　グリゴーリエフはまた、自分は真のソヴィエト権力を樹立するためにボリシェヴィキの人民委員と戦っているのだと言っている。しかし彼は同じ「総括」のなかで「本官は諸君を領導する。諸君は本官の命に従い、諸君の人民委員を選出すべきである」と語り、さらにつづけて、彼が（殊勝にも）流血を嫌っていること、それゆえ動員はかけるがハリコフおよびキエフへ使者をたてて流血を避けるつもりでいると表明し、そうして「本官は諸君がただ一途に本官の命に従うことを要請する。その他のことはすべて本官自身が行なう」と語るのである。

　これは何事か。こんなものが真の人民の権力だというのか？――いやいや、皇帝ニコライも自分の政府が正真正銘の人民の政府だと信じて疑わなかったのである。多分グリゴーリエフも自分の命令が人民に対する強制ではなく、また彼の人民委員は天使の集まりであるとでも考えているのだろう。

兄弟たち！　諸君は、ペテン師たちの一味が競って諸君の兄弟を狩りたて革命の戦列を分裂させて秘かに諸君の自滅を画策しているとは思わないか？　警戒せよ！　革命に手痛い打撃を与えたこの裏切り者は同時にブルジョアジーに奉仕している。彼のユダヤ人虐殺と反ユダヤ運動を利用して、すでにガリツィアからはペトリューラが、ドンからはデニーキンがわれわれの解放区に突入を図っているのである。もしこれら内外の敵を一撃のもとに屠ることがなければ……禍いなるかな、ウクライナの民よ！

兄弟たち、労働者農民の諸君、そして叛乱軍兵士諸君！　諸君の多くはこう質問するだろう。では革命のために誠実に戦い、しかしいまはグリゴーリエフの裏切りによってその不名誉な戦列にある数多くの戦士たちをどう処遇すべきか、果たしてこれらの戦士たちもグリゴーリエフもろともに革命の敵なのか？――と。そうではない。これらの同志たちは巧みな嘘にひっかかったにすぎない。やがて彼らの健全な革命精神は、グリゴーリエフの虚偽と真の革命旗への復帰を彼らに告げるであろう。

グリゴーリエフのすべての行動が可能になった原因をわれわれはただグリゴーリエフ個人にのみ求めてはならない。それ以上に、最近われわれのあいだで明らかになってきた各戦線の無統制さが作用していることを確認しておかねばならないのである。

ボリシェヴィキが進入してきてから、ウクライナにも彼らの党の独裁が表面化した。国権を掌握した党派として、ボリシェヴィキはいたるところに官許の党支部を設け、革命に決起した人民をコントロールしようとし始めたのである。その結果、何から何まで、すべてが党に従属しその監視下に服さねばならなくなった。どのような反対も反抗も、党に公認されないいかなる企ても、新たに設置された随所の支部の手でつぶされた。しかもそれらの支部はすべて労働者と革命から疎遠な人々によって構成されていた。ここに、働く革命的な人民が働かずに専横と強制をもって臨む人々の管理下に入らねばならないという事態が生じた。ボリシェヴィキ＝共産党の独裁はこうして衆知のこととなり、それは広汎な人民のなかに新規の制度に対する敵意と反抗を植えつけたのである。グリゴーリエフはこのような情勢を利用した。実際、なるほどグリゴーリエフは革命の裏切り者であり人民に敵対するものにちがいないが、人民にとってはボリシェヴィキ＝共産党とてやはりグリゴーリエフに勝るとも劣らない敵だったということができる。ともかく、その無責任な独裁によってボリシェヴィキは人民のなかに敵意を増大させた。そしてこの敵意はいまはグリゴーリエフに幸いしたが、今後も任意の野心家を利することになるはずである。それゆえここにわれわれがグリゴーリエフを裏切り者と呼ぶとき、われわれは同時に裏切りの土壌を造ったボリシェヴィキからもこの人物の行動に対する弁明を要求することができるというものである。

兄弟たち！　いま一度思い起こしてもらいたい。軛と抑圧と貧窮から人民を解放しうるものはただ人民自身の決起のみだということを。実に政権の交替など何の助けにもならない。労働者農民の自由な結束だけが、これらの働く階級を、革命と全き自由、真の平等の彼岸へと連れ出してゆくものなのである。

すべての裏切り者と人民の敵に死と没落を！　民族の障壁を穿ち、挑発者を排撃せよ！　労働者農民諸君、密集せよ！　世界自由勤労コミューン万歳！

文責、マフノ叛乱軍＝「第三旅団（ウクライナ革命叛乱軍）」師団司令部

バチコ・マフノ、ア・チュベンコ、ミハリョフ＝パヴレンコ、ア・オルホヴィク、イ・エム・チュチコ、イエ・カルペンコ、エム・プザーノフ、ヴェ・シャロフスキー、ペ・アルシーノフ、ヴェ・ヴェレチェリニコフ

賛同者　アレクサンドロフスク市、労・農・赤軍代表ソヴィエト執行委員会郡執行委員会議長　アンドリュスチェンコ

行政長官　シポータ
行政委員会議長　ガヴリロフ
市執行委員・政治コミサール　ア・ボンダーリ

このアピールは膨大な部数印刷されて農民たちや前線の兵士に配布され、また叛乱軍報「プーチ・ク・スヴォボーヂェ」とアナキストの機関紙「ナバト」（警鐘）にも特に掲載された。

グリゴーリエフの投機は、その高揚と同じく速やかに衰退していった。結局それが残したものといえばいくつかのユダヤ人虐殺という犯罪だけであり、ことにそのうちエリザヴェトグラードでの暴挙は大規模かつ酸鼻を極めるものであった。

マフノ叛乱軍のアピールと前後して、叛乱農民は急激に彼のもとから離れていった。グリゴーリエフが本来中味のない人間であることを知った農民たちは、もはや彼を支持する根拠をもちえなかったのである。その結果グリゴーリエフはわずか数千の手勢とともにとり残され、ヘルソン県のアレクサンドロフスク一帯にたてこもった。しかるにこのような情勢にあってもまだボリシェヴィキは不安を感じていたが、いよいよグリャイ＝ポーレの立場がはっきりするにおよんで、ようやく彼らはひと息つき安堵することができた。ソヴィエト政府はいたるところで、マフノ叛乱軍がグリゴーリエフの叛乱を冷たくあしらったと吹聴した。政府はマフノらの態度表明をグリゴーリエフに対する牽制のプロパガンダに利用しようとしたのである。マフノの名はすべてのボリシェヴィキ政府機関紙に登場し、彼の電文は繰り返し報道された。再びマフノは労働者農民革命の真の擁護者としてかつぎあげられた。マフノの部隊が四方から包囲していて、グリゴーリエフは捕えられるか殲滅されるだろうという造り話を流布することによってグリゴーリエフの心胆を寒からしめようとするのがプロパガンダの目標だった。

　したがってこのようなマフノに対する世辞は、もとよりボリシェヴィキの本音ではなく、またながくつづきもしなかった。グリゴーリエフの危険が去るや、マフノ主義に敵対するそれまで通りのキャンペーンが再開された。この頃ウクライナにあったトロッキーは、マフノの叛乱はウクライナに自らの覇権を確立しようとする富農の運動であるとの観点からアジテーションを行なった。政府なき共同体に関する叛乱軍とアナキストのすべての主張は謀略以外の何ものでもなく、実際に両者が企てているものは、まさしく富農（「クラーク」）の主権そのものである無政府的な権力機構にほかならないというのである（ボリシェヴィキ新聞「道《フ・プチー》」第五一号掲載論文、トロッキー「マフノ主義」による）。このことさらなまやかしのアジテーションを合図に、解放区に対する逆封鎖が極度に強化された。それで、遠方から、例えばイヴァノヴォ＝ヴォズネセンスクやモスクワ、ペトログラード、あるいはヴォルガやウラル、シベリアからも、この自立した誇らかな地区を慕ってやって来る革命的な労働者は、大変な用心を重ねないと目指す地域に入れなかった。前線に日々欠かせない武器弾薬の補給は全面的にストップした。この二週間前、ちょうどグリゴーリエフの叛乱の最中に、グロスマン・ローシチンがグリャイ＝ポーレを訪問していた。マフノらは彼に圧倒的な軍需物資の欠乏のため戦況が思うに任せない旨報告した。ローシチンはこの報告に心を痛めた様子で、ハリコフから武器弾薬を送達するよう努力することを約束した。だが二週間しても物資は送られてこず、前線は破局的な様相を呈した。折しも、クバーニの諸連隊とカフカースからのいくつもの援軍部隊を加えて、デニーキン軍は途方もなく膨れあがっていた。

　ところでますます混迷の度を加えるウクライナの情勢のなかで、ボリシェヴィキは自分たちの行動とその結果について何らかの展望をもっていたのだろうか？

たしかに彼らは計算していた。彼らはグリャイ＝ポーレの防衛力を最低限に低下させるために逆封鎖戦術をとったのである。敵の武装は不完全なほど戦いやすい。武器弾薬をもたず、加えてデニーキン軍との困難な前線に釘付けされている叛乱軍の状態は、武装解除には格好だった。しかしまた反面、ドネツ地方一円の情勢について、ボリシェヴィキはまるっきり判断を誤っていたともいえる。デニーキン軍の戦力を彼らは全然知らなかったし、差し迫った攻勢についてもまったくのところ察知していなかった。だがそうするうちにも、ドン、クバーニおよびカフカースの各地方ではデニーキン軍の精鋭が着々と陣形を整え、革命そのものに対して総攻撃を開始しようとしていたのである。最初の四カ月に、デニーキン軍はグリャイ＝ポーレの頑強な抵抗に遭い、その左翼が北進を拒まれたため、攻撃を全面開花させえなかった。この四カ月のあいだ、前哨であるシクロー将軍の部隊は、グリャイ＝ポーレの抵抗を排除しようと懸命に戦ったが、その企ては不発に終わっていた。それゆえ彼らは次の攻勢をますます精力的に準備していて、それは一九一九年五月以降、ほかならぬ叛乱軍にさえ奇異に思えるほど活発になってきていた。そして、これらすべてのことをボリシェヴィキは把握していなかった。いやもっと正確にいえば、彼らはマフノ運動との対決に気を取られるあまり、デニーキン軍についていささかも注意を払おうとはしなかったのである。

こうして危険は左右両面から、解放区とウクライナ革命総体に迫ってきた。このような事態に対処すべく、グリャイ＝ポーレの地方革命軍事評議会は、エカチェリノスラフ、ハリコフ、タヴリダ、ヘルソン、ドネツ各県に緊急地区大会を呼びかけた。大会の目的は、デニーキン反革命軍の脅威に関してこれらの地方の総情況を点検し、ボリシェヴィキ＝ソヴィエト政府の無策を考慮したうえで、危険を回避する何らかの方途を立案することであった。大会は、情勢との関連のなかで、実践的具体的な方針の採択を求められていた。

次に、地方革命軍事評議会がウクライナ人民に宛てたアピールを挙げておこう。

第四回労・兵・農地区大会招請についての告示

電信No.四一六

エカチェリノスラフ、タヴリダ両県および隣接する地方のすべての郡、市町村執行委員会、マフノ叛乱軍および在ウクライナ赤軍各隊、すべての労働者農民諸君、すべての兵士諸君！

地方革命軍事評議会執行委員会は五月三十日の会議において白軍侵攻に関する前線の情勢を討議した。その結果当執行委員会は、現時点におけるソヴィエト政府の政治的経済的状態にかんがみ、ウクライナの現状打破は個々人や政党によってではなく労農人民の力によってのみ可能であるという見解に達した。よって、地方革命軍事評議会執行委員会は、一九一九年六月十五日、グリャイ＝ポーレに緊急地区大会を開催する旨決定をくだした。要領は以下の通りである。

代議員選出基準

一、労働者農民代表は住民三千人につき一名。

二、各叛乱軍および赤軍兵士代表は、師団、連隊など各部隊につき一名。

三、マフノ叛乱軍司令部から二名、各旅団司令官からはそれぞれ一名。

四、郡、市町村執行委員会各一名。

五、ソヴィエト制にのっとった共産党地区組織各一名。

ただし、

a労働者農民代表の選出は、各市町村および工場における全体集会でなされるべきこと。

bソヴィエトあるいは工場委員会の個別的な集会の場で選出されてはならないこと。
c当方資金難のため、大会の参加者は各自食料を携帯のこと。

討議事項
一、地方革命軍事評議会執行委員会および各地域執行委員会からの報告。
二、現在の総合的な情勢の説明と検討。
三、グリャイ＝ポーレ地区の任務とその意義および課題について。
四、地方革命軍事評議会の改組について。
五、叛乱地区における軍事機構について。
六、食糧問題。
七、農業問題。
八、財政問題。
九、農民と労働者の連帯について。
十、公共の秩序維持について。
十一、裁判について。
十二、その他目下要請されている諸項目について。

地方革命軍事評議会執行委員会
グリャイ＝ポーレ発
一九一九年五月三十一日

右のアピールとともに、ボリシェヴィキのグリャイ＝ポーレに対する総攻撃が開始された。なだれ寄せる白軍コサック部隊に抗して叛乱軍将兵は死をもって革命を守り抜いているというのに、一方では数連隊のボリシェヴィキが、北からつまり後方から解放区に襲いかかったのである。彼らは叛乱軍の労働者農民を逮捕してその場で銃殺し、コミューンやコミューンに類する組織を手当り次第に破壊した。疑いもなく、この攻略を指揮したのはトロツキーその人であった。われわれは、トロツキーが解放区を見、即自的に生きつつ新しい政府など鼻にもかけていない人々の言葉を聞いた時、あるいはまた、畏怖もなく素朴に、彼をたんなる国家官僚と呼んでいる解放区の新聞を読んだ時、彼の胸中はどうだったかを容易に推測できる。アナキズムなどというものは「鉄の箒で」ロシアから掃き出してやるといきまいてきたトロツキーが、いざウクライナの現状に触れてみると、当然のことながらただ狂暴かつ盲目的な瞋恚《しんい》の焔をしか感じえなかったちがいない。そしてこのような感情こそ「国家至上主義者」に特有なものなのである。トロツキーがマフノ叛乱軍鎮圧のために発したたび重なる命令の内容が、彼のそういう内心をあからさまに語っている。

際限もなく無節操に、彼はマフノ運動の粛清にとりかかった。まずグリャイ＝ポーレ地方革命軍事評議会のアピールに対応して彼は次のような指令を発した。

ソヴィエト政府革命軍事参謀本部指令No.一八二四　　ハリコフ、一九一九年六月四日

アレクサンドロフスク、マリウポリ、ベルジャンシク、バフムート、パヴログラード、ヘルソン各地区のすべての軍事コミサールとすべての執行委員に告げる。

グリャイ＝ポーレの執行委員会は、マフノの旅団司令部と相図って、アレクサンドロフスク、マリウポリ、ベルジャンシク、メリトポリ、バフムート、パヴログラード各地区のソヴィエト・叛乱軍大会をこの六月十五日に開催せんとしている。右の大会は、ウクライナにおけるわがソヴィエト政府とマフノ旅団が布陣している南部戦線における政府諸機関に真っ向から敵対するものである。大会の結果はグリゴーリエフの裏切りと変わらぬ新たな謀反でしかありえないだろうし、それはまた白軍に前線を明け渡すことにもつながるだろう。事実現在もマフノ旅団は、その無能と犯罪的な立場、さらには司令部の裏切り行為によって後退をつづけているのである。

一、本指令により大会は禁止される。いかなる場合にも開催されてはならない。

二、すべての労働者農民は、この大会への参加がソヴィエト政府および戦線に対する背反行為と見なされる旨、口頭ないし文書をもって通告されねばならない。

三、この大会のすべての代議員はただちに逮捕され、ウクライナ第十四軍（もとの第二軍）の軍事法廷に連行される。

四、マフノとグリャイ＝ポーレ執行委員会のアピールを配布した者は逮捕される。

五、この指令は電信を通じて報道され、可能な限り広汎に行き渡るよう努力されねばならない。あらゆる公的な場所に掲示され、各地区の代表者、政府機関の代表者、各部隊の指揮官並びに人民委員各位に交付されねばならない。

共和国革命軍事委員会議長　トロツキー
総司令官　ヴァツェチス
共和国革命軍事委員会委員　アラーロフ

ハリコフ軍管区軍事コミサール　コシカリョフ

この文書は典型的なものである。ロシア革命史を研究しようというほどの人なら誰しもこの文献は記憶しておくべきである。それにしてもグリャイ＝ポーレの革命的農民はすでに一カ月半も前になんと適切正確に事態を把握していたのだろうか。先に示したドゥイベンコに対する回答が、このトロツキーの指令を見事に先取りしているではないか！

「いったい、革命家をもって自認している人々がほかならぬ革命的な人民に除名をもって対立することを正当化するような、そのような革命政府の法律などありうるだろうか？」――回答のなかで彼らはボリシェヴィキにこのような問いを発しているのである。そして、トロツキーの指令中その第二項は、かかる法律がありうることを、またこの指令自体がそのような法律であることを的確に示している。

つづいてグリャイ＝ポーレの農民はさらなる問いを発する。

「革命家の許可なしに革命家が約束した自由と平等を享受した人民は、革命政府の法律によって弾圧されねばならないとでもいうのか？」――

トロツキーの指令第二項はこれにも「しかり」と答え、自由な大会に参加する労働者農民は国家に対する反逆者であるとしている。

またグリャイ＝ポーレの回答は「人民の代表者は、人民に委託された任務を遂行しようとすることによって革命政府の法律に銃殺を宣告されてしかるべきなのか？」と質問するが、これには指令第三、第四項が答えている。すなわち、人民に委託された任務のために尽力する代表者ばかりでなく、何らの任務も与えられるわけではないたんなる代議員までも逮捕され処刑されねばならないというのである（ソヴィエト政府の軍事法廷への連行は事実上銃殺と同義である。例えば、グリャイ＝ポーレのアピールを審議したというかどで告訴され、軍事法廷に引き出されたコスチン、ポルニン、ドブロリューボフらはこの犠牲となって斃れた)。——

この指令が人民の権利の強奪であることはあまりにも明白なので、その例証はこれくらいで充分だろう。ところでトロツキーは、グリャイ＝ポーレ地区でのあらゆる行動の黒幕はマフノであると型通りに考えていた。彼は、この大会がマフノ旅団や個別グリャイ＝ポーレ地区の招請によるのではなく、それらからまったく独立した機関、つまり解放区全体の地方革命軍事評議会の呼びかけによるものであることさえ確認しようとしなかった。ともあれこの指令のなかで、トロツキーが「白軍を前に後退をつづける」マフノ軍司令部の裏切りという考えを前面に出していることは注目に価する。そして数日ののち、トロツキーとすべての政府機関紙は、マフノ叛乱軍がデニーキン軍に前線を明け渡したという報道を我が意を得たりとばかりに行なうようになるのである。

われわれは、この前線がもっぱら叛乱農民の骨折りと犠牲のうえに構築されたことをすでに確認した。反デニーキン前線は、叛乱農民にとって忘れがたく英雄的な瞬間、自分たちの土地をすべての権力から解放したあの日々に形成され、南東部における前衛線としてあるいは自由のための守備線として立派にその機能を果たしてきた。そしてこの前線に拠って、偉大な革命的叛乱者の群は六カ月以上ものあいだ帝制反革命の熾烈極まる攻撃を耐え、幾千名にものぼるウクライナの最良の息子たちを失いながらも総力をふりしぼって、なお己れの血の最後の一滴に至るまで反革命軍本隊の侵攻の前にはげしく自由を防衛しようとしたのである。反デニーキン前線の維持がいかに決定的に、しかも最後の最後まで、叛乱農民の力にかかっていたかは、グリゴーリエフの叛乱に際してグリャイ＝ポーレ宛て打電された前述のカーメネフの電報が物語っている。このモスクワから来た臨時全権特使は、そのなかでマフノに、反デニーキン前線の叛乱軍将兵をグリゴーリエフ鎮圧のために移動させるよう要請している。カーメネフがこういう要請をほかならぬマフノにせねばならなかったのは、彼が当時滞在していたハリコフでは必要な情報は得られず、政府が派遣していた軍事人民委員や赤軍の戦線指揮官を通じてさえ資料は何ひとつ入手しえなかったからである。この南部の反デニーキン戦線について、疑いもなくトロツキーはさらに貧弱な知識をしかもっていなかった。トロツキーがウクライナにやってきた頃、この前線はすでに方々で白軍に蚕蝕されていたのである。しかしトロツキーは、革命派人民に対する彼の犯罪的な襲撃を形式的にせよ正当化せねばならなかった。そこで彼は類い稀な無恥と卑劣さをもって、六月十五日の労・兵・農地区大会はもっぱら南部前線から将兵を召喚して前線を弱めるものであると言明した。このトロツキーの意見からすると、結局叛乱農民は南部前線の強化に全力を尽くし、急ぎ志願して総力を反デニーキン戦にあてねばならないということになるが、このことはソヴィエト政府筋に言われるまでもなくすでに一九一九年二月十九日の地区大会で叛乱農民自身が決定していたことである。一方トロツキーの指令について、ボリシェヴィキはある謀略を策した。彼らはマフノ叛乱軍司令部にこの指令を伝えなかったのである。トロツキーとソヴィエト政府の一連の主張と対応はとても正気の人間のものとは思えないが、事実は病める人間の行為などではなく、人民に信じがたいほどの恥知らずさで対処することに慣れたまったく醒めた人々の行為であった。

二、三日あとから偶然の機会にこの指令を耳にしたマフノは、もはや押し留めがたい内外の情勢を考慮しつつ、反デニーキン連合戦線の指揮官としての地位を辞任したい旨ボリシェヴィキに通告した。だが残念ながらこの通告の電文は現在筆者の手元にはない。

トロツキーの指令は電報で各地に伝達され、ボリシェヴィキはその戦時法令に基づいてこの指令の各条項を実践した。例えば、グリャイ＝ポーレからのアピールを審議しようとしたアレクサンドロフスクの町工場では、集会は違法であると宣告せられて強制的に解散させられ、参集した農民たちは銃殺か絞首に処すると脅迫されたのである。方々で（コスチン、ポルニン、ドブロリューボフらの）さまざまな活動家が検挙され、地方革命軍事評議会のアピールを流布したかどで告発されて党の軍事裁判で死刑を宣告された。

この指令のほかにもトロツキーは一連の軍令を発し、マフノ運動を根こそぎ殲滅するよう赤軍各部隊に要請した。さらに彼は密令を飛ばして、マフノとその司令部およびすべての加担者を拘禁し、軍事法廷に、換言すれば首斬り役人に引き渡すよう訓令していた。

幾人かの赤軍指揮官や高級将校など、信頼できる消息筋の証言によれば、トロツキーはマフノ運動に関して、この運動のさらなる興隆を許すくらいなら全ウクライナをデニーキン軍に明け渡した方がましだという見地に立っていた。なぜなら、デニーキン軍は公然たる反革命であるがゆえに階級闘争を激化させることによってやがて撃退できるが、マフノ運動の方は人民最深部に根を張ってボリシェヴィキに敵対してくるものだからである。

トロツキーが以上のような行動を起こす数日前に、マフノは次のような通達を傘下の司令部と地方革命軍事評議会に出していた。すなわち、ボリシェヴィキの数連隊がグリシンスク方面の前線から撤退したこと、したがってこの部分から、つまり前線北東部からデニーキン軍がグリャイ＝ポーレ地方へ無傷で侵入してきたこと、この二つである。事実、白軍のコサック部隊はけっして叛乱軍の防衛線からではなく、赤軍が守備していた左翼方向から解放区へ突入してきた。その結果、マリウポリからクチェイニコヴォを経てタガンログに至るマフノ叛乱軍は背後にも敵の脅威を受けることになった。いまやデニーキン軍は大挙して解放区の心臓部へとながれ込み始めた。

以前にも述べた通り、全解放区の農民たちはデニーキン軍の総攻撃を覚悟していた。彼らは侵攻に備え、動員を了解していた。すでに四月の段階で各村落の住民は多数のパルチザンをグリャイ＝ポーレに送ってきたが、グリャイ＝ポーレには武器が不足していた。従来から守りについていた前線の部隊さえもはや武器弾薬をもたず、ただただ軍需品を奪取するためだけにデニーキン軍を襲撃せねばならないこともしばしばというありさまだった。連合に際しての同意書で叛乱軍に物資供与を約束したはずのボリシェヴィキは四月にはもう逆封鎖を始めていて、武器弾薬の搬入が阻止されていたのである。それで志願兵がいくら詰めかけても新規の部隊編制はかなわず、しかもそのために生じる悲劇的な事態はただ解放区住民のみが一身に負わねばならなかった。

グリャイ＝ポーレの農民は自分たちの村落を救うためにわずか一日のうちに連隊を組織した。武器はいとも粗末なもので、斧とつるはし、猟銃とほんの少しのカービン銃くらいなものだった。それでも彼らは押し寄せるコサックの部隊を正面から迎え撃ち、果敢にこれを阻もうとしたのである。グリャイ＝ポーレから十五キロばかり離れたスヴャトドゥホフカ村（アレクサンドロフスク郡）で、これらの農民軍はドンおよびクバーニのコサックからなる優勢な部隊に遭遇した。グリャイ＝ポーレの人々はその見すぼらしい装備にもかかわらず悲壮かつ英雄的に交戦し、ほとんど全軍がこの無名の村の戦線に自らの生命を捧げた。そのなかには、グリャイ＝ポーレ出身でペトログラードのプチロフ工場の労働者、農民軍指揮官ベ・ヴェレチェリニコフもいた。やがてコサックの怒濤はグリャイ＝ポーレをおおい、六月六日には全村がその占領下に入った。マフノは幕僚たちとともに小部隊とわずか一隊の砲兵を率いて村の中心部から七キロ隔たった鉄道駅まで後退して布陣したが、夜になるとこの地点も放棄せねばならなかった。翌日、彼は能う限りの兵力を結集してグリャイ＝ポーレ攻略を試み、ひとたびはデニーキン軍を駆逐したが、新たなコサック部隊の脅威を受けて再度の撤退を余儀なくされた。

ところでここにいまひとつ、ボリシェヴィキが一連の反マフノ宣伝のあとも最初のうちは何事もなかったように紳士的に振る舞っていたことも書き留めておかねばならない。マフノ運動の指導者たちをなるたけ労せずして捕縛するための、それは彼らの戦術だったのである。トロツキーらが指令第一八二四号を打電した三日後の六月七日に、ボリシェヴィキはマフノに装甲列車を提供して彼にできる限り戦線を維持するよう依頼し、また早急に援軍を送る旨約束した。そして実際その翌日、グリャイ=ポーレから二十キロの距離にあるガイチュール駅に、チャプリノから派遣されてきた赤軍の数隊が到着した。この援軍にはボリシェヴィキの軍事コミサール、メジラウクやヴォロシーロフら高官が付き添っていた。赤軍と叛乱軍両司令部は連合して一種の共同司令部を形成し、両者は装甲列車に同乗して共に作戦にあたった。だがこの時ヴォロシーロフは、マフノとマフノ主義者の上部を逮捕し叛乱軍を解体して、これに反抗する者はすべて射殺せよとのトロツキーの指令をポケットにひそませていたのである。ヴォロシーロフはひたすら適当な時を待っていた。

一方マフノの方もこの陰謀については警告を受けていて、自らのなすべき対策を練っていた。彼は情勢の全般を考量したうえで、いずれ流血の内訌が必至であることを察知していた。マフノは理性的な解決を模索し、その結果自分が叛乱軍の領袖としての地位を退きさえすればいいのだと判断した。彼はこの決意を幕僚に伝え、さしあたってはたんなる一兵卒として下部で活動するのが最適の方途であると表明した。そしてソヴィエト政府筋には以下のような声明を送った――

赤軍第十四軍司令部　ヴォロシーロフ宛て。ハリコフ　革命軍事会議議長トロツキー宛て。モスクワ　レーニン、カーメネフ宛て。

共和国革命軍事会議指令第一八二四号に関連して、私は第二軍およびトロツキー宛ての先の通信において現在の地位を辞退したい旨申し入れておいたが、ここにいま一度この申し入れを反復しておこうと思う。ところで右のことを表明するに際して、私はその根拠をも同時に具申しておく必要を感ずるものである。私はこれまで、叛乱せる人民と相携えてもっぱら白色デニーキン軍と戦い、ただ自由への愛と自力建設への願いをのみこれら人民に語ってきた。にもかかわらず、すべてのソヴィエト政府機関紙並びにボリシェヴィキ＝共産党機関紙は、革命家にあるまじき流言を飛ばして私を中傷しつづけてきた。これらの各紙は私を盗賊といい、グリゴーリエフの共犯者といい、あるいは資本制の再来を望む者であるとしてソヴィエト共和国に対する背反者と呼ばわった。またトロツキーは「マフノ体制」と題する論文（「道」第五一号）において「マフノとその叛乱軍は誰に抗して戦ってきたか」という問いを発し、マフノ主義の運動は結局はソヴィエト政府に反目する戦線以外の何ものでもないと言明している。だが彼はそのなかで、現実に百キロ余も伸びる叛乱軍の反デニーキン前線にはいささかも触れていない。六カ月以上ものあいだ、われわれはこの前線を維持しつつ数限りない犠牲を支払ってきたし現在も支払っているのである。このような事実のうえで、指令第一八二四号は私をソヴィエト政府に対する裏切り者と断罪し、グリゴーリエフと同類の反逆者と罵った。

私は、労働者農民が公私にわたることどもについて協議し決定する目的で何らかの集会を開催することは、彼らが革命によって獲得した犯すべからざる権利であると考える。それゆえかかる集会を中央政府の力をもって禁止し違法であると宣告すること（指令第一八二四号）は、人民の諸権利に対する露骨かつ悪辣な弾圧であるといわねばならない。

私は中央政府当局の私に対する態度を充分に感知しているし、また当局が自らの権力に同化しえない異物として叛乱の総体を扱っていることも重々承知している。そしてこれらのことを総合すれば、中央政府が叛乱を私個人に短絡させ、叛乱に対する憎悪を私個人に対する憎悪へと転化させていることも容易に理解できるのである。例えば前述のトロツキーの論文にしても、そこに挙げられているいくつもの偽りの資料から彼が無意識のうちにも私個人に憎悪と敵意を向けているありさまが読み取れる。

私がこれまでに感じてきて、また昨今では非常に攻撃的になっている中央政府の農民叛乱に対する態度は、革命派の内部に不可避的に亀裂をもたらすものである。しかもこの亀裂の双方の側に等しく革命を信頼する働く人民が立っているのである。私はこのような内訌こそ人民に対する許されうべくもない犯罪であると思うし、この犯罪をどうにかして食い止めることを義務と考える者である。そして私は、中央政府が種を蒔いたこの犯罪をなんとか阻止する適正な方法として、現在の地位の返上を決意するに至った。そうすれば中央政府は私と叛乱農民を、陰謀を策している輩とは考えなくなるだろう。私はウクライナの叛乱農民がいかがわしく敵対的なものとしてではなく果断で活発な革命派として正当に扱われることを望んでいる。われわれ叛乱軍は、約束されていた中央政府からの武器弾薬の配給を削減され停止されることによって、そうでなければ容易に避けられたはずの兵員の損失や解放区の喪失をこうむらねばならなかったのである。私は、右の私の判断と提案を即刻受け入れられるよう各位に申し入れる。

バチコ・マフノ

ガイチュール駅にて、一九一九年六月九日

その間、マリウポリにいた叛乱軍の各部隊はポロギーを経てアレクサンドロフスクまで後退してきていた。ガイチュール駅に伸びてきたボリシェヴィキの魔手をかわしてのち、マフノはまったく予期に反してこの叛乱軍のなかにあった。だがマフノ叛乱軍司令部長官オセロフや幕僚のミハレフ＝パヴレンコ、ブルビガ、さらに地方革命軍事評議会の数名のメンバーは謀略にかかって捕えられ、処刑された。これは、当時ボリシェヴィキに拘禁されていた他の多くのマフノ主義者に対する処刑のほんの端初にすぎなかった。

マフノの立場はまことに困難なものだった。ウクライナ革命における幾多の危機を共に戦い抜いてきた同志人民にまったく訣れを告げてしまうかボリシェヴィキとの戦いを指導するか、彼はこの択一を迫られていた。だがデニーキン軍の総攻撃を目前にしながらボリシェヴィキと抗争することは彼にはできなかった。マフノは、生来の聡明さと革命家としての本能をもって、やがて見事に窮状の打開を図った。彼は叛乱軍将兵に現下の情勢を詳しく説明し、彼が指揮官を辞任したいきさつを伝え、にもかかわらず叛乱軍は、困惑することなくひとまずボリシェヴィキの指令に服して以前同様にデニーキン軍との戦線を堅持すべきであるとうったえたのである。

このアピールに従って、叛乱軍の半数以上がそれまでの状態を保ち、赤軍の一部としてボリシェヴィキ司令部の傘下に留まった。だが同時に叛乱軍各隊の指揮官は、白軍に対する戦線に支障をきたすことなく再びマフノのもとに結集できる時機を秘かに待とうと互いに固い申し合わせを行なっていた。そして、のちほど明らかになることだが、この時機については叛乱軍の各将校が驚くほど厳密正確に立案し予定していたのである。

間もなく、マフノは少数の騎兵を率いて姿を消した。だが一方では赤色連隊と改称させられた叛乱軍各連隊が、カラシニコフ、クリレンコ、クレイン、ヂェルメンジなど以前からの隊員の指揮下でアレクサンドロフスクおよびエカチェリノスラフに向かおうとするデニーキン軍と戦いこれを阻みつづけた。

事態が破局的な様相を呈するまで、ボリシェヴィキの指導部はデニーキン軍の攻撃力を把握していなかった。エカチェリノスラフとハリコフが陥落する少し前まで、トロッキーはまだ、デニーキンなど恐るるに足りない、ウクライナはけっして危険な状態ではないとぶっていた。しかしさしもの彼もそのあとすぐに前言を翻して、ハリコフが極めて重大な局面に立ち至っていることを認めねばならない破目になった。とはいってももちろんこの時には、もう誰の目にもウクライナの命数は定まっていたのである。六月の末にエカチェリノスラフが落ち、さらにその十日から二週間あとにはハリコフをも放棄せねばならなかった。

ボリシェヴィキは反撃もしなければ迎撃もしなかった。彼らはただただウクライナから撤収しようとしていた。赤軍のすべての部隊がこの方針に従った。文字通り無血のうちに、ボリシェヴィキと赤軍はウクライナから立ち退いてゆこうとしていたのである。あきらかに、ボリシェヴィキはウクライナを見捨てていた。彼らはただ詰め込めるだけの兵員と物資を積み込んで車輛もろとも運び去ろうと狂奔しただけだった。そこでマフノは、いまこそ闘争のイニシアチブを握り、自立した革命派としてデニーキンにもボリシェヴィキにも対決すべき時が来たと判断した。一時的に赤軍に編入されていた叛乱軍に、ボリシェヴィキ司令部から離れマフノの指揮下に復帰せよとの檄が飛んだ。

第六章・原注

（1）エリ・カーメネフの電報と並んで、グロスマン・ローシチン（ソヴィエト＝アナキスト）からもマフノ宛てに電報が届いた。ローシチンも同じくグリゴーリエフの事件を報じていた。

第七章　大後退戦と勝利

グリゴーリエフの処刑・ペレゴノフカの決戦・デニーキン掃討・再び解放区へ

マフノが「第三旅団」＝ウクライナ革命叛乱軍指揮官の地位を返上して一団の騎兵とともに姿をくらましたことについては前章にも述べた通りである。これに先立って彼はガイチュール駅一帯におけるボリシェヴィキの追及をかわし、アレクサンドロフスクで辞任を将兵に表明してボリシェヴィキから派遣されてくる後任の旅団司令官に叛乱軍の全業務を委譲していた。マフノがこの委譲をあえてしたのは、公然と名誉を守って地位を退くためであり、また同時にボリシェヴィキから、叛乱軍に関して彼を告発する根拠を奪うためであった。だからいうまでもなくそれは、彼が強いられしかもまんまとやりおおせた細心の演技だった。

そうこうするうちにもデニーキン軍の全面的な攻勢は一円の労働者農民に重くのしかかってきていた。人々は助けを求めてマフノのもとへと走り、あたりに散らばっていた多数のパルチザンも、彼を頼って参集してきた。一、二週間もすると、マフノの周りには新規の革命叛乱軍ができあがっていた。そしてやがてマフノはこの新軍と旧来の叛乱軍との混成部隊を率いて徐々に後退し、形勢を分析してしかるべき退路を検討しながらデニーキン軍の行動を牽制しようとし始めた。

　またたく間にウクライナを占領したデニーキン軍は、いっときもマフノから目を離さなかった。マフノのために彼らが冬のあいだ中嘗めねばならなかった苦渋と損害が記憶に鮮明だったからである。デニーキン軍はマフノ討伐のために十二個～十五個連隊の騎兵と歩兵からなる特別軍団を編制していた。だがこの特別軍団はただマフノ叛乱軍と戦うことだけを目的とするのではなく、かつてマフノの解放区にあり現在は白軍占領下に入っているすべての町村を焼き払い破壊することをも任務としていた。農民たちは略奪され惨殺された。彼らは一般の農民たちに革命の仕返しをしたのである。例えばグリャイ＝ポーレでは、占領されたその日のうちに多数の農民が銃殺され暴行を受け、住民の全財産が没収された。それらはトラックや野良の荷車に詰められてシクローの率いるコサック部隊の手でドンやクバーニへ運び去られた。村にいたユダヤ人の女たちはほとんど全員が凌辱された。

　それゆえ、後退してゆくマフノ軍には方々の村からやってきた幾千人もの農民の家族たちが家財道具と家畜をもってつき従ってきた。彼らは数百キロもつづく列をなして叛乱軍とともに西を目指した。実にそれはまさしく民族移動であり「馬車のうえの動く王国」であった。途中、この法外な重苦しい逃亡者の群から、人々は三々五々ウクライナの各地へ散ってゆきもしたが、誰しもが財産と故郷を永遠に失っていて、多くの人々がすでに逆境のなかで生命を落とさねばならなかったのである。

　最初マフノはドニエプル河に臨んでアレクサンドロフスクの町に陣を張り、しばらくのあいだ、キチカスクの橋（原注1）を確保していた。だが優勢な兵力を頼んで攻め寄せてくる白軍のために、やがてドリンスカヤへ、次いでエリザヴェトグラードへと退却せねばならなかった。この頃にはウクライナにとってすでに赤軍は意味をもたず、一部は大ロシアに撤収してしまっていたし、残る部隊も司令部に対する信頼を喪失して動揺しきっていた。それでこの時期こそマフノが赤軍の兵員を自軍に吸収する絶好の機会だった。だが彼の主要な関心はもう少し他のものに向けられていた。ウクライナ革命には、すでに久しく、終始マフノの目を離れたことのない汚点があったのである。それは「グリゴーリエフとその一党」の存在だった。なるほどグリゴーリエフは、ソヴィエト政府に叛旗を翻した直後に部隊の大部分を失っていたが、かといって潰滅してしまったわけではなく相変らずヘルソン県に布陣してボリシェヴィキにゲリラ戦を挑んでいた。ヘルソン県全域に散開したグリゴーリエフ麾下の戦力はなお数千をくだらず、しばしば赤軍の弱小な分遣隊を襲って武装解除しながら、村々を占領しかつ鉄道を破壊していた。ことに鉄道は頻繁に狙われた。グリゴーリエフの手口はきまっていつも、まずレールを二、三本はずして残った端を牛の力で半月形にひん曲げておくというものだった。

グリゴーリエフはたしかに有能なゲリラ戦の指導者だった。それで、ズナメンカやアレクサンドロフスク、エリザヴェトグラードなどの各地区では、彼はボリシェヴィキより一段と強い影響力をもっていた。だが彼がソヴィエト政府に挑戦したのは革命的な根拠からではなく、個人的な、ばかりか反革命的な契機からであった。そのうえ彼は中途半端なイデオロギーさえもっていなかったので、いつも矢鱈と目先のものばかりに飛びついていた。ペトリューラから始まってボリシェヴィキに移り、再びペトリューラに復帰したもののついにはデニーキンのもとへと走ったのである。

紛《まが》いもなくグリゴーリエフは革命の敵であり投機屋にすぎない。しかしながら彼の勢力圏に入っている地区と人民は、この首領とは反対に極めて革命的だった。マフノはこれらの人民を自らの部隊に編入しようと決心していた。ただしグリゴーリエフとその司令部を力づくで排除しなければこの企てはかなうべくもない。そこでマフノは持ち前の峻厳さでグリゴーリエフの正体をあばき処刑してしまおうとしたのである。ところがこれに較べて、国家の装置と化した人間の集団であるボリシェヴィキは、何カ月ものあいだグリゴーリエフと戦ってきながら、彼を殺害した者には五十万ルーブリの賞金を出すと宣伝することくらいしかなす術を知らなかった。ボリシェヴィキはまた、グリゴーリエフの幕僚の首にも二十五万ルーブリの賞金をかけた（ソヴィエト政府のこの告示は、一九一九年六月、ウクライナの各新聞を通じて流布された）。

革命的な使命感に衝迫されて、マフノはいよいよ固くグリゴーリエフの正体をあばこうと決意していた。そして彼は、敵になるたけ容易に近づくため、グリゴーリエフ当人やその部隊と若干の接触をもった。口実は「すべてのパルチザンの連合について」だった。

マフノの提起に基づいて、エカチェリノスラフ、ヘルソン、タヴリダ各県の叛乱農民集会がヘルソン県アレクサンドロフスク地区セントヴォ村で開催された。議事の目的は現下の情勢に見合った路線を決定することだった。集会には、農民、パルチザン、グリゴーリエフ軍とマフノ叛乱軍双方の兵士など総勢二万人が参加した。報告者としては、グリゴーリエフ、マフノ両名のほかに各地域における運動の代表者が予定されていた。最初にグリゴーリエフが立った。彼は満場の参加者に何はさておきボリシエヴィキをウクライナから駆逐せねばならないこと、またそのためにはどのような勢力ともためらうことなく共闘すべきことを主張した。ボリシェヴィキを追放するためならば、彼はデニーキンとの共闘も辞さなかったのである。だがそうすれば、現実にボリシェヴィキの桎梏から解放された時、人々はどんな状態に陥ることになるだろうか。――この演説はグリゴーリエフにとって致命的な事態をもたらした。つづいて演壇に立ったマフノとマフノ軍司令部参謀チュベンコは、ボリシェヴィキとの抗争といえどもそれが革命を防衛するために戦われてこそ革命的と言いうるのであり、そのために人民の最悪の敵、つまり反革命将軍とも共闘するというのでは明らかに犯罪的な冒険であって革命に対する敵対以外の何ものでもないと述べ、グリゴーリエフはこのような反革命行為をまさに要請しているゆえに彼もまた人民の敵であると論断した。そしてさらにマフノはグリゴーリエフに、一九一九年三月のエリザヴェトグラードにおける恐るべきユダヤ人大虐殺とそのほか幾多の反ユダヤ宣伝について、聴衆の面前で釈明を求めた。「このグリゴーリエフのような悪党どもが、ウクライナのすべての叛乱者を冒瀆しているのである。彼らはいかなる場合にも、栄光に満ちた革命戦士の列に連らなるべき品位をもち合わせてはいない」――マフノはグリゴーリエフに対する告発をこうしめくくった。

グリゴーリエフはいまや形勢の急転回を悟った。彼は武器に手をやった。だがすでに遅く、マフノのもっとも忠実な伴侶セミヨン・カレトニクがピストルを乱射して彼を倒した。マフノはグリゴーリエフに駆け寄って「反革命に死を！」と叫びざま一発でとどめをさした。グリゴーリエフの部下や幕僚たちは急に臨んで彼を救わんと飛び出したが、周到に配置されていたマフノ叛乱軍の兵士に立ちどころに射殺された。すべては、集会に参加した人々の眼前で数瞬のうちに終わった。

しばらくのあいだ場内は騒然としたが、やがてマフノとチゥベンコをはじめとするマフノ主義者の代表演説の結果、事件は衆議をもって承認され、歴史の正当な前進にとってやむない措置であったと見なされた。しかし事件とそのあらゆる影響についてはマフノ叛乱軍が全面的に責任を負う旨文言によって確認されたことはいうまでもない。次いで集会の決議に基づき、それまでグリゴーリエフのもとにあったすべてのパルチザン部隊は以後マフノの指揮下に入ることになった。(原注2)

＊

先にも、ウクライナの諸処に残留していたいくつかの赤軍の部隊には、この頃、司令部への不信の念が支配的になっていたとすでに述べた。ソヴィエト政府のウクライナからの不名誉な逃亡は、これらの部隊の兵士たちには革命に対する裏切りと映ったのである。マフノは革命の希望を体現するウクライナ唯一の中心となり、方々で自由のために戦おうとしている人々の目は彼に注がれていた。赤軍のウクライナ残留部隊にもそのような雰囲気が漂っていた。七月の末、ボリシェヴィキのクリミア派遣軍は中央政府の意向に反してマフノの指揮下に参加した。この謀反は、かつてマフノ叛乱軍の幕僚でありその後マフノの司令官辞退とともに赤軍の隊列にあったカラシニコフ、チェルメンジ、ブダノフらによって組織されたものである。この赤軍の大部隊はノヴィブークからポモスチナヤまで移動した。彼らはもともとマフノの捜索にあたっていたのであるが、いまやコチェルギン、デウイベッらの自軍の指揮官を逮捕し、マフノのもとへと連行してきたのである。一九一九年八月のはじめ、マフノ叛乱軍と叛乱赤軍の両者は、ヘルソン県ドブロヴェリチコフカ村のポモスチナヤ駅近郊で会した。この謀反はボリシェヴィキにとって重大な打撃だった。こうして彼らの戦力はウクライナの舞台から消え失せていったのである。

ポモスチナヤからエリザヴェトグラード、ヴォズネセンスクに至る一帯で、マフノは後退を停止して彼のもとに参集してきた部隊を再編した。ここで総勢一万五千名にのぼる兵員が、四個旅団の歩兵・騎兵と一個師団の砲兵、さらに一個の機関銃連隊に配属編制された。またこれとは別に、百五十～二百名の騎兵中隊が常時マフノの警護にあたった。以上のような兵力をもってマフノ叛乱軍はデニーキン軍に対する攻撃を開始した。両軍の激突は凄惨を極め、一度ならずデニーキン軍は五十～八十露里も東へ押し返された。戦闘のなかで、マフノの部隊は三輛も四輛も敵の装甲列車を奪い、満載されている武器弾薬を徴収した。だがデニーキンはすぐにも新しい援軍を送ってきて、叛乱軍を再び西方へと押し戻すのだった。デニーキンの白軍は数において決定的に優勢であり、装備も格段に優れていた。やがてマフノ軍の弾薬は底をつき、三度の攻撃のうちの二度までが弾薬奪取のためというありさまになった。そのうえマフノ軍は、オデッサから北上してくるボリシェヴィキの部隊とも交戦せねばならなかった。その結果、マフノはついにエリザヴェトグラードーポモスチナヤーヴォズネセンスク一円を放棄し、さらなる後退を余儀なくされた。

この後退は相変らずうちつづく戦闘のなかで行なわれた。デニーキンのマフノ追撃隊はしつこく頑強で、なかでも第一シムフェロポリ将校連隊と第二ラビンスキー将校連隊はことに獰猛だった。これらの連隊との戦闘を経験したマフノは、彼らの強靭さと死をも怖れない血気に讃嘆した。デニーキン軍騎兵の勇敢さは賞讃に値した。マフノ自身が言っているように、実際それは栄誉を与えてもよい騎兵隊だった。これに較べてのちに編制された赤軍の騎兵隊などまったく名ばかりの部隊だった。こちらの方はけっして一騎打ちなどできた代物ではなく、砲兵と機関銃隊があらかじめ敵を掃討してからようやく作戦に移ることができるというていたらくなのである。内戦期を通じて、赤軍の騎兵隊はただの一度もマフノの騎兵とサーベルをかざしての騎馬戦を演じなかった。しかも数のうえからいって赤軍の騎兵の方がマフノ叛乱軍のそれよりはるかに優っていたのである。デニーキン軍のコサック連隊やカフカース連隊はこんなものではなかった。彼らは常に接近戦を挑み、敵が砲撃や機関銃の掃射で混乱するのを待たずに猛然と突っ込んできた。

それにもかかわらず、この白軍の騎兵隊は幾度もマフノ叛乱軍に粉砕された。戦闘のあとで叛乱軍の手に入ったデニーキン軍将校のメモ類には、しばしば、マフノ傘下の砲兵および騎兵との会戦がそれまでのどの作戦よりも厳しく恐ろしかったと書き記されてあった。

一九一九年八月半ば以降、デニーキン軍追撃隊の攻撃は激化してきた。彼らはいくつもの側面からマフノを捕えようと迫ってきた。マフノはわずかなミスでも全部隊の破滅につながることを悟り、慎重に決戦を挑むべき時機を検討していた。北方ではデニーキンの部隊がすでにクルスクに迫っていた。マフノはこれを考慮に入れて、デニーキン軍がさらに北に向けて進軍すればそれだけ彼らの後方に広がる兵站を叩きやすいと判断した。だがそのような見通しを立てながらも、優勢な敵の圧力のためにマフノはますます西方へと後退せねばならなかった。八月の後半に入って、叛乱軍を東から圧迫していたデニーキンの部隊が、オデッサおよびヴォズネセンスク方面から進んできたもうひとつの部隊と合流した。

事態は悪化した。叛乱軍はまず手中の装甲列車をすべて爆破したあとで鉄道の沿線地域を放棄せねばならなくなった。もはや鉄道に頼れず、退却は村から村へと野道伝いに行なわれた。しかしデニーキン軍は追撃の手をゆるめなかった。彼らの目的はただマフノを困難に陥れることばかりにではなく、叛乱軍全体を徹底的に根絶することにあったからである。

この後退戦はマフノ叛乱軍がキエフ県のウマニ近郊に到着するまでつづいた。この町はペトリューラ軍が占領していたが、ペトリューラ軍はこの時デニーキンの白軍と交戦状態にあった。ここで、では叛乱軍はペトリューラ党に対していかなる態度で臨むかという問題が自ずと出てくる。戦うべきだろうか、あるいは他の戦術に訴えるべきだろうか？　だが叛乱軍には、治療も満足に受けられないままの八千名の負傷兵があった。彼らは長大な列となって軍のうしろからつき従っていて、それは軍の作戦行動の妨げになっていたのである。やがてさまざまな方向から検討が加えられた結果、ペトリューラ軍には中立的な立場を取るのが賢明であるということになった。一方そうするうちに、ウマニからペトリューラ軍の代表団がマフノの宿営に到着した。彼らは司令部の姿勢を説明し、白軍と戦っているペトリューラ軍の方でも新たな戦線は望んでおらず、可能な限り衝突は避けたいと申し入れた。両者の意向は一致した。次いでマフノ側の代表がシメリンカに赴き、双方の政治的な立場の相違を度外視して固く中立を保持するということで最終的な合意が成立した。さらにペトリューラ側は、叛乱軍のすべての負傷兵を野戦病院に収容して手当てすることにも同意した。

もちろんマフノも将兵たちも、このような中立など紛飾にすぎず、そのうちペトリューラとデニーキンは同盟を結んで一挙にマフノの部隊に襲いかかってくるだろうという予測を立てていた。だが叛乱軍にとっては、ともかく一、二週間のあいだ、西のペトリューラ軍から攻撃を受けず、袋小路に追い込まれないことが緊急の要件だったのである。事実上は、マフノとペトリューラ双方に関係の変化はなかった。マフノ主義者はペトリューラの傘下に入っている多くの人民を盟友として扱いつつ、ペトリューラ党指導部に対しては、相変らず革命的な糾弾をつづけていた。実際このような時局にあっても、叛乱軍の地方革命軍事評議会は「ペトリューラとは何者か」というタイトルでアピールを流していたのである。そしてこのアピールは、地主階級の擁護者としてのペトリューラの本質を暴露し、彼こそ人民の手で葬られねばならない者であるとしていた。ペトリューラ軍に編入されていた「自由独立《シッチュ》」兵団（原注3）の多くは、内在する精神と伝統からすればむしろマフノ叛乱軍に近く、またここでの叛乱軍はデニーキン軍の攻撃に真正面からさらされているわけではなかったからこれらの兵団の多くがマフノの指揮下に入ってくるにちがいない——マフノと叛乱軍司令部はそう考えていたのである。もちろんペトリューラの司令部とてこのことに思いおよばなかったわけではないが、グリゴーリエフの末路を見聞きして多少とも利口になっていたペトリューラたちは、叛乱軍に対して極めて慎重に振る舞っていたのだった。

　ペトリューラ軍がデニーキン軍と同盟を結んで叛乱軍に敵対してくるだろうという懸念は真実となり始めた。ペトリューラとの「中立」協定によってマフノ軍はウマニ近郊チェクチ村周辺に十平万キロメートルの土地を保証されていたが、北と西にはペトリューラ軍が布陣し、ゴルタ近くの東と南にはデニーキン軍が宿営しているこういう場所をペトリューラ側が提案したこと自体、そもそも疑わしいことであった。

数日後、やはりこれはマフノを包囲し共同して殲滅せんがためにペトリューラとデニーキンが協議して造りあげた条件だという情報が入った。そしてまさに時を同じくして、九月二十四、二十五両日に、西方からマフノの駐屯地を目指して四、五連隊の白軍があらわれた。彼らが西から攻め込むにはペトリューラ軍の勢力圏を通過せねばならず、つまりはペトリューラの直接的な援助ないしは承諾があったということである。

九月二十五日の夕刻、叛乱軍は四方からデニーキン軍に包囲された。デニーキン軍のもっとも強力なのは東側の戦線だったが、西側のウマニの町もすでに彼らのものだった。早急な対処が求められていた。叛乱軍全体の運命がその場で決定されねばならなかった。

*

これまでのマフノ軍の退却はほとんど四カ月近くつづいてきて、その全行程はおよそ六百露里におよんでいた。この退却は困難を極めた。彼らには靴も衣類も欠乏していた。恐ろしい暑さと砂塵に包まれ、銃弾の雨を浴びせられながら、彼らはいずことも定かでない遠方を指して後退してこなければならなかったのである。だが誰の胸中にも必ず敵を討たねばならないという使命感が息づいていた。そうして彼らは見事にこの後退戦の苦渋に耐え抜いてきたのである。そのなかで、気丈な人々は「ドニエプルの岸辺までとって返そう！」と叫んだ。だが彼らはやむなくドニエプルから遠く、この誇らしい母なるドニエプルから遠く追われてこなければならなかった。ただ鉄の忍耐と張りつめた意志力をもって、彼らは銃弾の雨のなかをひたすら自分たちの指導者に従ってきたのだった。そしてそのような後退戦の終着点がこのウマニの町の近郊であった。いまやさらなる退路は絶たれていて、四面が敵の跳梁するところとなっていた。ここでマフノは簡潔に（しかもこの簡潔さこそ同志の勇気を鼓舞してきたのだが）、それまでの退却はたんに必要な戦略にすぎなかったと宣言し、翌九月二十六日にはいよいよ雌雄を決する戦闘に移る旨指令を飛ばした。

各方面のデニーキン軍の状態を充分に考慮したうえで、マフノはいまこそ反革命軍を全滅させるべき時であり、運命は叛乱軍の側に微笑んでいると確信していた。勝利を、彼は動かしがたい現実として感じ取っていたのである。あとはただ敵が振りあげている拳を打ちのめすだけだった。

叛乱軍はずっと西を指して行軍してきたが、九月二十五日から二十六日にかけて突然東へ転進し、総力をデニーキン軍本隊の布陣する前線に向けた。すでに二十五日の夕刻には、この東側の前線にあるクルチェンコエ村でマフノの第一旅団とデニーキンの部隊が衝突していた。デニーキンの部隊は有利な地点まで後退してもっぱら陣地を強化し、叛乱軍を誘い込もうと努めたが、叛乱軍の方はこの誘いに乗らなかった。それで、叛乱軍は依然として西に向かおうとしていると考えていたデニーキンは欺かれ、叛乱軍の東への転進に気付かなかった。一方いくつかの村に分駐していたマフノの全軍は再び東に転回した。敵の主力はペレゴノフカ周辺に宿営していて、マフノ軍はこの敵の本隊に向けて村のただなかに秘かに布陣したのである。

戦端は早朝三時から四時にかけて開かれた。ひとたび幕が切って落とされるや戦闘は間断なくつづいてますます激烈となり、午前八時近くには頂点に達した。機銃音はあたかも嵐の鳴動のように轟いた。

マフノはすでに夜のうちに中隊を率いて姿を消していた。敵を迂回して側面へ回り込んでいたのである。戦場には、彼から何の音沙汰もなかった。

午前九時頃になると叛乱軍は退却を始めた。火線はもう村のはずれまで迫っていた。デニーキン軍は各方面からの援軍を加えて押し寄せ、叛乱軍に十字砲火を浴びせた。叛乱軍の幕僚はじめ村にいて銃を取れる者はすべて戦列についた。危機の瞬間だった。戦闘の敗北とともにすべてが失われるかに見えた。村の中央では、全員が女たちも含めて銃を取り、市街戦に備えるよう緊急命令が出された。誰もがいよいよ最期の時であると覚悟を決めていた。と、その時、不意に機銃音と鬨の声が遠のき始め、さらにどんどん低くなっていった。そしてやがて村に残っている人々にも、敵が後退して前線はかなり遠くなったということが判明した。戦況を打開したのはマフノの奇襲攻撃だった。叛乱軍が後退し村のはずれまで追いつめられていた時に、疲れ果て埃にまみれながら深い峡谷を迂回してきたマフノの中隊が敵の側面を突いたのである。マフノはただ黙々と、しかし勝利への確信に溢れて、中隊とともに全速力で敵中に踊り込みこれを蹴散らしていた。叛乱軍は全軍疲れを忘れた。どの部隊にも再び鬱勃たる士気が蘇り「バチコがやってるぞ！　バチコはあそこだ！」と叫びながら、いまや死を決意して戦っている敬愛する指導者につづいて彼らは突っ込んでいった。一帯は叛乱軍が「屠殺《ルプカ》」と呼んでいる凄惨な白兵戦となった。いかに第一シムフェロポリ将校連隊が果敢であっても、この叛乱軍の総攻撃の前にはなすすべもなく、やむなく急遽退却を始めた。そして、最初の十分くらいは整然と、隊伍を崩さずに追撃を阻みながら後退していた彼らも、そのうち分断されて我れ先に逃亡しだした。これにつづいて他の連隊も、ついには全デニーキン軍がシニュハ河を目指して潰走した。彼らはまだこの河を渡って対岸に陣地を築けると考えていたのである。

マフノはこの機を逃がさず、勝利を決定的なものにしようと急いだ。彼はすべての騎兵と砲兵に追撃を命じ、自身も騎馬連隊を率いて敵の退路を絶つべく右翼の方向へ疾駆した。追撃は十二〜十五キロつづいた。クライマックスはデニーキン軍が河のほとりに辿り着いた時だった。ここで叛乱軍の一隊が追いついたのである。数百の将兵が渡河中に溺れた。それでも大部分の者は対岸に泳ぎついたが、そこにはすでに右翼から先回りしていたマフノが待ち構えていた。デニーキン軍の幕僚と対岸に駐留していた予備連隊も捕えられた。この一カ月半のあいだ頑強に叛乱軍を追いつづけた白軍将兵のうちで、逃れた者はほんの一握りだった。第一シムフェロポリ将校連隊はじめほとんどの連隊が殲滅され尽くした。二キロにも三キロにもわたって、敵の将兵の死体が折り重なっていた。なるほどこの光景は陰惨無残なものだったが、それはやはり戦闘というものの常であるといわねばならない。デニーキン軍にしても、追撃中は叛乱軍を絶滅することしか念頭に置いていなかったのである。もしそのなかでマフノがほんのささいな過誤でも犯していたら、同じ運命が逆に叛乱軍に降りかかっていたことだろう。その時には、必要に迫られて仕方なく夫たちに従ってきた婦女子らも容赦されなかったにちがいない。叛乱軍の兵士たちは、それまでの手痛い経験から、このように無情な戦いの掟を充分に知っていた。

＊

大ロシアの農民のあいだには、プガチョフにまつわるあるエピソードが伝わっている。蜂起のあと皇帝派の手に落ちたプガチョフは、ひと目彼を見ようと集まった貴族たちにこう叫んだというのである。「俺様はちょっくらお前さんがたを脅してやっただけさ。だが待ってろよ、そのうちでっかい箒野郎があらわれて、お前さんがたをいっしょくたに屑籠に放り込んでくれるだろうて」――そしてまさしくマフノこそ、その革命叛乱の全行程における行動とことにこのデニーキン軍の殲滅によって、ほかならぬプガチョフの箒であることを自ら証し立てたのだった。

デニーキン軍最強の特攻隊を粉砕したあと、マフノは時を移さず部隊を三方に分けて進発させた。巨大な箒のように、彼は村々や町々を突き進みながらあらゆる搾取者と圧制者を掃き出していった。隠れていた地主、富農、警官、僧侶、長老、将校どもは片っ端から血祭りにあげられた。監獄、警察やチェーカーの管区庁など、人民の屈従のシンボルはすべて破壊され、労働者農民を辱しめてきたと認められた者はすべて、その罪を生命をもって償わねばならなかった。ところでこの時期に屠り去られたのは主として地主や富農だったが、このことはマフノ主義の運動を富農の運動だと規定したボリシェヴィキの主張がいかに笑うべき法螺であるかを示している。現実には、マフノ主義が根を張っている地域の地主や富農はソヴィエト政府に保護を求め、また実際に保護されたのだった。マフノ叛乱軍が敵を掃討しながらドニエプル河の流域まで帰還してくるペースは信じがたいほど敏速だった。ペレゴノフカの勝利の翌日、マフノはすでにそこから百キロ離れた地点にあり、中隊を連れて本隊から約四十露里先を行軍していた。そしてその次の日には、ドリンスカヤとクルィヴィーイ・リフを占領した叛乱軍がニコポリを前にして結集していて、さらに次の日にはキチカスクの橋をとってアレクサンドロフスクを占領しているというありさまだったのである。マフノとその叛乱軍は、まるで魔法にかかって眠っているような地帯を駆け抜けていった。まだ誰もウマニでの出来事を知らなかったし、叛乱軍がどこにいるのかさえも定かにはなっていなかった。どこでも何の対策も講じておらず、いつものように兵站部で平静のうちに日を送っていたのである。そんな時に突然春雷のように、叛乱軍がありとあらゆる敵を急襲した。アレクサンドロフスクにつづいてポロギー、グリャイ＝ポーレが征服された。こうして十日もすれば、南部ウクライナ全域がデニーキンの権力と軍隊から解放されていた。

マフノ叛乱軍の南部ウクライナ奪還となかでもアゾフ海沿岸地方の占領は、デニーキンの反革命活動全般に致命的な結果を与えた。実際、マリウポリとヴォルノヴァハを結ぶ一帯にはデニーキン軍の補給基地が並んでいて、ベルジャンシクとマリウポリを占領してみると、そこには大量の武器弾薬が貯えられていたのである。そしてヴォルノヴァハには武器の一大格納庫があった。なるほどヴォルノヴァハはまだ叛乱軍の手に落ちてはおらず、この地区をめぐって五日間も戦闘がつづいていたが、周囲の主要な鉄道が叛乱軍の支配下に入っていたためデニーキンはもはやここからは武器弾薬を搬出できなかった。このあたりで作戦していたデニーキンの後方部隊はおしなべて討伐され、砲兵基地もすべて叛乱軍の掌中に帰して、以後、北へも他のどの前線へも軍需品を動かすことはできなくなってしまった。

そこでデニーキンは急遽タガンログに駐留していた予備軍を派遣してマフノを叩こうとしたが、逆にこの部隊も潰滅させられた。いまやマフノ叛乱軍は怒濤のごとくドネツ地方になだれ込んでなお北上していった。そして十月の二十日にはエカチェリノスラフを攻略し、周辺の村落をも手に入れたのである。事ここに至って、デニーキンとその幕僚はようやく情勢の真相を承認せねばならなくなった。彼らは彼らの戦闘の中心が北から南へと後退していて、この南の前線をもちこたえうるか否かに運命がかかっていると全軍に指示した。コサック軍団に対するアピールのなかで、例えばマイ＝マエフスキー将軍はこう言っている――「わが祖国に危機の時が到来している。敵は南部ウクライナを蹂躙し、われらが故郷を脅かしている。われらは戦線へ急行して祖国を防衛せねばならない」（デニーキン軍機関紙に掲載された同将軍の談話による）。

このような戦局を憂慮して、デニーキンは最精鋭の騎馬戦隊であるマモントフとシクローの部隊を北部戦線から引き抜き、これをグリャイ＝ポーレ方面の前線に投入した。だが時すでに遅く、叛乱の火の手は黒海およびアゾフ海沿岸からハリコフ、ポルタヴァに至る全域に拡がっていたのである。ほんのしばらくのあいだ、この新しい騎兵と機甲兵団の力で白軍はいくつかの拠点から、すなわちマリウポリ、ベルジャンシク、グリャイ＝ポーレから叛乱軍を駆逐して優勢に立ったように見えた。だがこれはとりもなおさず、マフノが他方でシネリニコヴォ、パヴログラード、エカチェリノスラフ一円に地歩を固めたということを意味するにすぎなかった。十月から十一月にかけて戦いは極めて白熱し、デニーキン軍はまたもいくつかの重大な敗北を舐めねばならない運命にあった。なかでもチェチェン人らのカフカース軍団はこの二カ月のうちに数千の将兵を失い、ついに十一月末にはもはや叛乱軍と戦いを交える気力のないことを認めねばならなくなった。そして彼らは一方的に白軍の戦列を離れ、再びカフカースへと撤退していった。それとともにデニーキン反革命軍は全面的に崩壊し始める。かくて南ロシアの戦いはマフノ叛乱軍の勝利のうちにその幕を閉じ、デニーキンを前面に立てての旧体制による革命への敵対は、ここに命数極まるのである。

ところで一九一九年の晩秋、デニーキン反革命を潰走に導いた栄誉は、ひとえにマフノとその叛乱軍に帰せられるべきものであることを、われわれは歴史の真実の前に確認しておかねばならない。もしウマニでの起死回生の反撃とそれにつづく電撃的かつ完膚なき掃討作戦がなければ、まずこの年の十二月にはデニーキン軍のモスクワ入城が達成されていたにちがいない。オリョルにおける赤軍との衝突など数えるに足らない。デニーキンの部隊が南部の戦線に取って返したのはそのためではなく、まさに兵站部をマフノに脅かされたためだったのである。赤軍に対する白軍の抗戦は、ただ白軍が自らの退却を容易にし兵員を守らんがためのものにすぎなかった。オリョルおよびクルスクから黒海およびアゾフ海沿岸地方に至る全行程を、赤軍は何らの妨害も受けずに進撃した。ちょうどヘトマン政権崩壊のあとと寸分たがわず、ウクライナとカフカースで、赤軍はすでに解放されている進路を辿って行軍していったのである。

＊

話は少し前後するが、白軍が完全に潰滅するまでの軍事情勢は、叛乱軍がほとんど総力を挙げて当たらねばならないものだった。それゆえ内部で建設的な仕事にとりかかることには極めて深刻な困難があったが、叛乱軍はこの領域においても積極的にイニシアチブを握り、考えうる限りの努力を惜しまなかった。ことに彼らはいたるところで重大な誤解を解こうと努めた。人々は叛乱軍を何らかの新しい権力あるいは党と考えていたのである。それで叛乱軍は、どこかの町や村に入るたびに、自分たちは断じて何らかの権力を代表するものではなく、また兵員各人はけっして特定のグループに義務を負うものではないと説明し、ただ働く人民の自由を守護するためにのみ決起した者であると声明を発した。マフノ叛乱軍によれば、労働者農民の自由とはただ労働者農民自身の掌中にのみ帰属すべきものであり、であるがゆえに本来この自由には制限がない、人々は生活の全領域を自らそうあらねばならないと判断する通りに構築せねばならず、その際叛乱軍はただ助言し啓蒙し擁護するだけであって、いかなる場合にも最低限の指図さえ行なおうとするものではない、というのである。(原注4)

アレクサンドロフスクとその隣接地域は、マフノ運動が長期にわたって定着した最初の場だった。この地域で叛乱軍は、まず全労働者協議会なるものを提起し、これを開催した。協議会では地域をとりまく軍事情勢が報告され、次いで、労働と平等の原則のうえに労働者自身とその組織の手で町村および諸工場の運営を管理しようという提案がなされた。この提案は積極的に取り上げられ討議されたが、ただちに実行に移されるにはいましばらく問題が残っていた。というのは第一にこの時点でいきなり実施するには困難が多すぎることであり、第二に、これが重要なことなのだが、なにしろ前線があまりに近く、不本意ながらアレクサンドロフスクの町は安全とはいえなかったことである。第一回目の協議会につづいて第二回目の協議会が開催された。人民による自主管理の問題はこの時も詳細に検討され深化された。ただ、たしかに誰しもこの問題の根本理念には完全に同意しつつも、さしあたってその具体的な形態を明示しえなかった。だが、そのうちに鉄道労働者が口火を切った。彼らは委員会を組織してこの地域の鉄道員を統括し、ダイヤグラムを組み、旅客運送プランと運賃体系などを確定したのである。やがてアレクサンドロフスクのすべてのプロレタリアが、これに触発されていよいよ組織的に自主管理機構の創出に取り組み始めた。

全労働者協議会のすぐあと、労働者農民による地域会議が開催された。会議は一九一九年十月二十日にアレクサンドロフスクで行なわれ、二百名を越える代表が参集した。内訳は農民百八十、残りが都市労働者であった。議題は、一、対デニーキン戦における兵員補充と軍需物資補給について、二、解放区内部の建設について、だった。

会議は約一週間つづき、一貫して意気揚々たる雰囲気に包まれていたが、それには内外の特殊な事情が与かっていた。まずマフノ叛乱軍の勝利の帰還である。ほとんどの農民が叛乱軍に近親者を送っていたのだった。しかしなんといっても、この会議が活発になった第一の原因はそれが全き自由のなかで運営されたということにある。そこでは、外部からのどんなささいな圧力もなく、加えて素晴らしい協調者であり報告者であるアナキスト・ヴォーリンが出席していたのである。ヴォーリンは働く人民の熱望を巧みこのうえなく表現して参加者を驚かせ喝采を博した。住民の意志に沿って活動する自由ソヴィエト＝コミューンの理念、双方から生産物を供給し合うことを基調にした農民と都市労働者の連帯、平等で権力装置なき共同体の形成、これらヴォーリンの提起したすべての理念はそのまま人々の心底からの願いでもあったのである。労働者農民にとって、これらのことをぬきにした革命も建設もありえなかった。

会議の初日から政治諸党派の代表たちは共同の討議を妨害しようとしたが、この策動は参加者一同によって退けられ、討議は圧倒的な多数の協調のもとに進んだ。そして終わりに近づくにつれて、会議はまさしく一篇の美しいドラマへと発展していった。現実に即した醒めた決議と感動の高揚が交互に入りまじり、自分たちの力量と革命の偉力とへの信頼が居合わせるすべての同志人民を鼓舞した。ほとんど何びとも経験したことのないような真正の自由が会場をおおい、誰もが、そのためにこそすべてを捧げ、まさに生命をさえ賭してきた偉大な事業の成就を目の当たりにしていた。いまやながく遠かった苦渋は報われたのである。人々は、そしてそのなかには多くの老人たちもいたが、皆異口同音に、この会議こそたんに自由であるばかりではなく互いを兄弟と感じ合った最初のものだったと言い、生涯忘れることはないだろうと述懐し合った。実際、参加した人々のうちひとりとしてこの素晴らしい出来事を忘れる者はないだろう。いや仮に全員ではないにしてもほとんどの参加者の胸中に、この会議は生涯にわたる美しい正夢として貯えられてゆくに相違ないのである。遮られることのない澄んだ自由がそれぞれに苦しみを耐えてきた人民を結び合わせたがゆえにであり、そうして結び合わされることによって彼らがあたかもひとつの心、ひとつの魂のように互いを相識ったがゆえにである。

ところで会議は、まず第一に叛乱軍の拡大と強化を討議した。その結果は次のようなものだった。すなわち、叛乱軍は四十八歳までのすべての男子住民によって構成され補充される。この補充は以下の原則において行なわれなければならない。つまり志願制によること、ただし可能な限り全員参加とし、この地域の危険な情勢は全住民に周知させること、という原則においてである。この年の二月十二日に開催された第二回地区大会での志願制動員という決定にどのような意味が内包されていたかについてはすでに述べたが、この会議による動員の決定も同様の意味がこめられていた。さらに叛乱軍に対する補給問題については、農民の自発的な協力と戦利品および金持ちからの徴発に頼ることになり、地域内の建設問題に関しては、会議は当面一般原則を示したにとどまった。その一般原則とは、人民すべてが自身の居住地においていかなる権力機関の強制も受けずに生活し、各人の判断に従って各人の生活を構築してゆくというものだった。

会議終了後、出席した労働者農民は、これらの決議の実践こそ必須の事項であることを確認し合い、各自の居住地に帰って精力的に会議の結果を宣伝した。三、四週間もするとその効果は目に見えてあらわれてきて、次の労働者農民会議にはさらに多数の参加者を見込めそうな形勢となった。だが、人民の自由は絶えずその邪悪な敵＝権力の横暴によって脅かされているのである。代表たちがそれぞれの郷里に帰り着くやいなや、彼らの郷里の多くは早くも北部戦線から急行してきたデニーキンの精鋭部隊の占領するところとなった。たしかにこの占領はながくつづく性格のものではなくただ反革命の最後のあがきにすぎなかったが、しかしそれは、このもっとも肝要な時期に農民の創意に溢れた建設の事情を中断するものであった。しかもすでにこの時、人民の自由に敵対するもうひとつの勢力が北からひたひたと接近しつつあった。ボリシェヴィキである。それゆえ人民がこの時期に建設を中断しなければならなかったことは、以後の情勢に言い知れぬ損失を与えた。いまや第二回地域会議は招集不能となり、第一回会議の決議事項の実行さえおぼつかなくなってしまった。

アレクサンドロフスクで地域会議がもたれている同じ頃に叛乱軍が占頭したエカチェリノスラフでも、内部の経済建設を図るには思わしくない状態がつづいた。この町から追い出されたデニーキン軍は、対岸のドニエプル河右岸に陣取って、そこから一カ月のあいだ毎日のように装甲車による砲撃を浴びせかけた。叛乱軍の情宣部が労働者大会を招集しようとするたびに、情報に通じたデニーキン軍は強力な砲撃でもってこれを妨害した。組織立った建設の仕事はまったく不可能となり、わずかに市内や郊外で二、三の集会がもたれただけだった。ただ日刊機関紙「プーチ・ク・スヴォボーヂェ」（自由への道）の発行は順調に進み、間もなくその姉妹日刊紙、ウクライナ語の「シュリャーフ・ド・ヴォーリ」も発行され始めた。(原注5)

マフノ叛乱軍は解放区唯一の武装実力組織であり、この武力を背景に敵に対して自らの意志を主張したが、といっても彼らはけっして政治的な支配力や影響力を獲得するためには武力を行使しなかったし、いわゆる純然たる「政敵」に向かっても行使しなかった。軍事上の敵、人民に陰謀を企てる者、国家の権力装置、監獄――叛乱軍が武力を用いたのはこれらに対してだった。

監獄は人民の隷従を象徴するものである。監獄は常に人民を放り込むためにのみ設置されているのであり、数千年にわたって、世界のブルジョアジーは絶えず被抑圧人民の不満分子をそのなかに繋ぎ留めながら命脈を保ってきた。そしてこんにちこの共産主義と社会主義の国家においても、監獄に拘禁されるのは主として、都市および農村のプロレタリアートなのである。自由な民は監獄を必要としない。監獄が存在するということは人民が自由でないということである。それは働く人々に向けられた永遠の脅迫であり、人々の良心と自由への陰謀であり、隷属の証しである。マフノ叛乱軍は監獄をこう定義した。そしてこの定義に従って、叛乱軍は手当り次第に監獄を破壊していった。ベルジャンシクの監獄は、破壊活動に参加した住民たちの並みいる前で空中に飛散した。アレクサンドロフスク、クルィヴィーイ・リフ、エカチェリノスラフ、その他いたるところの監獄が叛乱軍の手によって爆破されるか焼き払われた。これらの行動はどこの町でも人々に熱狂的に歓迎された。

＊

われわれは深い満足をもって確認することができる。マフノ叛乱軍は、言論と思想信条の自由に関する革命的な原則を完全に実現してきたのである。叛乱軍占領下の市町村では、新聞や政治組織に対するいかなる禁令も廃止され、言論・結社・集会に関する自由が例外なく施行された。例えば叛乱軍がエカチェリノスラフに駐留していたわずか一カ月半のあいだにも、そこでは五ないし六通りの機関紙が発行されていた。右翼エス・エルの「ナロードヴラスチエ」、左翼エス・エルの「ズナーミヤ・ヴォスターニヤ」、ボリシェヴィキの「ズヴェズダー」(訳注7)などである。しかし事実をいえば、ボリシェヴィキはとても結社と言論の自由になど与かれない立場にあった。それはまずもって、ほかならぬボリシェヴィキ自身が結社・言論についての人民の権利をすべて窒息させてきたからであり、第二には、彼らの地方組織が同年六月に犯罪的なグリャイ＝ポーレ攻撃を行なっていて、その責任を負わねばならなかったからである。だが、結社・言論の自由にいかなる暗影も投じないために、叛乱軍当局はボリシエヴィキの所業を不問に付し、あらゆる他党派に対すると同様に彼らにも、プロレタリア革命の大義が保証するすべての権利を許容した。

ボリシェヴィキおよび左翼エス・エルをはじめとする国家集権主義者に対してマフノ叛乱軍が強要した唯一の制限は、権力機関たる「革命委員会」を禁止することだった。実際、アレクサンドロフスクとエカチェリノスラフが叛乱軍の手中に落ちた直後にボリシェヴィキは「革命委員会」を設置し、その活動を通じて住民のなかに自らの支配力を定着させようと図っていた。そこでアレクサンドロフスクの「革命委員会」のメンバーはマフノに会見を申し入れて次のような提案を行なった。つまり、各自の機能を分割して軍事の全権をマフノに、行政の領域を「革命委員会」に所属させようというのである。だがマフノはこの提案を一蹴し、さっさと立ち去って誠実に革命に献身するよう彼らに忠告した。マフノは、もし彼らが人民を支配せんがために何らかの策を講じるならば即刻「革命委員会」のメンバー全員を処刑する用意がある旨警告したのだった。エカチェリノスラフの「革命委員会」も、このアレクサンドロフスクの場合と同様に解体された。この点叛乱軍は首尾一貫した態度を示した。叛乱軍は一方で結社と言論の完全な自由を保護しながら、同時に他方では、人民に自らの意向と支配を強制しようとする政治党派に断固たる姿勢をもって臨んだのである。例えば一九一九年十一月、叛乱軍クリミア第三連隊司令官ポロンスキーがボリシェヴィキのこのような委員会に加担していると判明した時、彼はその委員会のメンバーもろともただちに粛清された。

結社と言論の自由について、叛乱軍は以下のような声明を発している。

一、すべての社会主義政党、組織およびグループは、その思想、理念と理論、あるいは見解を口頭においても印刷物によっても自由に流布する権利を与えられる。いかなる場合にも、この点について制限されたり追及を受けたりすることはない。

ただし、叛乱軍報「プーチ・ク・スヴォボーヂェ」に掲載されたもの以外の軍事情報は公にされてはならない。

二、すべての政治党派およびグループはその主張を公表する権利を享受するが、同時に叛乱軍は次のことを警告する。すなわち、これらの党派が己れの覇権を準備し画策し強制するようなことがあれば叛乱軍はこれを容赦しないということである。そのような行動は思想の自由な宣伝とは何ら関係のない逸脱行為だからである。

マフノ叛乱軍革命軍事評議会
エカチェリノスラフ
一九一九年十一月五日

ロシア革命の全行程のなかで、マフノ運動の存在と継続は、さまざまなかたちで全き自由が実現された唯一の局面だった。アレクサンドロフスクとことに終日デニーキン軍の砲撃にさらされていたエカチェリノスラフの情勢はけっして安全なものとはいえなかったが、双方の都市の労働者は、この困難な時期に史上はじめて自らの望むように自らの望むところを語ったのであった。そして彼らは、自分たちの生活を自分たちの判断と意見に従って築いてゆく自由を手にしたのである。

一カ月すると叛乱軍はエカチェリノスラフから撤収せねばならなかった。だが、人民が自ら自由を獲得しうることを、また人民のなかに非支配と平等が根付いてさえいれば人民はいつでも輝き始め発展してゆくのだということを、マフノ叛乱軍は明確に人々に知らしめたのである。

第七章・原注

（1）キチカスクの橋、アレクサンドロフスクでドニエプル河を渡っている、ロシア最大の鉄道橋のひとつ。

（2）この集会の議事録とマフノおよびグリゴーリエフの演説草稿は、他の資料もろとも一九二〇年に戦場で失われた。

（3）「ヴォリニツァ」ということばの意味するところとほぼ同じ（なお「ヴォリニツァ」については第二章・原注参照――ドイツ語版製作者）。

（4）叛乱軍はいくつかの町に司令官を任命したが、その機能は軍と一般住民の調停役となって作戦上必要なしかも生活に関係する軍のすべての行動を住民に伝達することだった。これらの司令官は政治的な圧力も軍事力も行使せず、住民の生活に介入することもまるでなかった。

（5）マフノ叛乱軍に対するボリシェヴィキの攻撃の主要な論拠は、叛乱軍がエカチェリノスラフにいるうちに何ら創造的な仕事をしなかったというところにあるが、これについてボリシェヴィキは二つの極めて重要な事柄を故意に見落としている。

第一点は、叛乱軍が党を形成するものではなくまたいかなる意味でも支配権力ではないということである。叛乱軍は自由を防護する革命軍としてのみエカチェリノスラフに留まっていたのであり、そういう性格からして、革命における建設プログラムの実践には何ら責任を負うものではない。建設の事業は労働者である住民の任務であって、叛乱軍にできることといえば、たかだか組織力を動員して助言し忠告することにすぎない。そして叛乱軍は、この限定的な役割を立派に果たした。

さらに第二点は、この時エカチェリノスラフが置かれていた極度に困難な状態である。全市が包囲されていて、デニーキン軍の絶え間ない砲撃下にあったのである。このような事態は当時すでに自主管理の原則に基づいて生活の建設を始めていた労働者に大きな障害となった。

また、助力を求めてやって来た鉄道労働者を、叛乱軍が、自分たちには馬と草原があるから鉄道などどうでもよいとそっけなくつっぱねたなどという作り話は、一九一九年十月にまずデニーキン軍が報道し、これをそっくりそのままボリシェヴィキが転用したものである。

訳注

（7）「ナロードヴラスチエ」Народовластие「人民権力」
「ズナーミヤ・ヴォスターニヤ」Знамя Восстания「蜂起の旗」
「ズヴェズダー」Звезда「星」

第八章　叛乱軍の誤算——ボリシェヴィキ再び解放区を襲う

デニーキンとの戦闘の過程でマフノ叛乱軍が払った犠牲と尽力は甚大なものであり、その果断さとわけても後半の六カ月にわたる死闘は万人の目に明らかだった。彼らこそウクライナに革命の嵐を巻き起こし、デニーキンの反革命攻勢を潰滅へと追いやった唯一の勢力であった。激動のなかで、都市農村の人民はこのことを認めまた評価していた。そしてそれゆえに、多くの叛乱軍将兵は次のような確信を抱くに至ったのである。すなわち、労働者農民の鞏固な支持を獲得している現在、もはや叛乱軍がボリシェヴィキの挑発に乗る必要も危険もないだろうということ、また南下してくる赤軍の兵士たちにはボリシェヴィキの叛乱軍に関する宣伝がいかにひどい中傷であるか判っているにちがいないということ、それゆえ赤軍は中央政府のどのような嘘にも挑発にもだまされず、むしろ友好的に叛乱軍に対応してくるだろうということ、これらである。いやそれどころか将兵のある部分はさらに楽観的で、ボリシェヴィキがマフノに信頼を寄せている人民を前に新たな陰謀をたくらむなどとはとうてい考えられなかったのだった。

叛乱軍当局はすべての軍事的政治的方針をこのような雰囲気に基づいて決定した。彼らはドニエプルおよびドネツ地区の一部を占拠することで満足し、あえて北進して陣を張ろうとはしなかった。というのも、赤軍の方で南下してきているのだからこれを待っていてさえすればおのずととるべき戦術は明らかになるだろうと考えたからである。

またそのうえに一部の将兵は、いかに革命に関わることとはいえ、あまりに軍事ばかりに熱中していてはならないとする見解に固執していた。彼らによれば、もっぱら労働者農民に注目してこれを革命的な建設へと領導することこそ必須の要件であり、そのために各地に労農集会を設定することが緊急の実践的な課題であって、ボリシェヴィキの策動のために行きづまってしまった革命を救おうとするならまずこの課題を果たさねばならないというのだった。

たしかに右のようなボリシェヴィキに対する楽観も、積極的な建設を主張する態度も、ともに文句なく健全なものである。だがそれらは遺憾にも時のウクライナの情勢にまったくもって合致せず、したがって何らの有益な結果ももたらしはしなかった。

相手はほかならぬボリシェヴィズムである。いかなる情況のもとでも、ボリシェヴィキはその本性からして、マフノ主義の運動のような人民深部の闘争が自由に公然と存在することを許容するわけはないのである。労働者農民自身がどのような社会的な立場を望んでいるにしても、ともかくボリシェヴィキはこういう種類の運動に接触するなりただちに全力を尽くして粉砕しようとするにちがいない。したがってマフノ主義者の側でも、人々の生活の問題に深く関わりながら、一方で時宜を得たボリシエヴィキ対策をもゆるがせにしてはならなかったのである。なるほど積極的な建設への努力はそれ自体としては正当であり革命的なことであるが、一九一八年以降のウクライナの特殊事情を考慮すれば、それはまた成果を期待すべくもない努力であったといわねばならない。ウクライナは、ドイツ・オーストリア軍やペトリューラ軍あるいは白軍やボリシェヴィキによって幾度となく蹂躙されてきた。一九一九年、叛乱区は隅から隅までコサックの軍団に踏みにじられた。やがて彼らは一度撤退したが、四カ月後に再び戻ってきて同じ地域を手当り次第に破壊し焼き払った。次いで大軍をもって押し寄せた赤軍が、革命叛乱に参加しまたは協力する人民を同じく徹底的に弾圧した。

こうして一九一九年の夏以降、叛乱民の居住区はすべて、革命的な建設などまるで問題にならないような状態に陥った。これらの地域はあたかも巨大な銃剣の鑢《やすり》で北から南へあるいは南から北へとこすられたようであり、人々の建設の形跡などまるきりかき消えてしまった。そして、こういう厳しい条件のもとであらゆる敵への抗戦を強いられながら、マフノ叛乱軍はその軍事的力量を満天下に示してきたのである。

困難な時局はこうしてつづいてきたのであり、この先もなおつづいてゆくのである。この時期の解放区の生活をただ黙過することは何ぴとにも許されていない。

一九一九年晩秋のデニーキン反革命軍の殲滅はロシア革命を守り抜いてゆくうえでマフノ主義者が果さねばならなかった主要な任務だった。そして彼らは立派にこの任務を完遂した。だが、ロシア革命によって課された彼らの歴史的使命はただこれだけではなかった。デニーキンから解放されたすべての地域がすぐにも防衛を必要としていたのである。もし防衛を怠るならば、デニーキンなきあとようやく日程にのぼった建設の事業は北からデニーキンを追跡して再びウクライナに急行してきたボリシェヴィキの政府軍にたちまち潰されてしまうほかなかった。

個々の地域の自由を個別的に守るばかりではなく解放区を全体として防衛しうる革命軍の創出は、疑いもなく一九一九年後半におけるマフノ主義者と叛乱軍に与えられた歴史的使命のひとつだった。これはデニーキン軍との熾烈な攻防のなかでなるほどけっしてたやすい仕事ではなかったが、歴史の求める任務でありまた可能事でもあった。なぜならこの時ウクライナの大部分は蜂起の炎に包まれていて、住民のほとんどが心情的にも叛乱軍に親しかったからである。南部からのみならず北部ウクライナからも幾多のパルチザン部隊がマフノ運動区に流れ込んできていた。ポルタヴァを占領したビゲクの師団もそのひとつである。そのうえ大ロシアからも、本来赤軍に属していたいくつかの軍団がマフノ主義の旗のもとに革命に献身しようと合流してきた。例えばオガルコフに率いられた赤軍の強力な部隊は、叛乱軍に参加するためにオリョル県を出発して、途中他の赤軍部隊やデニーキンの部隊と間断なく戦いながらついに一九一九年十月に、当時叛乱軍が駐留していたエカチェリノスラフに到着した。

期せずして、マフノ主義と叛乱軍の旗は全ウクライナにはためいた。だがいたるところにたぎり立つこれらの戦力を解放区の防塁となるべき単一の大革命軍へと組織してゆく方針が欠けていた。もしそのような革命軍が構築されていたならば、ボリシェヴィキの貪欲な食指をも容易に挫けたはずである。

結局マフノとその叛乱軍は、戦勝に酔ったうえに先にも述べたある種の楽観も加わって、統一された防衛隊を編制する格好の時機を逃がした。その結果、赤軍のウクライナへの帰還とともに彼らはグリャイ＝ポーレ一地区に押し込められてしまったのである。これは軍事上の取り返しのつかない失策だった。この失策はボリシェヴィキを利し、その重大な責任はやがて叛乱軍にばかりでなくウクライナ革命総体に痛くのしかかってくることになる。

＊

この頃ロシア全土にはびこっていたチフスの流行がマフノ叛乱軍のなかにも猖獗を極めるようになった。すでに十月の段階で将兵の五十パーセントが罹病していたのである。そのため、第七章でも少し触れたが、十一月の末にスラシチョフ将軍傘下のデニーキン軍精鋭が北面から迫ると叛乱軍はエカチェリノスラフを放棄せねばならなかった。ただしこの白軍の部隊はクリミアへの撤退途上であり、わずかばかりのあいだエカチェリノスラフを占領しはしたものの、彼らにとっても大した意味はなかった。

叛乱軍は再びメリトポリ、ニコポリ、アレクサンドロフスク一帯に戻り、アレクサンドロフスクに司令部を置いた。赤軍が進軍してきているという噂はかなり以前から広まっていたが、叛乱軍当局はこれとの対決に何らの策も講じなかった。このことも先に述べておいた通りだが、彼らには赤軍との出会いが多分友好的なものになるだろうという楽観があったのである。

十二月二十日を前後して赤軍の数師団がエカチェリノスラフおよびアレクサンドロフスク一円に到着し、両軍は心から和気藹々と会した。ただちに統一集会がもたれ、双方の戦士たちは互いに手を取ってともに共通の敵＝資本と反革命に当たっていることを確かめ合った。このような交歓はほぼ一週間つづき、赤軍のなかには叛乱軍に合流したいという部隊さえいくつも出てきた。

しかしここで、マフノ叛乱軍司令部に赤軍第十四軍革命軍事委員会からの通達が届いた。叛乱軍をポーランド戦線に移動させようというのである。これがボリシェヴィキの叛乱軍に対する新たな攻撃の始まりであることは誰の目にも明らかだった。叛乱軍をポーランド戦線に追いやるということは、とりも直さずウクライナの革命叛乱の中枢神経を切断することである。ボリシェヴィキはまさにこの反抗的な地方を労せずして乗っ取ろうとしていたのであり、いまや叛乱軍司令部もそれを充分に感じ取っていた。だいたいかかる通達自体が不埒だった。マフノ叛乱軍は第十四軍の配下にあるのでもなかったし、他のいずれかの赤軍部隊に属しているわけでもなかった。ウクライナの反革命に独力で抗戦してきた叛乱軍に指令を発する資格など、ボリシェヴィキには皆目なかったのである。

叛乱軍革命軍事評議会は第十四軍にただちに回答した。回答はおおむね次のように要約されるが、原文が手許にないため基本線だけを示しておくほか致し方ない。回答の骨子はこうである――マフノ叛乱軍はその革命的信条を、これまで他のどのようなグループよりも明確に表明し裏付けてきた。この成果を踏まえ革命的な立場を固持して、叛乱軍は今後ともウクライナに留まるであろう。叛乱軍はポーランド戦線に転戦する意志をもたないし、その意義をも理解しかねる。加えて叛乱軍は、現在純粋に物理的な理由から移動不可能な状態にある。すなわち、兵士の半数と司令部全員がチフスを罹患しているのである。よって当叛乱軍革命軍事評議会は、第十四軍の指令が時宜に適しないものでありわが軍の承服しえないものであると判断する。

叛乱軍当局は右の回答と同時に赤軍兵士にもアピールを発して、彼らが指導部の挑発に巻き込まれることのないよう警告した。そうして叛乱軍の各部隊はそれぞれの宿営をたたみ、グリャイ＝ポーレに向けていっせいに進発した。彼らは無事にグリャイ＝ポーレに集結した。立ち退いてゆく叛乱軍と事を構える気は赤軍にもなかったのである。ただあとに残された小人数のグループや幾人かの兵士だけが、そこここでボリシェヴィキの囚われとなった。

一九二〇年一月の中旬、ポーランド戦線への遠征拒否の廉《かど》でマフノと叛乱軍将兵はウクライナ革命委員会なるものの名のもとに法の保護を停止された。それとともに両軍の激烈な戦闘が始まった。戦闘は九カ月におよんだが、ここにはその個々の局面を順次分析することはしない。ただそれが実に仮借ない戦いであったことだけを書き留めておこう。

ボリシェヴィキは良く装備された赤軍部隊の数における優越を頼みとしていた。そして、これらの部隊の兵士と叛乱軍兵士とのあいだにあるいは生じるかもしれない不測の事態、例えば戦友意識などを予防するために、ボリシェヴィキはラトビア人狙撃兵師団と中国人部隊を前線に投入した。これらの部隊はロシア革命の理念に何らの理解ももたず、ひたすら中央政府に盲従しているだけだったのである。

*

一九二〇年一月のうちに、チフスの流行は叛乱軍を打ちのめした。司令部の幕僚は全員が病床に臥し、マフノ自身も重い発疹チフスにかかっていた。将兵のほとんども感染していて戦えず、それぞれ村に戻って療養せねばならなかった。このような状態のなかで、叛乱軍は攻囲してくる敵を迎撃し、とりわけ、意識不明の容態がつづくマフノを看病せねばならなかったのである。それはもっとも劇的で自己犠牲の精神に満ちた時であり、指導者に対する感動的ないたわりの時でもあった。叛乱軍の兵士たちはいずれも貧しく朴訥な農民であったが、マフノの病状と常に逮捕に直面している彼の危険な状態を見るにつけ、自らの窮迫も顧ることなく英雄的に奮い立った。彼らの誰もが、マフノを失うことはウクライナ農民階級全体の損失でありその結果は計り知れなく大きいことを正しく承知していたのである。農民たちは自らこの苦境を打開するために力の限りを尽くした。彼らは迫ってくる赤軍の魔手をふり払ってマフノを小屋から小屋へと移し替え、発見されれば自らが犠牲となってこの偉大な人民の指導者を救うための時間をかせいだ。この時期のマフノをめぐるすべての出来事は、農民たちがいかに自分たちの救世主を尊重しいかなる敬愛をもって彼を守ろうとしたかを如実に示している。マフノはこのように深く熱い人々の愛に包まれて、ついに闘争のもっとも危険な局面のさなかを生き抜くことができたのである。

*

圧倒的な軍勢を誇る赤軍の懸命の探索にもかかわらず、マフノとその不定形の叛乱部隊はいつまでも捕捉されなかった。だが、ボリシェヴィキは、すでに一九一九年のはじめにすべての住民によって計画されていたあのウクライナの自由な発展だけは阻害することができた。そしてそうしておいて、彼らは何の抵抗も受けずに農民の大量処刑を始めたのである。

どれだけの人数の叛乱軍将兵が撃破され囚えられ銃殺に処されたかを、マフノとの戦いを報じた当時の政府機関紙によって記憶している人は多いだろう。しかしながらそれらの不運な人々のほとんどは、けっして叛乱軍の実際の戦闘員ではなく、マフノ主義の運動に共鳴するただの農民たちだった。赤軍が侵入するとどこでも多数の村民が逮捕され、彼らは叛乱農民としてあるいは叛乱軍をおびき寄せる人質として拘禁されたあげく多くは銃殺された。赤軍の各部隊の司令部は直接マフノと交戦するのを避けて、マフノ運動全体に対するこのような野蛮かつ破廉恥な戦法を好んで用いた。なかでも第四十二および第四十六狙撃師団はその最たるものだった。グリャイ＝ポーレの村は十回以上も赤軍と叛乱軍に入れ替わり立ち替わりして占領され、特におびただしい被害をこうむった。赤軍がこの村に入ってゆき、また撤退してゆくたびに、彼らは常に数十人の住民を連行していった。これらの人々はただ通りを歩いていていきなり任意に捕縛され、やがて銃殺されるのである。グリャイ＝ポーレの農民たちなら誰でも、このボリシェヴィキの暴虐を示すエピソードをいくらも知っている。控え目に見積っても二十万をくだらない労働者や農民がウクライナのあちこちでボリシェヴィキに処刑されあるいは片輪にされた。そのうえこれとほぼ同数の人々が遠い地方やシベリアへ流されていった。

もちろん、革命がこのような理不尽なやり方で歪曲されてゆく時、人民の生んだ革命の子マフノ叛乱軍は、けっしてなすところなく座して見守ってはいなかった。ボリシェヴィキのテロルに対して、彼らはそれに劣らぬはげしい反撃をもって応えた。スコロパツキー傀儡政権に向けられたと同様なゲリラ戦の方式がここでも採用された。赤軍は、叛乱軍との交戦にあらゆる手段を用いて当たったが、その際犠牲になるのは主に無理矢理招集されて来た一介の兵卒たちであって、しかも彼らはいつの場合にも褒賞に与かれなかった。しかしこれは赤軍およびボリシェヴィキの体質からして当然のことである。叛乱軍に投降した赤軍兵士は武装を解かれて釈放された。そのなかで叛乱軍に志願する者は喜んで迎え入れられた。だが、兵士たちの助命嘆願のない限り、党員や幕僚はおおむね処刑されねばならなかった。

ソヴィエト政府とその手先たちは、マフノとその叛乱軍が非情な殺し屋であると繰り返し宣伝し、叛乱軍の手にかかって倒れた兵士や党員のリストを公表した。しかしそういう宣伝をするにあたって、政府は常にもっとも肝要な事柄について沈黙を守っていた。つまり、どのような事態のもとでこれらの兵士や党員たちが倒れたのかということである。これらの人々はほとんどが、政府の企てた、あるいは叛乱軍を追いつめて駆り立てた戦闘のなかで犠牲になったのだった。戦争はあくまで戦争であり、双方の当事者に損失と犠牲を要求するものである。とはいえマフノらは、自分たちが個々の赤軍兵士を相手取っているのではなく、これらの兵士たちをあやつっている人々と争っているのだということを充分に承知していた。こういう「指導者」たちは、ソヴィエト政府の覇権を擁護して戦う限りにおいてのみ兵士たちを尊重するのである。それゆえいかにはげしい戦闘を交えはしても、戦いのあとで、叛乱軍は捕虜にした赤軍兵士たちを同志と同じようにあたたかく扱った。叛乱軍が赤軍兵士との交流のうえで示した思いやりと規律、その革命派としての面目は、まことに瞠目すべきものである。囚えられた赤軍兵士の少なからぬ部分がそれによって自らマフノ叛乱軍に投じた。だが逆に叛乱軍の兵士が捕縛されると、それが誰であれ、赤軍は衆目環視のなかでその兵士を銃殺した。

一方、すでに少し触れたように、赤軍の指導者や党の高級官僚に対する叛乱軍の態度は、兵士に対するそれとはまったくちがっていた。これらの上層部は、各地の党支部が行なったあらゆる残虐行為の首謀者と見なされたのである。彼らは人々の自由を故意に窒息させ、蜂起の全域を流血の修羅場に変えさせた張本人だった。それで、これら首脳部に対しては叛乱軍とて相応の態度をもって臨み、捕えればたいてい死刑に処した。

ところで、マフノ叛乱軍に加えられたボリシェヴィキによる赤色テロルは、支配階級のテロルがもっている諸々の特性をすべて備えている。逮捕された叛乱軍兵士は、仮にその場で銃殺されなかったとしても投獄されて拷問を受けねばならなかった。その際彼らは叛乱軍から転向して仲間を売り、ボリシェヴィキに参加するよう求められた。例えば叛乱軍第十三連隊参謀ベレソフスキーは、囚えられたあとやむなくチェーカーの一員となったが、彼自身の証言によれば、それは残忍な拷問のためだった。また叛乱軍爆破隊長チュベンコの場合、ボリシェヴィキは彼に、もし彼がマフノを落とし込める陰謀に協力しさえすればすぐにも釈放してやると繰り返し約束したというのである。

一九二〇年夏の段階では、捕虜にした叛乱軍将兵を利用してマフノを暗殺することがボリシェヴィキの動かぬ方針になっていた。ボリシェヴィキのマフノ暗殺失敗を機に叛乱軍が公布したビラをここに明らかにしておこう。

バチコ・マフノ暗殺を狙う共産主義者＝ボリシェヴィキの犯罪機構

ここ二カ月来、戦線で勝利しえないボリシェヴィキ＝共産党が殺し屋を雇って同志ネストル・マフノを謀殺しようとしているという情報が、方々から叛乱軍司令部に入っている。

さらに詳しい情報によれば、このために全ウクライナのチェーカーは特別なグループを編制していて、その頭目には古参のボリシェヴィキ・スパイであり諜報部の首脳でもあるマンツェフとマルティノフが座っているということである。グループを構成しているのはもっぱら死刑を宣告されて入獄しているかつての「野盗ども」で、彼らはチェーカーの手先として働くという条件のもとに刑の執行を免除されている。なおこれらの廻し者のなかには何らかのかたちでアナキズムの運動に接触をもっていた人物たちもまじっている。例えばピョートル・シドロフ（ペトラコフチマ＝イワン）、ジェーニヤ・エルマコヴァ（アンナ・スホーヴァ）、チャルドン、ブルツェフなどである。彼らはアナキスト・グループとのあいだに軍事の領域にまでおよぶ関係をもっていた。また別の情報では、この廻し者の仲間には「のっぽのニコライ」もいるということである。この男は個人主義者で、去年ハリコフから「ク・スヴェートゥ」(訳注8)なる雑誌を出していたが、ヴァシヤという名でも知られている。

彼らの犯罪行為には限度などない。彼らと個人的に知り合いで、ボリシェヴィキに敵対したために逮捕され銃殺されたアナキストたちについては触れないが、これらの廻し者どもは反デニーキン戦の頃からいくつもの同志の隠れ家やアジトを熟知していて、そこに押し入っては片っ端から人々を殺害してきたのである。

一味は、ハリコフやオデッサでこのような蛮行を犯したあと首領のマンツェフに率いられてエカチェリノスラフに向かい、ここでマフノ暗殺を計画し刺客を募った。

だが三年の支配のうちに、もうボリシェヴィキは忘れてしまったのだろうか。革命の過程で彼らが放ったスパイたちは時にツァーリの政府と親しく通じていたし、ペトログラードのペトロフのように、スパイとして利用されることの屈辱に堂々と復讐した人々も随分とあったのである。現在も事情は変わっていない。買収されたり処刑を迫られて転向したりした人々のなかにも、あるいは義務感から、またあるいはほかならぬボリシェヴィキに叩き込まれた裏切りの習性から、マンツェフ一味の策謀を前もって残らず吐いてしまう部分が存在しているのである。次のような例がある――

マンツェフのスパイの投降（原注1）

本年六月二十日のことである。叛乱軍の部隊が、グリャイ＝ポーレから十五露里のところにあるトゥルケノフカの村に入って一時間もした頃、司令部近くの村道に立っていた同志マフノに、フェージア・グルシチェンコという男が駈け寄って押し殺した声で耳打った。「バチコ、とても大切な話があるんです！」……この男は去年まで叛乱軍の情宣局で働いていたが、この村にははじめて姿を見せたのだった。マフノは彼に、情報があるならすぐ近くにいるクリレンコに告げるよう命じた。それでフェージアはクリレンコに、自分はもうひとりの男と一緒にマフノ暗殺のために送られてきた者であると白状し、そのもうひとりの男はずっとマフノの近くで機会をうかがっていると警告した。同志クリレンコが用心深くその男に近づいて捕らえてみると、彼はブローニングとモーゼル銃を各一挺携帯し、なお二発の手榴弾をもっていた。フェージアの方には一挺のコルトがあった。

この第二の男はヤーコブ・コスチューヒンといってもとは野盗の一味であり、「ずるのヤシカ」という異名でちょっとは知れていた。彼はマンツェフを罵りながら情報をこまごまと自白し、そのうち文書でも供述し立てるありさまだった。彼らは二人合わせて一万三千ニコライ・ルーブリとほかにかなりのソヴィエト・ルーブリを所持していた。暗殺計画は、マンツェフ、マルティノフ、フェージアによってエカチェリノスラフで詳細に立てられたものであり、さらにフェージアは、叛乱軍第一ドネツ兵団の元指揮官リフ・ザードフをも味方に引き入れるべき旨指令されていた。コスチューヒンはフェージアに助手としてつけられていた。もはや死を免れないと知ったコスチューヒンは、どんな苦役にも服するから命だけは助けてくれと嘆願したが、もとよりこの嘆願は唾棄すべきものとして棄却された。翌日彼は処刑されたが、これに先立って彼は口汚なく悪態をつき、わけてもフェージアを醜く罵った。

一方フェージアは、マンツェフに捕えられ、銃殺かチェーカーに転向してマフノ暗殺に加わるかの択一を迫られて後者を選んだが、それはマフノにあらかじめ危険を知らせようとしてのことだったと供述した。そして彼は終始毅然として、チェーカーの手先にたったことは充分に死に価することを、そしてだが、彼の転向は適当な時にマフノを救うためでありしかも願わくば同志の手にかかって倒れるためであったことを陳述したのである。もちろん叛乱軍当局は、どのような目的のためにせよ彼のチェーカーとの協働を不問には付せなかった。革命家というものは、いかなる事情いかなる根拠においても政治警察と手を組んではならないからである。それゆえ致し方なく、フェージア・グルシチェンコはコスチューヒンとともに翌二十一日に処刑された。死を前にしながらも、フェージアは冷静だった。彼は自身の刑を当然であるとし、ただマフノ叛乱軍のすべての同志たちに、自らが卑怯者として倒れる者ではなく叛乱軍の誠実な友として、まさにバチコを救うためにのみチェーカーに参加した誠実な友として倒れる者であることを伝えてくれと言い残した。そして、「神よ、友に加護を」——これがフェージアの最後のことばだった。(原注2)

こうして、ウクライナのチェーカーが総力を傾けた同志マフノ暗殺の謀略は挫折したのである。

ウクライナ革命叛乱軍(マフノ叛乱軍)評議会　一九二〇年六月二十一日

一九二〇年とそれにつづく歳月を、ソヴィエト政府は野盗鎮圧と称してマフノ運動に敵対しつづけた。このために彼らははげしいアジテーションを繰りひろげ、自分たちの流したデマを補強しようと、能う限りの機関紙と宣伝機構を動員した。同時に彼らは多数の狙撃兵や騎兵の師団を派遣して運動の殲滅を図り、絶望した叛乱民が実際に野盗化するよう全力を尽くして画策した。捕えられた叛乱軍の戦士は容赦なく銃殺され、両親や配偶者など近親者も、すべて拷問を受けたうえにしばしば処刑された。家財は没収にあい、家屋もことごとく破壊された。このような弾圧は極めて広範囲におよんだ。際限のない政府の残虐の前に、なお叛乱農民が自らの革命的な立場を守り抜き、けっして腹立ちまぎれに盗賊へと転落してゆかないためには、誇張ではなく超人的かつ英雄的な意志と努力を必要とした。だがウクライナの人民はこの勇気を一日たりとも阻喪することなく、革命旗はいかなる時にもうなだれることはなかった。困難極まる時代にあってここに叛乱せる人々がどう生きたかを目の当たりにした者にとっては、それはまさしくひとつの奇跡であり、人々に保たれた革命への信念と献身を計る確かな指標でもあった。

＊

一九二〇年の春から夏にかけての戦闘のなかで、マフノ叛乱軍はたんに赤軍の各個部隊をでなく、ウクライナおよび大ロシアのボリシェヴィキ国家装置総体を相手取らねばならなくなった。それで叛乱軍は、あまりに優勢な敵を避けて一度ならず解放区を放棄し、千キロにもわたる大退却を余儀なくされもした。彼らはある時はドン地方へ、またある時はハリコフ県やポルタヴァ県にまでも後退せねばならなかった。だがこの退却も、プロパガンダのためにはかなりの役割を果たした。叛乱軍がほんの一、二日でも滞在すれば、そこでは村全体が巨大な集会場と化したのである。

このような後退戦のなかで、一九二〇年六月から七月に至る期間に、軍と運動の全般をとりしきる最高機関として「ウクライナ革命叛乱軍（マフノ叛乱軍）評議会」が発足した。評議会は叛乱民によって選出され承認された七人の委員からなっていて、その下には、軍事参謀部と組織部、それに文化情宣部の三部局が設置されていた。

第八章・原注

（1）この項は、ウクライナ革命叛乱軍（マフノ叛乱軍）評議会の議事録による。

（2）これは農民のあいだで日常的に交わされる挨拶のことば。――ドイツ語版製作者。

訳注

（8）「ク・スヴェートゥ」К Свету「夜明けに向けて」

第九章　反ヴランゲリ統一戦線とその後

ボリシェヴィキ再び解放区を襲う
——叛乱軍潰滅

一九二〇年の夏になると、マフノ叛乱軍は一方で、デニーキンに替わったツァーリ反革命の領袖ヴランゲリとも戦いを強いられるようになった。叛乱軍はこの反革命軍とのあいだに二度戦端を開いたが、二度とも兵站部を赤軍に脅かされて後退した。いまや、両面の火線に挟撃された叛乱軍は、やむなくボリシェヴィキとの前線を解いてすべての部隊をヴランゲリ迎撃にさし向けねばならなかった。

だが、このような叛乱軍の革命防衛のための苦戦にもかかわらず、ボリシェヴィキのソヴィエト政府は中傷の宣伝に余念がなかった。彼らはマフノがヴランゲリと同盟関係をもっているとウクライナ全土に吹聴し、ハリコフ政府の代表ヤコブレフに至っては、一九二〇年夏、エカチェリノスラフ・ソヴィエト総会に先立って、当局はこの同盟を裏付ける数点の証拠書類を入手しているとまで言明する始末だった。いうまでもなくこういう宣伝は嘘であり、ソヴィエト政府はこの種の出鱈目を吹聴することで労働者農民の意気を削ごうとしていた。それというのも、ヴランゲリの侵攻が強まり赤軍がこれに反撃を加えようとしない分だけウクライナの人民はますますマフノに期待し、彼に依拠しようとしつつあったからである。

もちろん、誰もがマフノの人となりを承知していて、またボリシェヴィキのやり口をも重々心得ていたために、マフノがヴランゲリと同盟しているなどというデマは誰にも信用されなかった。しかしヴランゲリの方ではマフノとの同盟を真剣に考えていて、もしそのような可能性があればそれをあくまで追求しようとしていた。以下に事の経緯に関連する記録を示しておこう——

ウクライナ革命叛乱軍（マフノ叛乱軍）司令部議事録

一九二〇年七月九日、マリウポリ郡ヴレミエフカ村

……（中略）

第四項　ヴランゲリ将軍の使者

議事終了の際ヴランゲリ将軍よりの使者引き出される。書状一通提出。内容次のごとし。

叛乱軍総司令マフノ殿

わがロシア軍は人民を救い共産党とその人民委員からこれを解放せんがため、またさらに国家と地主の土地を農民に与え保証せんがために、もっぱら共産主義者の政府と戦いを交えているものである。事実、農民に対する土地の分譲は目下着々と進行している。

わがロシア軍将兵は人民とその福利のために戦っている。人民の福利に思いを致すものはともに手を携えて進まねばならない。それゆえ、いまこそ貴下は共産主義者の政府に仮借なく対抗し、その兵站を侵し補給線を分断し、かくして死力を尽くしてトロツキー軍団の殲滅に加担されたい。わが軍最高司令部は、兵員であれ各種専門家であれあるいは武器弾薬であれ、貴下への援助を惜しむことはない。貴下の信頼するに足る使者をもって、共同の作戦に必要な物資などをわが軍に要請されんことを。

南ロシア軍参謀本部参謀総長　シャチロフ中将
地方参謀本部司令長官　コノヴァレッツ少将
メリトポリ　一九二〇年六月十八日

使者はイワン・ミハイロフと名乗り、二十八歳。当人によれば、スラシチョフ将軍の副官が書状を手渡し派遣したとのこと。またヴァンゲリ傘下の白軍は、マフノの共闘を確信しているとのことである。この書状と使者イワン・ミハイロフに対する処遇について発言あり。

ポポフ(原注1)「われわれは本日、昨今の時局をめぐる赤軍への態度表明を協議しこれを採択したが、白色テロ集団に対しても即刻適切な回答を与えねばならないと考える」

マフノ「このような低劣な提案に対する唯一可能な回答は、使者の処刑を決意することである。ヴァンゲリからの、あるいは右翼一般からの使者が仮にどのような人物であっても変わるところはない。これ以外に回答はない」……

以下の事項、満場一致をもって決議される。(一)イワン・ミハイロフは処刑されねばならないこと。(二)右の書状の公開とそれに対する文書による何らかの回答は、革命叛乱軍評議会に一任されるべきこと。

イワン・ミハイロフは間もなく公の場で処刑された。ヴァンゲリの提案をめぐるこれらの事実は、叛乱軍によってその軍報に公表された。だがボリシェヴィキは、事の経緯を一部始終熟知していたにもかかわらず、マフノがヴァンゲリと同盟しているという宣伝をいたるところで恥じらいもなく続行した。ソヴィエト政府が自ら非を認めたのは、ようやくマフノ叛乱軍とのあいだに軍事および政治に関する協定が成立してからのことである。その時点で、政府はその最高軍事委員会を通じて、マフノがヴァンゲリと同盟したという事実はなくそれまでの政府の報道は誤った情報に基づいていたこと、それどころか叛乱軍はヴランゲリとの交渉さえ行なわずにヴランゲリの使者を即座に処刑したこと、などを声明した（これについては、ハリコフのソヴィエト政府機関紙「プロレタリア」に発表された最高軍事委員会声明「マフノとヴランゲリ」、およびこの十月二十日前後のハリコフにおける各紙報道を参照のこと）。ただしかかる声明はソヴィエト政府が真実を尊重するがゆえに発したものではなく、叛乱軍と協定成立のあと、真実の公表を余儀なくされてのことだったのである。

＊

一九二〇年の夏半ばから、ヴランゲリは自ら全軍の指揮をとってゆっくりと、だが着実に侵攻し、ドネツ地方一帯を脅かしてきた。ポーランド戦線の困難な戦況と相俟って、ヴランゲリのドネツ侵攻はロシア革命全体に深刻な危機をもたらした。

マフノ叛乱軍は、ますますつのってくるヴランゲリ反革命の脅威をもはや看過しえなくなった。叛乱軍は、ヴランゲリの侵攻がまだ第一段階にあり充分に定着していないうちにこれを叩いておかねばならないと考えた。ヴランゲリ反革命殲滅のためのすべての行動は、結局のところ革命に対する寄与そのものであると、正当にも彼らは判断していた。しかし一方で、ボリシェヴィキ＝共産主義者にはどういう態度を取るべきなのだろうか？　共産主義者の独裁は、解放された労働に対するヴランゲリに優るとも劣らぬ脅威なのである。だが共産主義者とヴランゲリとのあいだには明白な相違がある。革命を信奉している多数の人民が、ヴランゲリの側にではなく共産主義者の側にあるということである。なるほどこれらの人民は姑息な手段で共産主義者にだまされ、権力の強化に利用されてはいるが、それでもなお彼らはひたすらに革命を信じているのである。この事実は重い意味をもっている。そこで革命叛乱軍評議会と叛乱軍司令部は協議のうえ、主たる交戦目標をヴランゲリとする旨決定し、大衆的な承認を求めた。

叛乱民集会は、ヴランゲリを潰走させることによって達成される大きな成果を確認した。第一にそれは革命から余分な重圧を取り除くことになり、第二には、数年にわたって悩まされてきたさまざまなかたちの反革命勢力を最終的に一括してロシアの現実から叩き出すことになるのである。労働者農民はこのような雑音の一掃を切実に望んでいた。反革命の妨害をさえ一掃してしまえば、彼らはもっと容易に自らを方向づけ、また混乱と分裂に締めくくりをつけて革命に新たな活力をもたらすことができるはずなのである。討議の末集会は、共同してヴランゲリを追うために抗争を停止するよう共産主義者に申し入れることを決議した。これに先立って、叛乱軍当局はすでに七月と八月に、当該内容の電報をハリコフとモスクワのソヴィエト政府筋に打っていたが、政府からはいっこうに返答なく、相変らずの弾圧と中傷がつづいていた。しかし九月に入ってエカチェリノスラフが陥落し、ベルジャンシク、アレクサンドロフスク、グリャイ＝ポーレ、シネリニコヴォが相前後してヴランゲリの支配に服するにおよんで、共同作戦を協議すべく、イワノフを団長とする共産党中央委員会の全権代表がスタロビルスクの叛乱軍陣地に到着した。そして協議の結果、ソヴィエト政府と叛乱軍の軍事および政治に関する協定の草案が作成され、この草案は最終的な締結を見るためにハリコフへも送付された。同時に、クリレンコ、ブダノフ、ポポフをはじめとするマフノ叛乱軍代表団が、協定を締結しかつソヴィエト政府ウクライナ方面首脳部とも接触を保つためにハリコフへ派遣された。

一九二〇年十月十日から十五日にかけての折衝のあと、次のようなかたちの協定が両当事者のあいだで確認されることになった。

ウクライナのソヴィエト当局とウクライナ革命叛乱軍（マフノ叛乱軍）による軍事および政治に関する暫定協定の各条項

第一部　政治協定

（一）ソヴィエト共和国全域において、マフノ叛乱軍将兵とアナキスト全員に対する追及を停止しあるいは即時釈放すること。ただし、ソヴィエト政府に武力をもって敵対する者はこの限りにあらず。

（二）ソヴィエト政府の暴力的転覆を叫ぶ場合は例外とし、また戦時検閲にも従うことを条件として、叛乱軍およびアナキストが自らの思想信条を文書並びに口頭で宣伝する自由を保証すること。宣伝物の発表にあたって叛乱軍およびアナキストは政府公認の革命組織と見なされ、政府の出版印刷機関を使用しうること。ただし、出版印刷に関する諸規定の遵守を前提とする。

（三）ソヴィエト議員選挙への自由参加。叛乱軍将兵およびアナキストはソヴィエト議員選出における被選挙権を有すること。さらに、本年十二月に開催される第五回ウクライナ・ソヴィエト大会の招集に向けての準備工作に自由に参加し従事できること。

ウクライナ・ソヴィエト共和国政府委任代表　ヤ・ヤコヴレフ
ウクライナ革命叛乱軍全権代表　クリレンコ
ポポフ

第二部　軍事協定

（一）マフノ叛乱軍は志願部隊として赤軍に合流し、作戦行動においては赤軍最高司令部の指揮下に入ることと。ただし、叛乱軍は赤軍正規軍の基本原則を拘束されることなく、その内部構造を保持しうること。

（二）叛乱軍は、ソヴィエト共和国領およびその前線を通過する際に、いかなる赤軍部隊も脱走兵も自らの戦列に吸収してはならない。（原注2）

注意事項

1　ヴランゲリ軍に包囲されあるいは取り残されて孤立した赤軍部隊および各将兵は、仮に一時的に叛乱軍に救われこれと行動をともにしても、やがて赤軍と再会すればその時点で赤軍に帰属せねばならないこと。

2　叛乱軍将兵や叛乱軍に参加した各地住民は、仮にそれ以前に赤軍から動員命令を受けていたとしても叛乱軍に留まるべきこと。

（三）叛乱軍は、共通の敵である白軍を殲滅するために、当協定の成立に関するアピールを人民に公表し、そのなかでソヴィエト政府に敵対するすべての軍事行動を即時停止するよう指示せねばならない。一方、事の迅速かつ徹底した解決を図るために、ソヴィエト政府の側も当協定についてただちに人民にアピールせねばならない。

（四）ソヴィエト共和国領内に居住する叛乱軍将兵の家族は赤軍将兵の家族と同等の特権を承認され、ウクライナのソヴィエト政府当局から必要な証明書類の交付を受けることができる。

南部方面軍司令官　フルンゼ

南部方面軍革命軍事会議委員　ベラ・クン

グセフ

ウクライナ革命叛乱軍全権代表　クリレンコ
ポポフ

さらにマフノ叛乱軍代表団は、右の第一部（政治協定）三項目に加えて次のような特別項目をソヴィエト政府に提案した。

「人民による地域自治を求める戦いがマフノ運動の主要な部分を構成してきた実状にかんがみ、叛乱軍は以下の項目を政治協定第四項として追加提案する。すなわち、叛乱軍作戦地域内住民による政治経済両面にわたる自治機関の設置とその自立、および条約に基づくソヴィエト共和国政府機関との連合共存、である」

＊

種々の口実をもうけて、ソヴィエト政府はこの協定の公表を引き延ばした。それで叛乱軍代表団はすでに当初から釈然としないものを感じていたが、ソヴィエト政府が叛乱軍に三度目の不意討ち攻撃をかけるにおよんで、ようやくその真意は露呈した。だがここではひとまず、そこに至るまでの過程に少し説明を加えておこう。

協定公表の件に関するソヴィエト政府の不実を確認して、マフノ叛乱軍は協定が公表されるまで協定にのっとった行動をとれない旨厳重な抗議を発した。このような叛乱軍の圧力によって、やっとのことでソヴィエト政府は協定の内容の公布に踏み切ったが、それでも一度に全部を発表せず、まず第二部の軍事協定を、次いで一週間後に第一部の政治協定を印刷したのだった。そのため協定の本来の意義は曖昧なものとなり、ごくわずかの人々にしか理解されなかった。さらに政治協定の第四項については、ボリシェヴィキはそれを切り離し、モスクワの意向を打診したうえで特別に審議せねばならないと主張した。叛乱軍代表団はこの主張を了解した。

マフノ叛乱軍は十月十五日から二十日にかけてヴランゲリに対する攻撃を開始した。前線は、シネリニコヴォ、アレクサンドロフスク、ポロギー、ベルジャンシクへと伸びてゆき、その先はペレコープだった。ポロギーとオレホフ間の最初の戦闘で、ドロズドフ将軍傘下のヴランゲリ軍の大部隊は手痛い打撃をこうむり、約四千名の白軍兵士が捕虜になった。やがて三週間もするとこの地区からヴランゲリ軍は一掃され、十一月のはじめには、叛乱軍は赤軍とともにもうペレコープを前にしていた（原注3）。

ところで前線各地の住民の様態も書き留めておかねばならない。マフノ叛乱軍が赤軍と相携えてヴランゲリに宣戦したことが知れわたると彼らの士気はみるみる高揚した。ヴランゲリの敗北は誰の目にも明らかであり、白軍などものの一両日中にも潰走してしまうだろうという雰囲気が随所に漲っていた。

クリミア地方の白軍一掃に果たしたマフノ叛乱軍の功績はおよそ次のようなものである。赤軍がペレコープに肉迫して布陣しているうちに、叛乱軍は作戦命令を受けてペレコープから東へ約二十五〜三十露里移動し、その地点から、凍結しているシヴァーシュ湾を渡った。まずマルチェンコ（グリャイ＝ポーレ出身の農民アナキスト）の率いる騎兵が先頭に立ち、コージン指揮下の機関銃連隊がこれにつづいた。部隊は敵のつるべ撃ちのただなかを進撃せねばならず、多数の犠牲者を出しながらもついに湾の横断を貫徹した。この時指揮官のフォーマ・コージンも重傷を負って後方に運ばれた。だが、ただただ勇敢で頑強な攻撃によって叛乱軍はヴランゲリ軍を追い、やがてクリミア方面軍司令官セミョン・カレトニクがシムフェロポリ将校連隊を直撃して十一月十三日〜十四日にペレコープを陥落させた。次いで赤軍がこの町に入り占領した。シヴァーシュ湾を渡ってクリミアに突入したマフノ叛乱軍の功績は疑うべくもない。彼らはそうしてヴランゲリの軍をその兵站深くまで駆逐し、革命軍がペレコープ地峡に孤立して四方から包囲される危険を防いだのである。

＊

マフノ叛乱軍とソヴィエト政府との協定は、ながい戦いの日々のあと、ようやくこの地域にも落ち着いた建設のためのいくばくかの可能性を与えた。ここにあえて「いくばくかの可能性」というのは、どこでもヴランゲリ軍との死闘がつづいたうえに（例えばグリャイ＝ポーレでは叛乱軍と白軍が数度にわたって占領合戦を演じた）、ソヴィエト政府が協定を無視して解放区を一種の準封鎖状態に置き、労働者農民の革命的な建設活動を麻痺させていたからである。だが、グリャイ＝ポーレにあったマフノ叛乱軍のもっとも活発な中核部隊は、コミューン建設を最大限に遂行するため尽力しつつあった。活動の主要な眼目は、住民自治の中枢となるべき自由労働者ソヴィエトの強化だった。これらのソヴィエトの根本理念はいかなる政府からも支配されずに自立していることであり、ただそれぞれの地域の住民に対してのみ責任を負っていた。

このような方向に最初の実践的な一歩を踏み出したのは、ほかならぬグリャイ＝ポーレの農民たちだった。一九二〇年十一月一日から二十日までのあいだに、彼らはこの問題を討議するため少なくとも五回から七回の集会を重ね、徐々に入念に対策を準備していった。十一月の半ばにはこのソヴィエトの基礎は固まっていたが、まだ最終的に完成したとはいえなかった。人民によるこのようなまったく新しい試みは、なおながい模索の時間と経験を必要としていたのである。それでも革命叛乱軍評議会は、すでにこの時期に「自由労働者ソヴィエト形成のための綱領」を起草し、（あくまで草案としてながら）公布していた。

グリャイ＝ポーレの住民はまた、教育問題をもけっしてなおざりにはしていなかった。なるほど敵味方の再三の占領合戦はこの地区の教育制度を破壊し尽くしていた。長期にわたる無報酬のために教師は生活の手前やむなく四散していたし、学校の施設は廃屋と化し使用に耐えないありさまとなっていた。だがソヴィエト政府との協定が成立するにおよんで、教育問題は再び生彩を帯びて前面にもち出され、叛乱軍は自主管理を前提とした教育制度の再建を図った。彼らによれば、教育もまた、人民の根本的な要請に基づく他のすべての事柄と同じく働く人々自身の問題なのである。だから人々はまず自分たちの子供に自らの力で直接に教育を施さねばならない。しかしもちろんそれだけで満足してはならない。労働者農民はこうしてまず独力で次の世代を教育しながら、同時に学校のシステムを練り上げ高めてゆく必要がある。その際、この人民の学校はたんに知識の源泉としてあるのではなく、各人が自由共同体のなかで自由人として発展してゆくための手段ともならなければならない。それゆえ学校は、その設立の当初から、教会にも国家にも干渉されるべきものではない。

右のような原則にのっとって、グリャイ＝ポーレの住民は、教育制度の教会および国家からの分離独立を精力的に推進した。加えてグリャイ＝ポーレには、フランシスコ・フェレロ(訳注9)の自由学校思想の信奉者やその理論家、実践員などが幾人もいたのである。

この新しい教育制度はグリャイ＝ポーレ地区に活発な論議を巻き起こし、多数の農民たちが繰り返し参集して討論に加わった。当時マフノは足に重傷を負っていたが、それにもかかわらず彼はこの問題の動向に積極的な関心を示して集会には必ず姿を見せ、またその方面の専門家に自由学校の理念と実践に関する包括的な解説を求めた。

こうして開発され摂取された新しい教育観は、いよいよ具体化の段階に入った。グリャイ＝ポーレ地区にはいくつかの初等学校と二つの高等学校があったが、その運営に必要な教師の給与は地区全体の住民が責任を負うことになり、さらに労働者農民および教師の代表者による教育委員会が設置されて経理問題や組織問題の実務に取り組み始めた。委員会は、いかなる権威にも規制を受けないという原則を再確認し、フランシスコ・フェレロの思想を導入して、自由学校のシェーマを作成し採択した。残念ながら内外の困難な情勢に圧迫されて必ずしもスムーズに進捗したとはいえないが、実状に見合った構想が立てられ、それに則した工作活動がいたるところで展開していったのである。また、こういう一般教育と並んで、文盲の人々や無教育な叛乱民のための講座も開講され、さらに充分な教養と経験を積んだ講師による成人のための特別クラスも編制された。

叛乱軍将兵向けのコースでは政治の基本が講義された。このコースの目的は歴史学や社会学およびその関連領域における最低限の素養を養うことであり、そうすることで実際の武器に思想的な内容を付与し、兵士に革命の諸問題と戦略を理解させることであった。ここでは叛乱軍将兵のなかの博学の士が指導に当たった。カリキュラムは次のような科目で構成されていた。——(a)政治経済講座、(b)歴史学、(c)アナキズムと社会主義の理論と実際、(d)フランス大革命史(ピョートル・クロポトキンの著作をテキストとして)、(e)ロシア革命における革命叛乱の経過について、などなど。マフノ叛乱軍がこれらの講座の講演者や教師のために提供できたものはすこぶる貧弱なものでしかなかったが、それでも教える側と学ぶ側双方の熱意によってこのコースは開講とともに活況を呈し、マフノ運動の発展に大きな役割を演じるだろうことは疑いのないところだった。

ところでこうした教育制度の整備に並行して、演劇の分野にも新風が吹き込まれた。

ボリシェヴィキとの協定が成立する以前、まだ赤白両面の敵と日夜はげしくわたり合っている最中にも、すでに叛乱軍には演劇班が常設されていた。この演劇班は叛乱軍のなかから選ばれて組織され、将兵と一般農民のためにいくつものドラマを上演してきた。

グリャイ＝ポーレにはとても大きな劇場があったが、職業俳優というのは少なく、普通は演劇好きな労働者や農民、それに教師などの素人俳優による出し物がかかった。そして、グリャイ＝ポーレ近辺の全村が極度に疲弊した内戦期にも、演劇熱は萎縮するどころか逆に高まったとさえ思えるほどだった。やがてボリシェヴィキとの協定が成立し、その発効によって外からの封鎖がある程度緩和されると、劇場は連日人波で埋まった。農民も叛乱軍の兵士たちも家族ぐるみで押しかけてきて、時には俳優として出演し、また自作のドラマを上演することもあったのである。（原注4）このようななかで、叛乱軍の文化部も、グリャイ＝ポーレをはじめ解放区全域で積極的に演劇の振興を図った。

＊

マフノ叛乱軍では、ボリシェヴィキとの協定が信頼するに足るものであり、ながつづきするものであるなどとは誰ひとり考えてもいなかった。ボリシェヴィキは必ずや何らかの口実をもうけて、マフノ運動に対する新たな攻撃をかけてくるだろう。過去の経験に照らしてみればそれは容易に察しのつくことである。だが前後の政治情勢からして、叛乱軍は三、四カ月の余裕を見込んでいた。ボリシェヴィキとの停戦は叛乱軍の宣伝活動に大きな可能性を与えるものだった。当時困難な戦局のため叛乱軍は宣伝活動をほとんど放棄せねばならない状態に置かれていたので、プロパガンダの必要は切実であり、しかも彼らにはその能力が少なからず残っていたのである。協定以後のボリシェヴィキとの小康状態を機に、どこでソヴィエト政府と相容れないか、何ゆえ両者は戦うのか、を人民に明示できるだろうと叛乱軍は考えた。これは図に当たった。住民の自治を要求した政治協定第四項は、ボリシェヴィキには到底承服しかねるものだったが、叛乱軍の全権代表はボリシェヴィキに署名を迫り、署名できない場合にはその理由を公的に説明するよう求めた。そうしながら一方で、叛乱軍はこの第四項を討議するよう公衆にアピールし、アナキストとともに幾度もハリコフの労働者に訴えた。グリャイ＝ポーレとその周辺では、この問題を扱った数点の論文が一般に配布された。こうして十一月の半ばには、わずか三、四行にまとまってしまうこの政治協定第四項がいたるところで人々の関心をそそり、そのままゆけば、すぐにも全ウクライナの世論を席巻してしまうかと思われるまでになっていた。

だが折しもこの時、ヴランゲリ軍は総崩れとなって反革命の危険は去ったのである。もちろん局外者から見れば、このことは叛乱軍とボリシェヴィキの協定関係に何らの悪影響もおよぼさないように映るかもしれない。しかし叛乱軍は、これが協定の終焉につながることを正しく看破していた。シモン・カレトニクがクリミアに突入し叛乱軍部隊を率いてシムフェロポリに向け進撃中との野戦本部の電報がグリャイ＝ポーレに到着するや、マフノの副官グリゴリイ・ヴァシレフスキーは叫んだ。「これで協定はおしまいだ！賭けてもいい。一週間もすればボリシェヴィキはわれわれを襲ってくるにちがいない」——この予言は十一月の十五ないし十六日のことだったが、実際十一月の二十六日に、ボリシェヴィキはマフノの司令部とクリミアおよびグリャイ＝ポーレの叛乱軍を急襲し、ハリコフの叛乱軍代表部とすべてのアナキストを逮捕した。これに呼応してウクライナの他の地域でも、アナキストとその組織が軒並みに攻撃を受け捕縛された。

時を移さず、ソヴィエト政府は常套のやり口でこの恥ずべき行為を言い繕った。政府は叛乱軍とアナキストが大規模な叛逆をたくらんでいたと主張し、さらにその場所と日時もすでに決定済みでスローガンは例の政治協定第四項をめぐるものだったと断言した。またマフノ個人についても、彼らはマフノがカフカース戦線への出兵を拒絶して反政府軍編制のために農民の動員を指示し、あまつさえクリミアでヴランゲリと戦うかわりに兵站で赤軍の後衛に攻撃をかけていた、などと吹聴したのである。

いうまでもなく、このような類いの宣伝はすべて真っ赤なデマゴギーである。幸いにしてわれわれにはこれらの虚偽をあばき真実を解き明かす手立てがある。それを列挙してみよう。

一、一九二〇年十一月二十三日に、マフノ叛乱軍当局はポロギーおよびグリャイ＝ポーレにおいて赤軍第四十二狙撃師団所属の九人のスパイを逮捕した。彼らはスパイ活動を認め、自分たちが第四十二狙撃師団防諜部長官の命でグリャイ＝ポーレに潜入したことと、任務はマフノ並びに司令部要人、革命叛乱軍評議会委員の居所をつきとめ赤軍のグリャイ＝ポーレ侵攻と同時にそれを報告することであり、その際これらの人々が逃亡すればあくまで追跡して摘発することであったと白状した。スパイたちのもたらした情報では、赤軍の襲撃は十一月の二十四日か二十五日だろうということだった。

革命叛乱軍評議会と叛乱軍司令部は、ソヴィエト政府南部方面革命軍事参謀本部と当時のその長官ラコフスキーにこの発覚した陰謀に関する通達を送り以下の二点を要請した。

（一）第四十二師団司令官および防諜部長官はじめすべての加担者を即刻逮捕し軍事法廷に喚問すること。

（二）赤軍はトラブルを避けるためにグリャイ＝ポーレ、ポロギー、小タクマチカ、トゥルケノフカの各地点を通過しないこと。

ハリコフのソヴィエト政府からの回答は次のようなものだった。

（一）この陰謀なるものは多分単純な誤解から生じたものである。

（二）しかしながらソヴィエト政府は、真相究明のため特別委員会を設置する。

（三）マフノ叛乱軍からも二名の委員を派遣されたい。

回答は十一月二十五日にハリコフから直通電話で伝えられた。そして翌二十六日の朝、叛乱軍書記局のペ・ルゥイビンがこの件について再度ハリコフと連絡をとったが、この時もボリシェヴィキはこともなげに、第四十二師団の問題は叛乱軍に納得のゆくよう処理されるはずであると通告し、加えて政治協定第四項についても実り豊かな解決に近づいている旨返答した。この直通の会話は十一月二十六日午前九時のことである。だが一方で、すでに午前三時には、ハリコフの叛乱軍代表部と全ウクライナのアナキストが逮捕されていたのであり、さらにルゥイビンとボリシェヴィキの協議からきっかり二時間あとには、グリャイ＝ポーレは八方を赤軍に包囲されて集中砲火を浴びていた。それればかりではない。ヴランゲリを撃破したクリミアの叛乱軍部隊も同日同時刻に不意討ちを受け、クリミア方面司令官シモン・カレトニクをはじめとする叛乱軍野戦本部の幕僚は全員捕えられて銃殺された。

疑いもなく、このように統制のとれた作戦と一斉検挙は慎重に計画されたものであり、少なくとも十日か二週間前から準備されていたものと思われる。だからソヴィエト政府は、ただマフノ叛乱軍を卑怯なやり方で襲ったばかりではなく、より徹底的に弾圧せんがために、友軍を装いながら前もって叛乱軍の注意をそらせ、せっせと口先で誤魔化してきたのである。

二、赤軍のグリャイ＝ポーレ侵攻の翌日、十一月二十七日に、叛乱軍は捕虜にした赤軍兵士から「マフノに向かって進撃せよ」とか「マフノ運動に死を」などと標題された日付のないパンフレットを押収した。これらのパンフレットは赤軍第四軍政治局から出されたものであり、兵士の証言では、十一月の十五日から十六日にかけて配布されたものである。それらは、マフノが協定を無視したとかカフカース前線への出兵を拒絶してソヴィエト政府に対する叛逆を企てたとかいう出鱈目な理由によって叛乱軍への宣戦をアピールしている。叛乱軍がクリミアへの突破口を開いてシムフェロポリを占領し、またマフノの代表部がハリコフでソヴィエト政府と協働しているさなかに、マフノに対するこのような誹謗が捏造され印刷されていたのである。

三、叛乱軍とソヴィエト政府の協定が合意に達して調印された十月から十一月にわたる期間に、政府に雇われた暗殺者によるマフノを狙った二つのテロル計画がグリャイ＝ポーレで発覚し、未遂に終わっている。

なお、カフカース前線への出兵を要請した命令書なるものがグリャイ＝ポーレの叛乱軍中央司令部に届いていないことも付け加えておく必要がある。マフノは当時足の骨を砕かれるという重傷を負っていて文書処理にはまったく携わっておらず、文書の類いは参謀長ベラシュと書記局のペ・ルゥイビンが目を通して毎日の評議員会に報告していたので、この点について間違いはない。

ここでもう一度、ソヴィエト政府が協定の公表を遅らせたことについて考察せねばならない。なにゆえに政府が公表を渋ったかはいまや明らかである。政府にとっては協定など戦術上の策略にすぎず、ヴランゲリを潰走させるまでたかだか二カ月のあいだ通用すればそれでよかった。ヴランゲリの反革命が去ってしまえば、ソヴィエト政府は再び叛乱軍を盗賊集団と呼び革命の敵と罵って対抗する用意があったのである。したがって彼らには、叛乱軍との同盟を公にし衆目の裁断に任せる熱意などさらさらなく、むしろ何事もなかったかのようにひた隠しして叛乱軍に対する弾圧を再開しようと図っていた。これがソヴィエト政府の協定違反の背後にあった真相である。

ところで、この協定の条文を慎重に検討してみると、そこには二つの要素が認められる。ひとつは権力構造のなかのエリートの権限を保証しようとする集権的な傾向であり、いまひとつは、抑圧された人民が古い時代からもちつづけてきた願望に基づく革命的な傾向である。労働者農民の権利に言及した協定第一部がすべて叛乱軍側からの要請のみによって構成されていることは注目に価するが、これに対してソヴィエト政府は、各条文のなかでまさに古典的な態度をもって圧制者側の立場を擁護し主張している。すなわち政府は、叛乱軍の要求を極力制限しようとし、各項の意義を空無化して人民の生活に不可欠な政治上の諸権利を可能な限り抑制しようとしているのである。

さらにわれわれは、アナキズムから闘争の形態を学んだマフノ叛乱軍が常に政治的陰謀に敵対してきたことをも証言しておこうと思う。叛乱軍は、広大な人民のただなかに直接に闘争をもち込むことによって、何の隠しだてもなく革命戦争を遂行してきた。彼らはこのような人民自身による戦いのみが最終的な勝利をもたらすものであることを固く信じていたのであり、それゆえただ権力の交替だけを目指す陰謀などというものは彼らにとっては己れの本性に反することだったのである。

こうして、ソヴィエト政府と叛乱軍とのあいだにとり交わされた協定はすでにその端緒からボリシェヴィキによって死文化を運命づけられていて、ヴランゲリの破滅まで、わずかにかりそめの効力を発したにすぎない。

このことはほかならぬソヴィエト政府の手になるいくつかの文書からも明らかである。当時のボリシェヴィキ南部方面司令官フルンゼの命令書をここにあげておこう。この命令書はボリシェヴィキの裏切りを如実に物語っていて、同時に、ソヴィエト政府によるアナキストや叛乱軍についてのデマがまさしくデマ以外の何ものでもないことを証明している。

叛乱軍司令官同志マフノ宛て指令。並びに南部方面各戦線指揮官宛て指令。No.〇〇一四九

総司令部発

一九二〇年十一月二十三日、メリトポリ

ヴランゲリ軍に対する作戦行動の終結にともない、ソヴィエト政府南部方面軍革命軍事参謀本部は叛乱軍パルチザン部隊の任務が完了したものと見なし、叛乱軍革命軍事評議会に、ただちにこの部隊を赤軍正規軍に編入するよう提案する。

叛乱軍が独自に存続する必要は現下の軍事情勢からしてもはやなく、別個の組織と目標をもった軍が赤軍と並存することは、実に好ましからざる事態をもたらすもととなるだろう。(原注5) それゆえわれわれは次のごとき要請を行なうものである。

（一）クリミアに展開している叛乱軍全部隊は即刻赤軍第四軍に編入すべきこと。その際改編改組手続きは第四軍革命軍事委員会に委任される。

（二）グリャイ＝ポーレの「軍令部」は解散し、各兵士は赤軍司令部の指示に従って予備軍に編入される。

（三）叛乱軍革命軍事評議会はあらゆる手段を用いてかかる措置の不可欠なることを傘下の兵員にアピールすべきこと。

南部方面軍司令官　エム・フルンゼ
革命軍事会議委員　スミルガ
野戦参謀本部長　カラトゥイギン

ここで協定成立までの成り行きをふりかえってみよう。

前にも述べた通り、マフノ側は協定に先立って、とくにこの目的のためにスタロビルスクの叛乱軍陣地を訪れたイワノフを長とする政府代表団と予備交渉をもっていた。この交渉はスタロビルスクからハリコフに移され、合意に達するまでの三週間のあいだに各条項についての綿密な検討が双方から加えられた。その結果、あくまで両当事者の合意に基づいて、最終的には全条項をひとまとめとして協定が成立し調印されたのである。したがって、どちらかの側から全体が一方的に破棄されない限り、協定はその経過からいって、双方の同意なしにたとえ一項でも停止されたり変更されたりしてはならない。

ところで協定第二部第一項は次のようになっている。

「ウクライナ革命叛乱軍（マフノ叛乱軍）はソヴィエト共和国軍に志願部隊として参加し、作戦行動においては赤軍最高司令部の指揮下に入ること。ただし、叛乱軍は赤軍正規軍の基本原則に拘束されることなく、その内部構造を保持しうること」

右の条項にもかかわらず、フルンゼは前掲の指令によって叛乱軍の解散と赤軍への編入を要請している。しかもその根拠はといえば、命令書本文にも明記されている通り、ヴランゲリ軍に対する作戦行動の終結にともない、「叛乱軍パルチザン部隊の任務が完了したものと」ソヴィエト政府に「見なさ」れたからである。こうして一部を無視された協定は、その当該箇所においてばかりでなく全条項において失効した。ソヴィエト政府が条項の変更を協議による修正という形態をとらずに軍事命令というかたちで、しかもただちに砲門を開いてまでやりおおせようとしたことは、そもそもこの協定の全体が叛乱軍を落とし入れるためのボリシェヴィキの罠にほかならなかったことを雄弁に物語っている。なお、クリミアに駐留中の赤軍第四軍は、もし叛乱軍が指示に従わなければ総力を挙げてこれを叩くようにとの追加命令をも入手していた。

とやかくいうまでもなく、フルンゼの指令を一見するだけで事態は明白である。つまりは叛乱軍に自発的な解散と赤軍への身売りを迫っているのであり、換言すればマフノ運動そのものが自殺を要求されているのである。その露骨さと単細胞ぶりだけでも呆然とするほかないように思える。

だがその裏には、マフノ運動を決定的に殲滅するための透徹した計算が秘められている。ヴランゲリは掃討されたし叛乱軍をも利用し尽くした。マフノ運動を破壊するには最適の時機である。いまこそマフノ主義は消滅せねばならない。――これがフルンゼの指令の本来の狙いであった。

しかし、この露骨で隠しだてのない命令書も、その内容と同様に隠しだてなく伝えられたわけではなかった。当初グリャイ＝ポーレの司令部もハリコフの代表部もこの指令を受け取ってはおらず、奇襲攻撃の三、四週もあとになって偶然手に入った新聞の紙面からようやく叛乱軍はその存在を知ったのである。もっとも、それは当たり前のことで、不意討ちをかけようとしていたボリシェヴィキがこのような文書をあらかじめ公表するわけはない。そんなことをすれば計画はひとたまりもなく頓挫してしまっていたにちがいない。叛乱軍はたちまちにしていたるところに決起し、ボリシェヴィキの奇襲など思いもよらなくなってしまったはずである。ソヴィエト政府はこのことを充分に承知していた。それで彼らは、己れの腹の内を最後の最後まで極秘にしておいた。フルンゼの指令は日付けこそ十一月二十三日となっているが、攻撃のあと協定の破棄が既成事実となってから、十二月十五日付けのハリコフの機関紙「共産主義者」にはじめて公表されたのである。以上のすべての策謀は、叛乱軍を不意討って潰滅させ、しかもその行為を「手続き上正当なものである」といいくるめるために立てられ実行されたのだった。

マフノ叛乱軍に対する攻撃と並んで各地でアナキストの大量逮捕が行なわれたことについてもすでに述べたが、アナキズムの理念を直接批判し圧殺するだけでは満足できないボリシェヴィキは、これによってアナキストの側からの弾劾声明や事件の真相アピールの可能性をも窒息させようとしたのである。この時逮捕されたのはアナキストだけではない。アナキストと知り合いであるとかアナキズムの文献に興味をもっているというだけでも無差別に逮捕され、エリザヴェトグラードでは十五歳から十八歳の十五人の少年までが拘禁された。さすがにニコラエフ市の県庁当局はこれには難色を示し、「本当の」アナキストを目標にすべきだとの見解を出したが、それでもこれらの少年たちは釈放されなかった。

ハリコフにおけるアナキストの検挙は、ロシアでは前代未聞の規模をもって行なわれた。町中のアナキストの住居には罠が張りめぐらされ、アナキズムの文献を扱っている「自由兄弟」という書店にも張り込みが立って、この店を訪れる客は誰彼となくチェーカーに突き出された。それどころか、検挙令が出る直前に合法的に印刷されて家々の壁に貼られているアナキストの機関紙「ナバト」を路上で立ち止まって読もうとすれば、もうそれだけで手が後ろへ回るという始末だった。ハリコフのアナキスト、グリゴリィ・ツェスニクは偶然にも逮捕を免れたが、その替わりに政治活動にはまるで関係のなかった妻が投獄された。それで彼女はただちにハンガー・ストライキに入って釈放を要求したが、ボリシェヴィキは卑劣にも、ツェスニクが自首すれば妻を放免すると公示した。ツェスニクは重症の結核を押して出頭し投獄された。

クリミアの叛乱軍司令部が全員不意を襲われて捕虜になったことも前述の通りだが、なかで、やはり赤軍第四軍に包囲された騎兵隊長マルチェンコだけは手勢を率いてペレコープ地峡の阻止線を破り、夜を日についでの強行軍の末にようやく十二月の七日になって、ギリシャ方面のケルメンチクでマフノらの一隊と合流した。これに先立って、クリミアのマフノ叛乱軍が血路を開いて脱出に成功したという噂が流れていたが、ついにこの日になってマルチェンコの部隊が数時間内に到着するとの情報がもたらされるや、狂喜したマフノの部隊はケルメンチクから馬を飛ばして出迎えに赴いた。だが、遠方に接近してくる騎馬軍団を認めた時、居合わせた将兵の胸は曇った。千五百騎にのぼる装甲騎兵が、いまやわずか二百五十騎の哀れな隊列となって帰還してきたのである。先頭にはマルチェンコとタロノフスキーがいた。

「私は光栄にもクリミア派遣軍の帰還を諸君に報告します」

マルチェンコは軽い自虐を込めて言った。全員が力なく微笑した。

「兄弟たち」マルチェンコはつづけた。「そう、いまこそわれわれは共産主義者がどういうものか知ったのです」――

マフノは暗鬱な表情のまま黙っていた。全ウクライナに勇名を馳せたあの輝かしい騎馬隊の潰滅と、眼前にうなだれる一握りの敗残兵の姿が、彼のこころを打ちのめしていたのである。マフノはひたすら沈黙し、そうすることで内心の動揺をひた隠そうとしているふうであった。

その場で集会がもたれ、クリミアでの出来事が報告された。その大要は次のようなものである。

クリミア派遣軍司令官セミョン・カレトニクは、軍事上の協議のためと称してソヴィエト政府によってグリャイ＝ポーレへ急派され、その途上で逮捕された。野戦参謀本部長ガヴリレンコはじめ司令部幕僚および指揮官級の将校は、作戦会議にかこつけて招集され逮捕された。これら全員が即刻銃殺となり、さらにシムフェロポリにあった文化宣伝局のメンバーもまたたく間に拘禁された……。

＊

十一月二十六日、赤軍に包囲されたグリャイ＝ポーレに残っていたのはわずか百五十騎から二百騎の特別騎兵中隊だけだった。だがマフノはこの中隊を率いて、ウスペノフスク方面から侵攻してきたソヴィエト騎馬連隊を蹴散らし、密集した赤軍の包囲網を突破した。最初の一週間に、各地から結集してきたパルチザンとボリシェヴィキを見捨てて参加してきたいくつかの赤軍部隊を加えて、マフノは千騎の騎馬隊と千五百名の歩兵を組織し攻勢に転じた。そしてそれからちょうど一週間すると、赤軍第四十二師団を敗走させたマフノの部隊はもうグリャイ＝ポーレを奪回し六千にのぼる敵兵を捕虜にしていた。このうち約二千名は叛乱軍に参加したいと申し出てひきつづき滞在し、他の四千名は、集会のあとその日のうちに釈放された。次いで三週間あとにも、叛乱軍はアンドレエフカでさらなる打撃を与えた。深夜から翌日の夕刻までつづいた戦闘でマフノは赤軍の二個師団を降服させ、八千名から一万名に達する将兵を武装解除したのである。この時もグリャイ゠ポーレでの場合と同じく、叛乱軍に志願する者を除いて全員がただちに釈放された。その後さらに赤軍は、コマレ、ツァーレ゠コンスタンチノフカ、ベルジャンシクの各会戦でも重大な敗北をこうむらねばならなかった。赤軍の歩兵部隊は叛乱軍を前に士気高まらず、いつでも機会さえあれば大挙して投降を図るありさまだった。(原注6)

しばらくのあいだ、叛乱軍は打ちつづく勝利に勢いを得ていた。それで彼らは、このうえ二つか三つの師団を敗走させればもう充分だと考えるようになっていた。そうすれば赤軍のある部分は叛乱軍に流入してきて、残る部分も北へ撤収するほかなくなるだろうと予測していたのである。だがこの予測は甘かった。やがて方々の農民から、ボリシェヴィキがどの町村にも宿営を築いて主に騎兵連隊を配置し、いくつかの箇所では大部隊の集結も見られるという情報が入った。事実マフノも、間もなくグリャイ゠ポーレ南方のフェドロフカで騎兵歩兵からなる赤軍の数個師団に囲まれ、この時は早朝二時から午後四時まで戦いつめてようやく北東方向に離脱したのだった。そしてその三日あとに今度はコンスタンチンで同様の事態が発生し、戦局は急転直下終末的な様相を呈し始めた。

叛乱軍は騎兵の大部隊に包囲され集中砲火を浴びせられた。マフノが捕虜にした赤軍士官から聞き出した情報によれば、敵は騎兵二個混成二個の計四軍団をマフノ追跡に当てていて、これに四方からの援軍を加えて包囲網を張ろうとしているらしかった。この情報は、農民たちから得た情報ともマフノ自身の判断とも一致していた。叛乱軍に差し向けられた大軍を前にして、たかが二つか三つの赤軍部隊を破ることなどもはや何の意味もなくなっていたのである。問題は敵の戦力を撃破することにどころか、いかにして叛乱軍を全滅から救うかにあった。わずか三千の兵力で、叛乱軍は連日、一万～一万五千の兵員を擁する敵と渡り合わねばならなかった。このような条件のもとでは、叛乱軍の破局はいよいよ避けうべくもないと思われた。そこで、革命叛乱軍評議会は協議の末に南部ウクライナ全域の一時的な放棄を決意し、転進行動の指揮をマフノ一身に委ねた。

マフノの軍事的な才能は重大な試練に立たされていた。叛乱軍を完璧に包囲してしまったボリシェヴィキから逃れることはまず不可能事といってよかった。三千の革命戦士が一万五千名にのぼる赤軍に囲まれているのである。だがマフノはどのような局面にも戦意を失うことなく、部隊を率いて英雄的な決戦を挑んでいった。赤軍の師団を全面に受けながら、彼は前後左右に遊撃し、さながら神話の巨人タイタンのように奮闘した。やがてマフノはいくつかの赤軍部隊を粉砕して二千名の将兵を捕獲し、その方面の阻止線を破って脱出した。最初彼は東に進路をとってユゾフカ（ドネツィク）の方角へ向かった。これは奇妙なことだった。ユゾフカから来た労働者が口をそろえて、そこには敵の強力な防塁があると警告していたのである。ところが、それもマフノの策略だった。ユゾフカ方面に向かうと見せて、彼は途中で突然西へと転じ、彼にしかできないような現実離れした方針をとったのだった。それからというもの、叛乱軍はいっさいの道路を無視して数百キロにおよぶ雪の荒野を進軍したが、マフノの非凡な方位感覚に支えられて目標を見失うことはなかった。(原注7)この強硬奇抜な戦術によって、叛乱軍は密集した敵の砲陣と銃座を逃れ、さらにはヘルソン県のペトロヴォで、赤軍第一騎兵師団に属する二つの旅団を潰走させた。彼らは、叛乱軍がまだ百キロも彼方に布陣しているものと思い込んでいたのである。

このような昼夜を分かたぬ遊撃戦が数カ月のあいだつづいた。

叛乱軍がキエフ県の岩山地帯に入ったのは厳冬期で、一面が氷に被われている季節だった。それで彼らは、野戦砲も糧食も荷車《タチャンカ》さえも放棄せねばならなかった。しかもこういう時期に、西部辺境地帯にあった赤色コサックの騎兵二個師団が、思いがけなくも参戦し、ボリシェヴィキのマフノ追討軍に加担した。あらゆる退路が絶たれていた。叛乱軍にとって一帯はすべて墓場であり、岩と凍結した絶壁のうえを、絶え間ない砲撃にさらされながら彼らはひたすら遅々として行軍をつづけた。救いも望みもなかった。だが誰ひとり恥ずべき敵前逃亡を図る者はなく、全軍の将兵が名を惜しみ、互いに寄り添って死地をともにしようと決意していた。

それは言い知れぬ悲痛な姿だった。ほかならぬ自由のために決起して追われたひと握りの人々が、裸の岩壁と空と砲火のさなかに、なお最後の一兵まで戦おうとしているのである。彼らに許されているものはただ死の運命だけだった。そうして苦悶と悲哀の底で、絶望の果てに彼らは叫んだ。そう、愛する息子たちと母たちへ、愛する兄弟たちの全世界へ、マフノ叛乱軍の戦士らは叫んだ。それは無言の叫びだったが、人々よ、あなたがたには聞こえないか。恐るべき犯罪が行なわれようとしている、と。この英雄的な世紀を通じて、ものもたぬ人民が、ただ人民のみが産み築いてきた美しい希望、何者にも奪われず何者をも裏切ることのない潤い深い精神がいまこそ虐殺されようとしている、と――

だが、マフノは自らに課された試練を誇らかに耐え抜いた。彼はガリツィア県境まで進んで再びキエフ方向に転じ、キエフ市近郊でドニエプルを渡河してポルタヴァ、ハリコフ両県を経、そこから北上してクルスク県に入った。そして間もなく、クルスクとベルゴロド間で鉄道を横断したマフノと叛乱軍は、ようやく一息つける状態をとり戻した。赤軍の騎兵・歩兵の大軍を遙か後方にひき離すことができたのである。

*

しかし戦いは終わったわけではない。ソヴィエト政府はマフノ運動の真の中核を破壊しようとあくまで総力をふりしぼっていたのである。ウクライナのいたるところから膨大な数の赤軍がマフノの宿営を目指し、熾烈極まる砲火がまたもわずかな革命の戦士らを包んだ。生死を賭けた戦闘が尽きることなく繰り返された。マフノは友人に宛てた手紙のなかで、マフノ運動と叛乱軍の劇的で英雄的な終焉を次のように物語っている（原注8）――

親愛なる友よ、きみがわれわれのもとを去ってから二日後に、われわれはクルスク県のコロチャの町を占領して、「自由ソヴィエト建設に関する基本原則」を数千部配布した。それからわれわれは、さらにヴァルプニャルカとドン地方を通ってエカチェリノスラフ県とタヴリダ県に向かった。連日がはげしい戦闘のうちに明け暮れた。われわれは二面の敵と戦わねばならなかった。ひとつはわれわれを追跡してくる赤軍歩兵部隊であり、もうひとつは私個人を狙って特にボリシェヴィキ司令部から派遣された第二騎兵隊である。もちろんきみも知っての通り、われわれの騎兵は無敵だ。ボリシェヴィキの騎兵など、歩兵と装甲車の援護なしにはまともに相手にもならない。それで、なるほど損害も少なくはなかったが、われわれはコースを変更することなく直進することができた。われわれの軍が真に革命的な人民軍であることは、この過程で日々新たに明らかとなった。実際、論理的には減退するはずの戦力が、人的にも物資のうえでも増大する一方だったのである。

進撃の途上、ある激烈な戦闘では、特別騎兵連隊の三十人近くが戦死し、その半数は将校だった。そのなかにはわれわれの得がたい同志でこの連隊を指揮していたガヴリューシャ・トロヤンも入っている。知っての通り、彼は若いが戦略には長けていた。トロヤンは一発で即死した。彼のそばで、アポロンやその他多くの勇敢な同志たちも倒れた。

グリャイ＝ポーレ近くで、われわれはブローヴァとパルホメンコに率いられたパルチザンの大部隊と合流した。さらにそのあと、マスラクを長とするブジョーンヌイの赤軍第四騎兵師団第一旅団がわれわれの側についた。ボリシェヴィキの専横に対する戦いはいよいよはげしく燃えさかった。

三月の上旬になって、私はブローヴァとマスラクの部隊を本隊から切り離して独立させ、これをドンおよびクバーニ方面に派遣した。またパルホメンコの部隊も単独のグループとしてヴォロネシ県方面に出撃させたが、パルホメンコは間もなく戦死し、替わってハリコフ県チュグエフ出身のアナキストが指揮をとった。さらに六百の騎兵とイヴァニュクの歩兵連隊からなる第三の独立部隊がハリコフを目指した。

この頃、最良の同志であり革命家であるヴドヴィチェンコが戦闘で負傷し、療養のためノヴォシパスクに行かねばならなくなった。ところがそこで彼はボリシェヴィキの討伐隊に発見され、抗戦の末マトロセンコとともに自決を図った。(原注9)マトロセンコは即死したが、ヴドヴィチェンコの弾丸は脳に達せず、瀕死のまま逮捕されてしばらく生きていた。私が伝え聞いたところでは、彼はアレクサンドロフスクの病院に収容されながらともに収容された同志たちになお脱走させてくれるよう懇願していたということである。ボリシェヴィキは死の床にあるヴドヴィチェンコを虐待し、マフノ主義との訣別を迫って署名させようとした。だが彼は、もうほとんど話せずしかも拒めば銃殺を免れないにもかかわらず、ボリシェヴィキの申し出を冷淡にきっぱりと断わった。ヴドヴィチェンコが実際に銃殺されたかどうかは私にもわからない。

その間私自身はドニエプルを渡ってニコラエフに攻め入った。しかしそこから再度ドニエプルを渡ってペレコープ北方を経、叛乱軍のいくつかの部隊に合流するためわれわれの地方を目指そうとしたところ、すでにメリトポリには赤軍の阻止線が張られていた。そのうえドニエプルはもう流氷の時期に入っていて、右岸まで引き返すこともできなかった。そこで私は自ら馬にまたがり、(原注10)戦闘を指揮せねばならなかった。われわれは正面に布陣している一隊との交戦を避け、敵の他の隊をこちらの偵察隊の誘導で移動させてその部分の戦線を突破し、さらに六十露里進んで三月八日の早朝にモロチヌイ湖畔のボリシェヴィキ第三軍を攻撃した。次いでわれわれはモロチヌイ湖とアゾフ海に狭まれた地峡を通過し、上トクマクの平原に達した。ここで私はクリレンコに命じてベルジャンシクとマリウポリ方面の叛乱を指導させ、私自身と本隊はグリャイ＝ポーレを経由してチェルニーヒウ県へ向かった。農民の代表団がチェルニーヒウ県の数カ所からやってきて是非視察に訪れるよう招待してくれていたのである。

ところが、千五百の騎兵と二連隊の歩兵からなるペトレンコ指揮下のわが軍は、途中ボリシェヴィキの強力な部隊に包囲されて足止めをくった。私はここでも自ら指揮をとって反撃し、これに成功した。われわれは敵を撃破し全軍を捕虜にして武器弾薬と大砲、軍馬を没収した。だが二日後にはもうわれわれは優秀な新手の敵軍に攻撃されねばならなかった。

うちつづく戦いに味方の将兵は命知らずの猛者となり、すでに比類のない勇敢さと英雄性を身につけていた。「自由に生きるか、さもなくば戦場に死す」という叫びとともに、彼らはどのような敵中にも身を躍らせ、これを撃滅し四散させた。こうした愚かなまでに果敢な反攻のなかで、私は座骨部から盲腸の近くを貫通する銃創を負い落馬した。これが後退の原因となった。こういう場面に慣れていないひとりの新兵が「バチコがやられたぞ！」と叫んでしまったからである。

包帯もせずに銃座つきのタチャンカに載せられて、私は十二露里も後方へ運ばれた。そのため私は出血多量で危うく落命するところだった。立つことも座ることもならず、気を失ったまま私はレフ・ジニコフスキーに看病され警護された。これは三月十四日のことである。

ところで、つづく三月十五日の早朝にかけて、各部隊の指揮官や司令部のメンバーがベラシを先頭に私のところに集まってきた、彼らは、クリレンコやコージンをはじめ各地で作戦を指導している同志たちに百ないし二百名ずつ兵員を割いて分与するよう命令してほしいと頼んだ。私が再び乗馬できるようになるまで、護衛の特別連隊とともにもっと静かな場所にひとまず私を転地させようとの配慮からだった。私は命令書に署名し、さらにザブジコに軽装備の一隊を托して現在地に留まるよう命じた。この部隊には、私との連絡を絶たないという条件をつけたうえで自由な作戦行動を許可した。翌三月十六日の早朝、護衛の特別連隊を除くすべての部隊がそれぞれの目的地に向けて出発していった。ところがそのあとすぐに、われわれは赤軍第九騎兵師団に襲われ、百八十露里を十三時間にわたって追撃された。われわれは、アゾフ海に面したスロボダの町まで撤退してようやく馬を替え、五時間ほどの休憩時間を確保できた。

三月十七日の早朝、われわれはノヴォスパソフカの方向に進路をとって出発したが、十七露里ほど行軍した地点でまたも別のボリシェヴィキ騎兵隊に遭遇した。この部隊はクリレンコを追跡していて果たさず、替わりにわれわれに襲いかかってきたのである。われわれは疲労の極にありとても満足な交戦など不可能な状態だったが、そのわれわれをなお二十五露里追撃したあと彼らはいよいよ総力をあげて攻撃してきた。

私は何をなすべきだったろうか？　乗馬できるどころか馬車のなかで座ることもならず、ただ横たわって、百五十メートルばかり後方のむごたらしい白兵戦を眺めているほかなかったのである。わが軍の戦士たちはただただ私のために、私を見捨てないために死んでいった。衆寡敵せず、やがてわれわれの潰滅は必至となった。敵は恐らくわれわれの五倍から六倍の兵力であり、次々と新手を繰り出してきていた。この時私の馬車に「ルイース軽機銃隊」(原注11)の兵士たちが近づいてきた。彼らはきみがまだわれわれのところにいた頃からの同志たちで、きみも憶えているだろうが、あのベルジャンシク近郊チェルニゴフカ村出身のミーシャに指揮されていた部隊の五人である。彼らは私に訣れを告げてこう言った。「バチコ、あなたは私たち農民の運動になくてはならない人です。この運動は私たちにとってかけがえがありません。私たちは間もなく死ぬでしょうが、私たちの死はあなたとあなたに希望をつないでいるすべての人々を救うことになると思います。どうか忘れずに、私たちの最期の言葉を私たちの両親に伝えて下さい」――誰かが私に訣れの接吻をし、そしてただちに身を翻して打って出た。レフ・ジニコフスキーが私を両腕にかかえ、ちょうど通りかかった農夫の馬車に移した。私は遠のいてゆく機銃音と砲弾の炸裂音を聞いていた。私をボリシェヴィキから守ったのはこの「ルイース軽機銃隊」の銃手たちである。その間にわれわれは三ないし四露里の道のりを戦場から離脱し、とある小川を渡っていた。だがわれわれの機銃手は、全員が帰らぬ人となった。マリウポリ地区スタロドゥボフカでの出来事である。

のちにわれわれが再びこの村を通過したとき、村人たちは草原に囲まれたささやかな墓地を見せてくれた。そこに、われわれの機銃手たちが眠っているのである。これらの無名で純朴な農民戦士たちの、そしてその妻子と両親たちの生涯にわたる哀歓と、いまや生涯を越えてゆく熱い願いを思いめぐらせば、いつまでも私は涙を禁じえない。だが親愛なる友よ、私はきみに報告しておかねばならない。実にこの勇敢な人々の行為に気圧《けお》されて、私はたしかにいくらか回復したのだった。その日の夕刻間近く、私は馬にまたがってこの地区を後にした。

四月に入って私は叛乱軍の全部隊と連絡をとり、あまり遠くない部隊をポルタヴァ県に招集した。五月に、私はフォーマ・コージンやクリレンコとともにポルタヴァにあり、傘下には二千の騎兵と歩兵の数個連隊が結集していた。われわれはハリコフへ進撃してボリシェヴィキ゠共産党の「ダラ幹」を討つ決意だった。だが敵にも油断はなかった。彼らは六十台の戦車と騎兵数個師団および歩兵の大軍をもってわれわれを攻撃してきた。戦闘は数週間つづいた。

一カ月後、同じこのポルタヴァの戦いで、同志シチュシが戦死した。この時彼はザブジコの部隊で参謀長をしていたが、その働きは常にめざましかった。

さらに一カ月後にはクリレンコが倒れた。われわれが鉄道を越えて進出した時、彼の部隊は沿線の確保を担当したが、ここで彼は自分の中隊を二分して半数を守備に残し他の半数を率いてパトロールに出たのである。だがこのパトロール隊は赤軍ブジョーンヌイ師団の騎兵に囲まれ、抗戦の末クリレンコは戦死した。

一九二一年五月十八日、ブジョーンヌイの赤軍騎兵師団が、元同師団第一旅団長で旅団ともどもわが方に参加してきたマスラクと古参の叛乱軍同志ブローヴァの率いる部隊を討つために、エカチェリノスラフ方面からドン地方に向かっていた。

われわれがいたペトレンコ・プラトーノフ指揮下の部隊はブジョーンヌイの師団から十五ないし二十露里の地点にあったが、私がいつもこの部隊と行動をともにしているのを知っていたブジョーンヌイは攻撃を決意した。彼は、同じく叛乱軍鎮圧のためにドン地方を目指していた第二十一戦車隊に、戦車十六台でノヴォグリゴレフカ（ストレメンノエ）郊外を包囲するよう命じ、自らも師団の中核である第十九騎兵隊（元の「ヴヌース」連隊）を率いてノヴォグリゴレフカに向かった。

だが戦車隊が谷間を避け浅瀬をさがして迂回しているうちに、ブジョーンヌイの方が先に到着してしまった。わが軍の斥候はこのような形勢の一部始終を捕捉していて、そのためわれわれは先手を打つことができた。ブジョーンヌイの攻撃とともに、待ちもうけていたわが軍は激烈な逆襲を加えた。誇らしげに先頭を切っていたこの臆病な男は、いち早く戦況を悟るや部下の第十九騎兵隊を見捨てて一目散に遁走した。

だがこれにつづく戦闘はいかにも凄惨な様相を呈した。この赤軍第十九騎兵隊の前身は大ロシア防衛連隊で大クリミアでもわが軍と戦ったことはなく、それゆえわれわれをひたすらただの「盗賊」だと信じ込んでいた。このことが彼らの士気を鼓舞した。盗賊を怖れて逃亡することなど言語道断だからである。彼らがわれわれを盗賊と見なし、いかなる犠牲を払ってもこれを討伐して武装解除せねばならないと考えていることは当のわれわれにもひしひしと感じられた。

この戦闘の激しさは空前絶後のものだった。しかしながら、双方相譲らない死闘の果てにわが軍は完勝した。敵は解体し、多数の赤軍兵士が戦線から脱走していった。

しばらくして、私はシベリア出身者からなる分遣隊を組織し、同志グラズノフの指揮のもとに良好な装備を施させてシベリアへ派遣した。一九二一年八月のはじめ、われわれはボリシェヴィキの機関紙によってこの分遣隊のサマラ県における作戦行動を伝え知ったが、その後の消息はつかめないでいる。

この夏は息もつかせぬ戦闘のうちに過ぎていった。エカチェリノスラフ県、タヴリダ県の全域とヘルソン県、ポルタヴァ県およびドン地方の一部に広がった旱魃と凶作のために、われわれのある部分はクバーニ地方に向かい、ツァリーツィンないしサラトフへ、また他の部分はキエフ、チェルニーヒウの両県へ移動せねばならなかった。チェルニーヒウでは同志コージンが戦いつづけていたが、われわれが到着すると彼は私に農民たちの連判状の束を手渡した。人々は自由ソヴィエト建設の戦いを全面的に支持する旨意志一致しているのである。

私はザブジコとペトレンコの指揮するグループを連れてヴォルガ沿岸まで遠征し、そこからドン地方を迂回していくつもの叛乱軍部隊と接触をもちながら各部隊間の連絡を立て直し、さらにそれらの部隊とアゾフ海方面軍（元のヴドヴィチェンコのグループ）との連携関係を確立した。

その間、私はまたも重傷を負った。それでついに八月のはじめに、私は数人の指揮官とともに治療のため外国に転地することになった。同じ頃に、われわれのもっとも秀でた指揮官たち、コージン、ペトレンコ、ザブジコたちも重傷を負っていたのである。

一九二一年八月十三日、われわれは騎兵一個中隊に護衛されてドニエプルを目指して出発し、八月十六日未明に十七艘の漁船に分乗してオルリクークレメンチュク間でドニエプルを渡った。この日私は六カ所に傷を負ったがいずれも大したことはなかった。

途中、ドニエプル右岸の一帯で、われわれは多くの叛乱軍部隊に出会った。われわれはわれわれの転地の目的を説明したが、どの部隊の兵士も口をそろえて「行って良くなってきてください、バチコ。すっかり良くなったらまた帰ってきて私たちを助けてください」と言ってくれた。八月十九日、ボブリネッツから十二露里の地点で、われわれはイングレッツ河畔に布陣していた赤軍第七騎兵師団に遭遇した。退却はできなかった。というのは、右翼方向からする別の騎兵連隊がわれわれを捕捉し、退路を絶つために背後に回り込んでいたからである。私はジニコフスキーに助けられて馬の背にまたがった。われわれは一斉にサーベルを抜き放ち、喊声をあげて敵陣に突っ込んだ。この突撃で赤軍第七騎兵師団の前哨は散逸し、われわれは十三挺のマキシム機関銃と三挺のルイース軽機銃を捕獲した。われわれはなお旅を急いだ。

やがてニコラエフカ村とその近郊から第七騎兵師団の本隊が進発し、大挙して反撃に転じてきた。われわれは進退極まったが士気は衰えず、この師団の第三十八連隊を撃破してさらにうちつづく攻撃のなかを百十露里前進した。われわれはついに敵の追撃から離脱したが、この戦闘で十七名の優れた同志が犠牲となった。

八月二十二日、私はまたも同志に余計な面倒をかけることになった。敵弾が右後頭部の下から右頬に抜けたのである。再び私は馬車に臥せらねばならなかった。このため行軍はますます急ピッチで進められた。二十六日にもわれわれは赤軍と交戦した。この戦闘では、われわれすべての誠実な友であり勇敢な戦士であったペトレンコ＝プラトーノフとイヴァニュクが戦死した。われわれは進路を変更し、一九二一年八月二十八日にドニエストル河を渡った。そうして私は、いま外国にいる（訳注10）……

＊

ボリシェヴィキのマフノ叛乱軍に対する三度目の攻撃は、同時にまた全ウクライナの農民に対する攻撃でもあった。この作戦行動の目的は、マフノと叛乱軍を潰滅させて不満を抱く農民階級の総体を自らの手に入れ、これらの農民たちからいかなる独自の革命運動の可能性をも奪ってしまうことにあった。ヴランゲリ軍なきあと数のうえでも優勢な赤軍にとって、それは容易なことだった。ボリシェヴィキはすべての反抗的な町や村を蹂躙し、かつての富農の密告に基づいて革命的な農民たちを絶滅していった。ボリシェヴィキの卑劣な襲撃が開始されてから一週間してマフノがグリャイ＝ポーレを奪回した時、叛乱軍はうち沈んだ人々から前日土地の農民三百人が処刑されたと知らされた。グリャイ＝ポーレの住民たちは、叛乱軍が囚われた不運な人々を救助するために帰還してくるのを毎日待ち焦がれていたのだった。同じような農民の大量処刑はノヴォスパソフカでも行なわれていた。ノヴォスパソフカの場合は叛乱軍の文化情宣部による記録が残されているが、それによると殺戮に酔ったチェーカーは手間を減らすために母親たちにそれぞれの子供を抱かせ、そうしておいて一斉射撃で母子もろともに射殺したということである。マルトゥインというノヴォスパソフカ出身の叛乱軍兵士の妻も、この時子供を抱いて引き出された。子供は一発で即死したが彼女は負傷しただけで、チェーカーがそれを見落としたため一命をとりとめた。

　このような虐殺は稀ではない。その全貌はやがて発掘され考証されるようになるだろう。ボリシェヴィキは、小トクマチカやウスペノフカでも、あるいはポロギーやその他多くの町村でも農民たちを大量に処刑しているのである。これらの殺戮はすべて、ボリシェヴィキの南部方面軍司令官フルンゼの指令に基づいて行なわれた。

「万人がただちにマフノ主義と手を切らねばならない」——討伐に先立って、フルンゼは南部戦線の各部隊にこう檄を飛ばしている。生粋の軍人として、また上官に認められたい一心から、彼は抜刀してウクライナの村々を侵し、これに抗うすべての者を手当たり次第に葬り去ったのである。(原注12)

第九章・原注

(1)ポポフ　革命叛乱軍評議会記録係。

(2)この項は、赤軍の部隊がしばしば叛乱軍に合流し参加してしまうという事態を重視したソヴィエト政府が特に望んで付加したものである。

(3)ペレコープ　クリミア半島とウクライナを結ぶ地峡。——ドイツ語版製作者。

(4)この部分の記述は、グリャイ＝ポーレの農民で勇敢な叛乱軍兵士でもある青年が、自ら書きおろしたドラマを指しているものと思われる。これは数場からなる「マフノ叛乱軍戦士の生活」というものである。ドラマはまず一九一九年夏、全ウクライナがデニーキン軍に占領されている場面から始まる。革命このかた自由を謳歌していた村々が再び警官と軍人に蹂躙されている。デニーキン軍は侵入するなり昔ながらの抑圧と暴虐を働き、いたるところで農民を壁の前に立たせて家財を没収している。叛乱軍兵士の捜索は留まるところを知らない。老いも若きも鞭打たれあるいは射殺される。やがて農民たちのうちに反抗の兆しが高まり、方々に叛乱民の結集がみられる。彼らは緊急の情勢を討議し、総叛乱にそなえてマフノに期待をかける。マフノはその時デニーキン軍の攻撃とトロツキーの急襲を逃れて地下に潜行していたが、いつの間にか、彼がデニーキンの部隊に打撃を与えて再びウクライナを転戦し、グリャイ＝ポーレの近くに帰ってきているという噂が広まっている。人々は活気をとり戻す。そしてマフノの部隊の野砲が遠方から轟くなかを、彼らは蜂起してデニーキン軍に挑み、折しも先発隊とともにグリャイ＝ポーレに帰還してきた叛乱軍騎兵隊の援護のもとにこれを駆逐する。あらすじはこういうものであったが、このドラマは一九一九年夏のウクライナの生活を実に見事に反映していた。そこには底知れない苦渋と純粋な感動が盛られていて、革命の熱情とヒロイズムに溢れ、誰であれ観る者を、絶え間ない緊張に浸したのである。

(5) フルンゼはこういう表現のなかで、自称叛乱軍兵士が赤軍兵士を殺害し、あるいは武装解除したというい くつかの事件を示唆しているのである。これらの事件そのものは、フルンゼ自身とラコフスキーに加えてハリ コフ駐在の叛乱軍代表により調査された結果、叛乱軍とは無関係であることが実証されている。また、方々 で赤軍に対する敵対的な振る舞いがあるというソヴィエト政府側の主張についても、叛乱軍には何ら負い目 のないことであり、政府自らが協定の完全な公表を渋っていることに起因する不祥事であると考えられる。 マフノ叛乱軍に属していない各地の部隊もマフノ叛乱軍には信頼と敬愛を寄せていて、彼らがもし協定の成 立を知っていたならばそのような事態は発生しなかったにちがいない。

(6) 叛乱軍に捕えられ、あるいは投降した赤軍兵士は、ソヴィエト政府の人民抑圧の手助けをしないで故郷に帰 るよう諭されたあとただちに釈放された。だが叛乱軍が転々と移動せねばならないため、この措置には効果 がなく、彼らはまたすぐに元の部隊に戻ってしまった。ソヴィエト政府の側も叛乱軍に釈放された兵士を再 度回収するための委員会を設けていた。こうしてマフノ叛乱軍は、いくら戦勝を飾ってもいつも解けない一 種の魔法陣に追い込まれた。一方ソヴィエト政府の側の捕虜に対する扱いはいとも簡単で、「対マフノ戦特別 委員会」の決定に基づき即座に全員を処刑した。

この処刑についての資料をここに提出できないのはなんとも残念である。私はそれを一九二〇年の転戦 の過程で紛失してしまった。それはボグチャルスク旅団（多分第四十一旅団だろう）に宛てられた指令書で、 右記特別委員会の決定に基づきすべての叛乱軍捕虜を銃殺するよう命じたものであった。

(7) このような道もない荒地の行軍には、コンパスも地図も意味がない。たしかにそれらは正しい方向を教え はするが、同時に見も知らぬ河川や山峡にも導いてゆくからである。叛乱軍がこの強行軍を達成しえたのは、 ひとえに彼らの優れた土地勘のためである。

(8) マフノはこの手紙を、国境を越えてからしたためた。

(9) マトロセンコ　叛乱軍兵士にして農民詩人。

(10) 当時マフノは片足に敵弾を受け、骨を撃ち砕かれていた。それで彼は滅多なことでは馬に乗らなかった。

（11）機銃特別戦隊。「ルイース」軽機銃を携行して遊撃する。
（12）ここに当面のボリシェヴィキの方針と全体の情勢を典型的に示している例がある。次に簡単に挙げておく。
セレダの場合――エカチェリノスラフ県出身。農民。無党派の叛乱軍兵士。主計部員。マフノに愛されしばしばその代理をつとめる。協定の発効中であったため、ソヴィエト政府が手当てを施してくれるものと信じハリコフへ手術の要あり。一九二〇年、ヴランゲリ軍との交戦にて胸部二カ所に被弾、うち一発は肺を盲管、赴く。ハリコフで入院。だが一週間後にはボリシェヴィキの叛乱軍に対する総攻撃が開始され、彼は重症にもかかわらず病院を追われる。一九二一年三月に銃殺。翻って考えてみれば、一九一九年十月、叛乱軍のエカチェリノスラフ占領の際、叛乱軍はデニーキン軍の傷病兵に危害を加えず革命の大義に則ってこれを看護しさえした。にもかかわらず一カ月後に再度侵攻してきたスラスチョフ将軍傘下のデニーキン軍は入院中の叛乱軍兵士をことごとく殺害した。そしてソヴィエト政府の右のセレダに対する暴虐はこの反革命の暴虐をなお凌いでいる。彼らは、ともに反革命と戦いそのなかで傷ついた同志が自ら調印した協定に基づいて助けを求めてきた時にこれを処刑したのである。
ポグシュの場合――マフノ運動の末期にアメリカから帰国したアナキスト。協定成立の頃ハリコフにいてグリャイ＝ポーレに深い関心を抱き、叛乱軍代表団とともに解放区に赴く。数日グリャイ＝ポーレに滞在したあと協定の破綻と時を同じくしてハリコフに戻り逮捕される。一九二一年三月チェーカーの指令により銃殺された。
これらの事件は、ほかでもなく、ボリシェヴィキが自らの叛乱軍に対する奇襲を知りその真相を暴露しようとする人間をすべて抹殺しようとしていたことを示している。

訳注
（9）Francisco Ferrero（一八五九～一九〇九）、スペインのアナキスト、教師。一八八五年、カタロニア蜂起に参加。一九〇一年、自由主義の方針に則った「近代学校」を創設。アナキストによるスペイン国王暗殺計画に加担していたとの嫌疑をうけ、一九〇九年刑死。このため政府は全世界から抗議を受け、ために内閣も倒れた。

（10）この手紙は本書の著者アルシーノフに宛てられたものであると思われるが、文中では一九二一年八月の出来事まで扱われてあり、それは本書の執筆期間（一九二一年一月～六月）を過ぎてのことである。したがってこの手紙は、本書の全体が一応脱稿したあとで特別に挿入されたものである。

第十章　民族問題とユダヤ問題

マフノ主義の運動についての基本的な事柄は、これが労働者農民の最下層に担われた運動であったということと、人民自身の革命的実践を通じて労働の自由を確立しようという意欲が根底にあったことである。

運動はその端緒から、ウクライナに住むあらゆる民族の極貧層に浸透した。当然のことながらウクライナ人の農民が圧倒的な多数を占めていたが、六〜八パーセントは大ロシアからやってきた労働者農民であり、さらにギリシャ人、ユダヤ人、カフカース人をはじめとする他民族の貧民もこれにつづいていた。ことにアゾフ海沿岸のギリシャ人とユダヤ人は常に運動と密接な関係を保っていて、なかでもギリシャ人からは幾人もの卓抜した指揮官が輩出していたし、運動の悲劇的な大団円に至るまで、叛乱軍にはギリシャ人の特別部隊が健在だった。

働く人々の仲間意識に結び合わされた貧者の運動は、その発生と同時に民族を越えた深い友愛の精神に貫かれていった。そしてこのような精神は、ともに悲哀をかみしめることの多かった労働者人民にこそ固有のものなのである。ウクライナの闘争のどの時期をふり返ってみても、民族問題に発する不祥事など皆無だった。ただ人民の権利と利益を防衛するために、マフノ叛乱軍はボリシェヴィキと戦い、また民族的な根拠からではなくもっぱら労働者農民の敵としてのみデニーキンやドイツ・オーストリア軍と、あるいはペトリューラ、ヴランゲリと、さらにはベルジャンシクのフランス占領軍と戦ったのである。すべての外国軍の介入を叛乱軍は人民に対する脅威と見なして阻止しようとしたのであり、侵略者の国旗など問題ではなかった。

一九一九年十月の叛乱軍革命軍事評議会の「宣言」は、民族問題の項で次のように述べている。

われわれがウクライナの独立を語る時、われわれはけっしてペトリューラ党のような民族的な「自立」を主張しているのではない。そうではなくて、すべての労働者農民の社会的経済的な自立を主張しているのである。われわれはウクライナ人並びにウクライナ在住諸民族の自決権を「民族自決」の意味に解するものではなく、広く労働する人民の階級としての自決権という意味に解し、これを宣言するものである（以下略）……

また、学校の講義に用いる国語について、叛乱軍は次のような見解を示している。

マフノ叛乱軍文化情宣部に教員からの問い合わせが入っている。反デニーキン戦との関連において、以後学校では何語をもって講義すればよいかというのである。

真の社会主義の原則に立脚するわが革命叛乱軍は、いかなる局面にあっても人民の自然な要請を拘束するものではない。それゆえこの問題も、叛乱軍によってではなくそれぞれの地域の父兄、生徒、教員自身によって協議され決定されねばならない。

もちろん、デニーキン軍のいわゆる「特別審議会」のすべての指示とロシア語以外の言語による教育を禁じたマイ＝マエフスキー将軍の指令の二二号は今後いっさい無視さるべきである。

講義に用いられる国語は、あくまで自らの精神的発展に有利なように各地域の住民が自由に自主的に決定すべきものであって、何らかの政府なり軍隊なりが干渉すべきものではない。

マフノ叛乱軍文化情宣部（一九一九年十月十八日、「プーチ・ク・スヴォボーヂェ」第一〇号）

このように、マフノ運動は民族的偏見とは無縁なものであった。と同時に、またこの運動は、宗教上の偏見からも自由であった。マフノ主義は、都市・農村のしいたげられたすべての人々の革命運動を領導するものとして、あらゆる為政者の宗教とあらゆる支配者の神々に原理的に対抗していったのである。この時代の社会運動のなかでも、マフノ運動は、各自の民族性や宗教に固執することなくひたすら労働そのものと労働者の自由を尊重した数少ない運動のひとつだった。

しかしながら、敵はとりわけこの分野で運動を貶めようとした。ロシアでも外国でも、マフノ運動はインターナショナルな団結の理想を忘れ、あまつさえ反ユダヤ主義の蔓延を助長するものであるとして繰返し報道され中傷された。かかる虚偽の宣伝ほどに犯罪的なものはない。真実を知らせるために、この問題に関する事実資料をあげておかねばならない。

マフノ叛乱軍のなかでユダヤ人の果たした役割はけっして小さなものではない。彼らの多くは一九〇五年の革命のために強制労働を宣告され、あるいは亡命者として西ヨーロッパやアメリカに移り住んでいた人々だった。ここではとりあえず以下のような人々について書き留めておく。

コーガン　グリャイ＝ポーレ地方革命軍事評議会委員。労働者。すでに一七年革命以前から、思うところあって工場を辞めユダヤ人の農業コロニーに農夫として入る。反デニーキン戦のさなかにウマニで負傷、当地の野戦病院にて逮捕、殺害されたことは周知のところである。

レフ・ジニコフスキー（ザードフ）　叛乱軍報道班長、のちに特別騎兵連隊の指揮をとる。労働者。革命勃発前に、すでに政治犯として十年の徒刑を経験している。革命叛乱軍のもっとも積極的な構成員のひとりであった。

エレナ・ケラー　叛乱軍文化情宣部女性秘書。労働者。アメリカにて労働組合運動に参加。アナキスト同盟「ナバト」事務局の創始者のひとりでもある。

ヨシフ・エミグラント（ゴートマン）　叛乱軍文化情宣部員。労働者。ウクライナ・アナキスト運動の積極的参加者。「ナバト」事務局の創始者にして構成員。

ヤ・アリー（スホヴォリスキー）　叛乱軍文化情宣部員。労働者。政治犯として徒刑の経験あり。「ナバト」事務局の創始者にして構成員。

さまざまのセクションでマフノ運動に関わったユダヤ人革命家のリストは、実はまだまだ豊富であるが、われわれは現在の政治情勢を配慮し彼らに累をおよぼさないために、これ以上の公表を避けようと思う。ともかくユダヤ系の労働者農民は、革命叛乱の内部で極めて友好的な立場を占め、まったくの同志として扱われていた。マリウポリ、ベルジャンシク、アレクサンドロフスクはじめ各地におびただしく広がっているユダヤ人コロニーの住民は、労・兵・農地区大会にも熱意を込めて参加し、この大会や地方革命軍事評議会に自分たちの代表委員を出していた。

一九一九年二月、マフノはあらゆるユダヤ人コロニーに自衛部隊の編制を呼びかけ、武器弾薬を支給した。また同時に彼は解放区全域に一連の集会を提唱し、反ユダヤ主義に対する戦いをアピールした。

これに対してユダヤ系住民の側からも熱い団結の意志と革命的な連帯が寄せられ、志願兵を募る革命軍事評議会の要請に応えて、各地のユダヤ人コロニーは多大の戦闘員を叛乱軍に提供した。

マフノ叛乱軍には、中隊近い規模のユダヤ人砲手のみからなる砲兵隊があった。この砲兵隊は、やはりユダヤ人の戦士であるシュナイダーの指揮のもとに一九一九年六月のデニーキン軍侵攻にあたってグリャイ＝ポーレを英雄的に防衛し、砲弾を撃ち尽くすや最後の一兵まで敵軍に突っ込んで玉砕したのである。

一九一八年から一九年にかけての運動の巨大な盛り上がりのなかではたしかに反ユダヤ主義の立場をとる人々もいたが、それは断じて叛乱の産物ではなくロシア人の一般生活に浸透していたものであり、しかも運動全体の成り行きに何ら影響らしい影響を与えていない。これらの人々の反ユダヤ主義的な言動は、叛乱軍の革命家たちによって厳格に統制され処罰されたのである。

グリゴーリエフがその幕僚もろとも叛乱軍に誅殺され、エリザヴェトグラードをはじめとする彼のユダヤ人虐殺がこの処刑の主な理由のひとつであったことはすでに述べた。ここでは、ユダヤ問題に関してわれわれの知っている例をさらにいくつか列挙しておこう。

一九一九年五月十二日、アレクサンドロフスク地区ゴルカヤのユダヤ人コロニーで、数家族約二十人が殺害された。叛乱軍司令部はただちに調査委員会を設置し、犯人が隣りのウスペノフカ村の農民七人であることをつきとめた。彼らは叛乱軍に属してはいなかったが、だからといってそのまま放置すべき事柄ではない。叛乱軍はこれらの犯人たちを逮捕し処刑した。あとで判明したことだが、この時期にはデニーキン軍先鋒隊の煽動によって類似の事件が頻発していた。前にも少し触れておいたように、グリャイ＝ポーレ地区を中心とする解放区に潜入したデニーキンのゲリラは、こうした反ユダヤ活動を通じて本隊のウクライナ侵攻の足場を準備しようとしていたのである。

また、一九一九年五月四日ないし五日のことだが、その日マフノは数人の幕僚とともに前線からグリャイ＝ポーレへ急いでいた。グリャイ＝ポーレには、ソヴィエト政府の臨時全権代表エリ・カーメネフがハリコフ政府要人をひきつれて待っていたのである。ところが上トクマクの駅まで来ると、彼は思いもよらぬポスターを目にした。ポスターにはこう書いてあった。「ユダヤ人を撲滅し、革命を救え。バチコ・マフノ万歳！」――

マフノは誰がポスターを貼ったか尋ねたが、それはすぐにわかった。ポスターを貼ったのは、マフノも面識のある志願兵で、デニーキンとの戦いにも参加していて、けっして悪辣ではない青年だった。だが、間もなく出頭した彼はその場で射殺された。

やがてマフノはグリャイ＝ポーレに到着し政府の代表と審議に入ったが、そのあいだ中、彼はこの暗い出来事に打ちひしがれていた。彼はこの処刑があまりに過酷なものであったことを悔いてはいたが、しかしまた一方で、もしただちに断固たる処置を講じねば、前線の戦局からいまにもデニーキンが侵攻してきそうな情勢下でユダヤ系の住民に恐ろしい不幸が降りかかり、その結果革命全体を阻害するようになるだろうことをも悟っていた。

一九一九年夏、叛乱軍がウマニを指して後退の途についた時、ユダヤ人に対する略奪行為が幾度か相次いで発生した。そして叛乱軍当局の調査の結果、事の元凶はすべて同一の四、五人であると判明した。しかもこのグループは全員がかつてのグリゴーリエフの部下であり、グリゴーリエフの死後マフノ叛乱軍に参加してきた兵士たちだったのである。犯罪の検証が済むと彼らは即座に粛清されたが、その後ほどなく、グリゴーリエフの部隊にいた者全員が叛乱軍から追放されることになった。彼らは、ユダヤ問題に関しても革命一般に関しても理念上の訓練を経ておらず、かといってこれを再教育することは、時間的にも戦闘の形勢からしても不可能だった。

ともあれ、マフノ叛乱軍が反ユダヤ主義に対してどのような態度をもって臨んだかは以上でも明らかだろう。マフノ叛乱軍は、ウクライナの処々方々に猖獗を極めた反ユダヤ主義の宣伝とは断じて無縁だったのである。

マフノ叛乱軍と接触をもったユダヤ系の住民は、叛乱軍が反ユダヤ主義の暴虐から自分たちを誠実に守護する者であることをしみじみと知った。グリャイ＝ポーレやアレクサンドロフスク、ベルジャンシクやマリウポリのユダヤ人、あるいはドネツ地方一帯のコロニーに住むユダヤ人たちは、叛乱軍が節操ある革命的な友であり、その厳格かつ公正な措置によって反ユダヤ主義を標榜するすべての敵の策動を芽のうちに封じてきたことをきっぱりと証言できる。

ロシアにもロシア以外の国々にも反ユダヤ主義は遍在している。そしてロシアでは、とりわけウクライナでは、この反ユダヤ主義は革命の時代の産物でも叛乱運動の落し子でもない。それは過去からの遺産である。マフノ叛乱軍は常にその言動を通じて反ユダヤ主義に断固たる戦いを挑んできた。実際叛乱軍は、運動のなかで幾度となくこのいまわしい伝統に抗して決起するよう人民に呼びかけてきたし、ウクライナの内外で反ユダヤ主義との闘争に大きな役割を果たしてきたのである。ここに一通のアピールがある。これは、叛乱軍がアナキストと共同して、反革命の反ユダヤ宣伝に対し一九一九年の春に公表したものである。いうまでもなくこの反ユダヤ宣伝は、デニーキン本隊の侵攻を利するために流布されたものだった。叛乱軍のアピールはこう謳っている（大要）――

労働者農民および叛乱軍兵士諸君へ
いつの日にも抑圧者に抗い、いつの日にもうちのめされた人々の友としてありながら！

ウクライナが絶望の淵にあった過酷な反動の日々に、諸君は揺るぎなき怖れなき解放の戦士として、この国最初の蜂起者となった。……（中略）……それはわれわれの革命史における美しくも喜びに満ちた日々であった。なんとなれば、この時諸君は自覚せる革命の子として武器をとり、自由と平等についての大いなる理想に燃えて進撃を開始したからである。……（中略）……にもかかわらず諸君のなかには、同時にいくつかの恥ずべき要素も潜んでいた。革命歌のかげに、この迫り来る解放の頌歌のかげに、赤貧をかこいつつなおうちひしがれたユダヤの人々の、悲哀のしたたる慟哭の声がかすかにやがて音高く響きわたってこなかっただろうか。……（中略）……革命の光り輝く眺望のうえに、消しがたく暗いユダヤの人々の血痕をわれわれは認めねばならなかったのである。これらの人々はかつてもいまも、沸きたぎった階級闘争のなかで罪なき殉難者として倒れていった。それは明確に革命の敵を利するものである。……（中略）……だがかかる不名誉が、ポグロムが、おおうべくもない現実となってわれわれの前にある。

労働者農民および叛乱軍兵士諸君！　諸君は知っているだろう。ロシア人のユダヤ人の、ポーランド人のドイツ人の、そしてアルメニア人の、否、すべての民族の労働者たちが、恐るべき欠乏の奈落に等しく苦悶していることを。また諸君は知っているだろう。ユダヤの、いやいやすべての人民の、美しい幾千の娘たちが、資本に買われ凌辱されてゆくさまを。そして哀しくもただ耐えながら、諸君はひたすらにこの娘たちの運命を想い、解放を、もはや涙なき全地の獲得を、諸君はほかならぬ諸君の娘たちに誓ったのではなかったか。労働者農民および叛乱軍兵士諸君！　いまや諸君は記憶しているにちがいない。幾百の幾千のユダヤ人戦士たちが、このわれわれのロシアを愛し、このわれわれのロシアに戦い、このわれわれの熱い革命のさなかから、まさしく自由を思慕するがゆえにもはや帰らぬ人々となっていったことを、よもや諸君が忘却しているわけはないだろう。……（中略）……われわれは革命の大義と人民の栄誉において叫ばねばならない。反動の魔手を震撼させ、共通の敵との戦いを、等しく人民を屈従させようとするロシアのポーランドの、あるいはユダヤの政府と資本に対する戦いを、声高く宣言せねばならない。地上の搾取者と抑圧者は、ロシアの工場主であれドイツの産業資本家であれ、ユダヤの銀行家であれポーランドの地主であれ、すべてわれわれの敵であると、いたるところで宣言せねばならないのである。……（中略）……いまや全世界のブルジョアジーは密集し、共謀してわれわれ全世界の人民と人民の革命に仮借ない戦いを挑んできている。

労働者農民および叛乱軍兵士諸君！　ブルジョアジーの国際同盟が大挙してロシア革命に襲いかかり、民族間に不和の種をまいて革命を破砕し、階級闘争の基軸である人民の団結を揺るがそうとしている現在、故意に、あるいは無意識のうちに、資本と支配からの人民の解放に挑戦し敵対してくるすべての反革命に対して、諸君はただちに攻撃を準備せねばならない。革命のなかでの諸君の任務は、民族に関するあらゆる迫害と中傷を窒息せしめることであり、ユダヤ人虐殺のすべての責任者を容赦なく糾弾することである。

人民解放の大道は、全世界の労働者の連帯を通じてのみ構築されるものである。

労働者インターナショナル万歳！

支配なきアナキズム自由コミューン万歳！

グリャイ＝ポーレ地方革命軍事評議会執行委員会

グリャイ＝ポーレ・アナキスト同盟「ナバト」
マフノ叛乱軍司令官　バチコ・マフノ
マフノ叛乱軍参謀総長　ヴ・ヴェレチェリニコフ
グリャイ＝ポーレ
一九一九年五月

《第十章のための補遺》

指令 No.1（原注1）

ウクライナ革命叛乱軍司令官　バチコ・マフノ

歩兵、騎兵、砲兵各兵団長、旅団長、連隊長、大隊長、中隊長、小隊長、分隊員、並びに全軍の兵員に告ぐ。

一、わが叛乱軍とその構成員各人の任務は、ウクライナ人民をあらゆる束縛から解放するために尊厳に満ちて戦闘することである。それゆえ各人は、われわれが、革命叛乱の美名にかくれてユダヤ系住民を略奪し自ら富を貪ろうとする人間をけっして許さないものであることを心に銘記しておかねばならない。

二、すべての叛乱軍将兵は、ロシア人であれユダヤ人であれウクライナ人であれブルジョア階級の人間ならば全員が自分たちの個人的な敵であるとともに人民全体の敵であることを認識しておかねばならない。また、不正なブルジョア秩序の擁護者であり、都市、農村を徘徊して自らに服従しようとしない人民に拷問を加えるソヴィエト政府の人民委員、討伐隊員、臨時特派員らもわれわれウクライナ人民の敵である。これらの人々や、人民に隷従を強い抑圧しようとするすべての機関の構成員は、叛乱軍に逮捕され司令部に連行されねばならない。ただしあくまで反抗する場合には、その場で銃殺に処してもよい。人種民族に関係なく、すべての働く人民に危害を与える者にはまさしく不名誉な死こそふさわしい。このような死は、革命的な叛乱軍将兵には無縁のものである。

三、すべての無原則な徴発と没収、並びに補給隊長が承認していない車馬の交換は、これを厳しく禁ずる。これらの行為をなしたものは譴責されねばならない。無原則な徴発は、節操のない無頼の徒を叛乱軍に誘い込むことになるということを兵員各人は知っていなければならない。このような徒輩はもっぱら我欲を満たすことのみを志すばかりか、革命叛乱の美名にかくれて卑しい行ないをなし、それによって自由のための運動そのものを阻害するのである。

すべての叛乱軍将兵に告ぐ。諸君は真の革命叛乱の栄誉と秩序のために行動せねばならない。そして諸君たちのなかの不正と諸君に守られている人民に対する不正のすべてに戦いを挑まねばならない。ほかならぬ革命叛乱軍のなかに不正があってはならないし、まさにそのためにわれわれが戦っている人民に対して、われわれの側からの非礼があってはならないのである。恥ずべき行為を犯しあるいはそれを黙過する者は、自ら進んで汚辱にまみれる者にほかならず、真に革命を目指すわれわれの人民軍の裁断を免れることはないであろう。

四、理想実現のための乱れぬ戦闘に寄与し、ひいては革命そのものを利するためには、どの部隊にも同志愛の原則が貫徹されていなければならない。また諸君は、各人が率先して品位を示し、そうしながら一方で、軍事上の問題に関しては諸君に選ばれた指揮官に忠実に従わねばならない。われわれに課された偉大な事業の尊厳において、われわれは以上のことどもを求められている。この偉大な事業をわれわれは誇りをもって完遂するだろうが、もしわれわれのなかから原則が失われてしまえば、われわれは逆にこの事業を崩壊させる破目に陥るだろう。それゆえすべての部隊の指揮官は、傘下の兵士との協調のうえで、厳格な規律を樹立しこれを保持する義務を負わねばならない。

五、泥酔は犯罪である。そしてさらに、革命叛乱軍の兵士たる者が泥酔して大道をうろつき、公衆の面前に醜態をさらすことはより大きな犯罪である。

六、叛乱軍の戦闘員が移動する際には常に完全武装を解いてはならない。一般民間人に対しては、移動中も宿営地でも礼儀正しく友好的な態度を保たねばならない。同志諸君、指揮官並びに兵士諸君、心せよ。われわれは偉大なる人民の子であり、すべての働く人々はわれわれの兄弟姉妹なのである。われわれが一身を捧げ戦っている目標は偉大である。そしてそれはわれわれに、不抜の意志と大いなる勇気と、さらになによりも、深い兄弟愛と革命家としての尊厳を要求する。すべての戦士諸君に告ぐ。諸君は真実人民の友であり革命の申し子でなければならない。諸君の規律ある行動と高い倫理性のなかにこそわれわれの力が宿り、われわれの勝利もまた胚胎するのである。

ヘルソン県、ドブロヴェリチコフカにて　一九一九年八月五日

第十章・原注

（1）この指令は、ウクライナ各地のパルチザンが統合されて単一の叛乱軍となり、グリャイ＝ポーレ地区からの撤退後、エリザヴェトグラードーポモスチナヤ間ノヴィブークから来た赤軍とグリゴーリエフの部隊がこれに合流した時点に発せられた。

第十一章　戦士たち、その生と死

マフノ主義の運動がロシア農民階級最下層の歴史的な生存条件を通して準備された革命運動があったことについては多言を要しない。したがってこの運動の舞台にマフノという個人が登場しようとしまいと、運動そのものは紛《まが》いもなく人民最深部のエネルギーによって発現しただろうし、独自の行動様式を獲得しえもしただろう。ロシア革命のごく最初の段階から、国内の方々で、この運動は人民の底の底に脈動し始めていた。このため、仮にそれがウクライナにおいて堰を切らなくとも、どのみちどこか他の地域で燃えあがり、己れの存在を主張していたにちがいない。ロシア革命そのものがこの種の運動を自らの懐に孕んでいたのである。ただ一九一八年の時点でのウクライナにおける大情況は、運動が広汎な流れとなって巻き起こり一定程度まで根を張るには好適だった。そしてこの運動は、最下層による歴史的主題を担った闘争として、無名の、しかし鞏固な意力と革命的な本能に恵まれた、そのうえ非凡な軍事上の才能まで備えた多数の戦士を産み出したのである。冒頭から運動に関わったこのような人々を列挙してみると、例えば以下の人々がそれにあたるが、もちろんこれ以外にもなお多くの名も無き戦士たちが立派にその領分を果たして逝ったことはいうまでもない。——カラシニコフ、カレトニク兄弟、ヴァシレフスキー、マルチェンコ、ヴドヴィチェンコ、クリレンコ、ガヴリレンコ、ペトレンコ、ベラシ、シチュシ、イヴァンおよびアレクサンドル・レペトチェンコ、イシドール・リュートゥイ、ヴェレチェリニコフ、チューベンコ、トゥイヘンコ、ダニーロフ兄弟、ジニコフスキー、クラート、セリョーギン、タラノフスキー、プザノフ、トロヤン……これらの人々はマフノ運動の開拓者であるとともに旗手であり、また類い稀な指導者でもあった。そしてこのような傑出した人物たちのうえに、運動は威厳ある共通の指導者、ネストル・マフノという個人を登場させたのである。

われわれはマフノの成長と活動を三段階に分けて観察することができる。

まず第一段階は服役中の青年革命家の時代である。この時代のマフノは他の囚人と何ら変わるところはなく、同じように鎖につながれ房に入れられて、看守が巡回してくれば直立不動でこれを迎えねばならなかった。ただ少しちがっているところは、彼が一般の囚人より落着きがないということだった。彼は絶えず誰かと争っているか不平を並べていて、あるいは何やらあれこれと書きなぐっていた。政治や革命に関することどもを書きなぐるのは彼の病みつきのようなものだった。加えて彼は、この服役時代を通じてことのほか詩作を愛した。彼の才能は散文によりも詩に向いていたようである。また彼はアナキストたることに大きな価値を認めていた。マフノにとってはアナキズムをおいてほかに純粋かつ崇高な理念はなかった。帝国主義戦争（第一次大戦）が勃発しても、彼には愛国熱などまるで無縁だった。ついでながら、この時は監獄のなかでも、優に半数の囚人が愛国熱に浮かされていたのである。それで、戦争の遂行を鼓吹したクロポトキンのアピールは、彼の気持をひどく滅入らせたが、だからといってアナキズムに関して彼が動揺するなどということはなかった。

次いで第二段階は、一九一七年三月一日から一九一八年の夏までの期間である。この期間にマフノはグリャイ＝ポーレ地区で華々しい活動を展開した。グリャイ＝ポーレ地区における労働組合連合、農民連合、並びにこの地区最初の労働者農民ソヴィエトの誕生は、一九一七年を通じてのマフノの精力的な活動の産物である。それで、彼はこの時期には周囲の農民の広汎な支持を獲得していた。とはいっても、革命が極めて有能な人材を輩出させていたこの時代のロシア全体からみれば、彼はまだ何者でもなかったといってよい。ただすでに当時からマフノに特徴的だったことは、彼が同志たちと関係をもってもしばしばすぐに連絡を絶ち、そうして周りの人々には思いもよらないような激越な、しかし彼の人生にとっては重大な意味をもつ決断を下していたことである。

さていよいよ第三段階に入るが、それはヘトマン傀儡政権の成立から叛乱軍の最期に至る革命叛乱の時期である。そして叛乱農民とその革命行動、さらにはうちつづく内戦のこの時期にこそ、マフノは自らを全面的に投入し発展させてゆくことができたのだった。

一九一九年春、新しい情勢のなかでわれわれがはじめてマフノを革命叛乱の指導者と仰いだ時、われわれは彼のうちに、それまでの彼とはまったくちがった豊かに成長した人格を認めた。外見上は何の変化もなかったが、彼の内面はほとんど他人のように大きくなっていたのである。彼は黙々と自分の任務に没頭していたが、そのすべての振る舞いが賢明さと鞏固な意志と透徹した理解力を滲ませていた。当時彼は反デニーキン戦線に全力を傾注していた。そしてこの戦闘のなかで彼が発揮したエネルギーは法外なものだった。何週も何カ月も、彼は前線の将兵のあいだを駆け回った。やがてようやく前線を離れ、グリャイ＝ポーレに戻ってきた彼は、しかしここでも四六時中司令部にあって執務を怠らなかった。彼の活動は、連日夜の一時から時によってはもっと遅くまでつづいた。そして仕事がすべて終了してはじめて彼は眠りにつくが、それも束の間、翌朝五時〜六時にはもう村中を歩き回ってぐずぐずしている司令部員を叩き起こすのである。彼は毎日、グリャイ＝ポーレであれ隣村であれ、会合という会合、集会という集会に積極的に出席し、そのうえなお時間をつくってはたとえ半時間でも農夫の結婚式に列席した。村で結婚式があれば、たいてい彼は二週間も三週間も前から招待されていたのである。こうして一般の農家の人々にも、彼は以前と変わらぬ親しい関係を保ちつづけた。彼は農民たちを気遣い、日常生活のうえでは彼らと何ら隔てのない質素な暮しを送っていた。

ウクライナの労働者や農民のあいだには、マフノについてのいくつもの伝説が広まっている。そのなかで彼は、おとぎ話の英雄のように大胆であり抜け目もなく、しかも常に赫々たる勝利に輝いている。だが実際に彼の活動を詳しく観察してみると、マフノ本人は、これらの伝説に語られているよりさらに伝説的な人物であったことが明らかになるだろう。マフノは行動の人だった。彼の三年にわたる闘争は、順を追ってますます重要性を帯び多彩になってゆく行為の連鎖である。

マフノの傑出した特性はその常人離れした意志力であるといっていい。あたかもそれは、この小柄な男が何か特別に固い素材からできあがっているのではないかと思えるほどのものだった。彼がひとたびそれを除去しようとすれば、どんな障害ものの数ではなかった。戦線が破局的な様相を呈していたり親しい友人がすぐそばで倒れたりしても、彼は、まるでそんなことは自分には何の関係もないとでもいうように平然としていた。だが実際このような事態のなかで誰よりも心を痛めているのは彼だった。ただ彼はそれを表に出さなかっただけである。一九二〇年の十一月から十二月にかけて、ボリシェヴィキが協定を破棄してマフノ討伐に四つの軍団を派遣した時、彼をめぐる事態は絶望的に悪化した。にもかかわらず、彼はいささかも精神の平衡を失わなかった。この時の彼の冷静さは驚くべきものだった。マフノは叛乱軍を文字通り粉砕してくる銃弾も砲弾も怖れず、ひっきりなしに巨大な赤軍に攻囲されている危険をもかえりみなかった。傍目からみれば、このような彼の冷静さはほとんど冷血と映ったにちがいない。だがそう考えるのは彼を知らない人々だけである。彼を知るほどの者なら誰しも、この冷静さが敵に勝利するための彼の克己にほかならないことを認めるだろう。

マフノの果断な態度は真正の英雄のものである。それは、周囲に護られてはじめて果断を装う手合のものではない。いかなる戦闘にも彼は最前線にあり、常に真っ先駆けて生死を賭した。連隊単位の戦闘であれ十五〜二十露里にもおよぶ長大な隊列の行軍であれ、無傷なら騎馬の人となって、負傷していればタチャンカに乗ってマフノはいつも先頭に立った。それはいつしか変わらぬ掟となっていた。

マフノの軍事上の才能については疑うべくもない。時折り彼と彼の軍団は通常の戦闘では信じがたいほどの苦境に立たされたが、その都度マフノはけっして卑怯な振る舞いをせずに堂々と危機を脱した。経験豊かな将軍連と用兵の専門家に率いられたデニーキン軍をウマニに破り、つづいてその後方部隊を徹底的に殲滅したことは、マフノの軍事上の才覚を示す記念碑的な出来事である。そして彼にはいくつものこうした業績がある。

革命に関する社会観からいえば、マフノは無政府共産主義者《アナルコ・コミュニスト》だった。彼は自らの主義を固持し、自らを生んだ階級に、権利なく隷従するロシア農民階級に、まさに熱狂的に一身を投げうったのである。

マフノは聡明でありまた策略家だった。彼が人民から学び農村の生活を通して発展させたこの資質は、彼の行動のいたるところに顕著に表われている。彼が叛乱軍の兵士たちや広汎な農民たちから愛され帰依されるのは当然のことである。これらの人々のなかで、彼は常に彼らのひとりとしてあり、しかし同時にかけがえのない特別なひとりとしてあった。「バチコはわれわれとともにある」、叛乱軍の兵士たちはこういった。「バチコはわれわれとともに飲み、ともに語り、そして戦闘では第一線に立つ」……多分このようなことばが、人民の子としてのマフノの人となりをもっともよく表現しているだろう。マフノと人々との間柄はいつも純粋で飾り気のないものだった。人民の愛着と声望をマフノほどに集めた人物は、ロシアにも類例をみないだろう。しかも、農民たちがひそかに彼を誇りとしているにもかかわらず、彼の方はこの声望によりかかって自らの地位を高めるような真似はいっさいしなかった。逆に彼は、しばしばウクライナ人特有のウィットをもって、自身の指導者としての立場を自嘲していた。

マフノは号令を発する者に必要な逞しい意力を十全に備えていた。彼はいささかも強権的傾向をもたなかったが、常に行動の人として断固たる態度を示した。彼は己れの意志を運動全体に押しつけることなく、しかも運動が散逸してしまうのを防ぎ結束させる手立てをも心得ていたのである。

周知のごとくボリシェヴィキは、農民がマフノを「バチコ」と呼ぶことに轟々たる非難を浴びせた。しかし、彼がどのようにしてこう呼ばれるようになったかはすでに本書の第三章に述べた通りである。ところで一九二〇年頃から彼は一般に「マールイ《ちび》」と通称されている。これは彼の体格にちなんだ呼び名で、ある時ふと叛乱軍の兵士が口を滑らせたものである。(原注1)

マフノの個性にはたしかに傑物の相があった。すなわち、聡明さ、鞏固な意志力、大胆、活動性、積極性である。これらの長所が一体となって彼を真に力強い人物となし、その結果、彼は並みいる革命家のなかでもひときわ卓抜した存在となっていった。

しかしながら、マフノは論理的に思考する訓練を十全に経ていなかったし、歴史学的なあるいは政治学的な素養にも欠けていた。それゆえ彼には、当面する革命運動上の課題を適切に処理しえなかったり、いきなり無視してしまったりする場合がままあった。

巨大な革命叛乱の奔流は、その本質に見合った独自の運動方式を必要としていた。だが理論的な素養の不足のゆえに、遺憾ながらマフノは必ずしも常に適当な措置を講じえなかった。叛乱の中心に位置する人物のこの欠陥は、翻って運動全体にも影響した。

われわれは夢想するのだが、もしマフノその人が歴史についても社会や政治についても深い見識を身につけていたなら、叛乱軍はこんにちの敗北を喫することなく替わりに一連の勝利を掌中にしていて、それはまたその後のロシア革命の運命に、大きな、恐らくは決定的な意味をもったにちがいないのである。

加えてマフノには、彼の数々の長所を損うもうひとつの側面があった。彼が時としてひどく無頓着であり呑気だったことである。いつもはいかにも精力的で強靭な彼が、ことのほか重大な局面で突如思わぬ無神経を露呈し、常に忘れてはならない情況への鋭敏な対応力を失ってしまうのである。例えば一九一九年秋のデニーキン反革命に対する勝利が充分に活用されず、絶好の時機であったにもかかわらず全ウクライナ規模の革命叛乱が達成されなかったことなどはこのためだった。さまざまな理由があるとしても、その主要なものは、マフノをはじめとする首脳部が戦勝に酔って解放区でいたずらに有頂天の時を過ごし、北方から急迫してくるボリシェヴィキに充分な警戒を払わなかったことであるといっていい。

たしかにマフノには右のような短所があった。だがまた、マフノがロシア革命の進展とともにさらに成長をつづけていったことも事実である。実際一九二一年の彼は、一九一八年、一九年の彼に比較すれば格段に深味を加えていた。

マフノについてより詳しく検討するうえで忘れてはならないことのひとつに、彼の生い立ちをめぐる不利な環境がある。彼はほとんど無教育の人々のあいだで育ち、社会闘争に関する何の手ほどきも受けずまた経験も積まなかった。しかしマフノは、そのような不利を克服してロシア革命に不朽の貢献をなしたのである。正当にもやがて歴史は、この革命に生きた英雄たちのひとりとしての栄誉を彼に手向けることだろう。

ところで驚くべきことは、無政府主義思想界に指導的な役割を演じていると自認するこんにちのロシアのアナキストたちが、マフノの優れた人となりをまるで把握していないことである。彼らの多くは、ソヴィエト政府の機関紙を通してボリシェヴィキの見方でマフノを判断しているか、あるいは彼についてほとんど何も知らなかった。ただピョートル・ア・クロポトキンだけは例外だった。「同志マフノに自愛するよう伝えてくれ給え。あれほどの男はロシアにはそう見当たらないからね」（原注2）――

これは一九一九年六月にクロポトキンが語ったことばである。そしてこの時の大ロシアには、ボリシェヴィキの喧伝する歪曲された情報以外にマフノの人物を推し測る資料はなかった。だが個々の事実は知らずとも、クロポトキンの深い洞察は、歴史的な意義を担った非凡な行動の人をマフノのうちに認めたのである。

マフノの仲間たちの運命

この章を閉じるにあたって、運動に責任ある態度をもって関わった幾人かの戦士たちの小伝を記しておこうと思う。このために筆者は多くの資料を集めておいたのだが、一九二一年のはじめに失ってしまった。それでここにはまったく不充分なものしか提出できない。

セミョン・カレトニク　革命前はグリャイ＝ポーレの日雇い農夫。小学校教育をわずか一年にて中断。

一九〇七年以来の無政府共産主義者でマフノ運動には冒頭から参加。軍事的才能に恵まれていた。デニーキン軍との戦闘では数度負傷する。一九二〇年のはじめからマフノの代理をつとめ、この資格でクリミア方面ヴランゲリ追撃軍の指揮をとる。ウクライナ革命叛乱軍評議会委員。ヴランゲリ掃討のあと作戦会議との名目でグリャイ＝ポーレに呼ばれ、途上ボリシェヴィキの奸計に遇って逮捕、メリトポリにて銃殺される。夫人と数人の子供たちが残された。

マルチェンコ　グリャイ＝ポーレ生まれ、貧農の出身。小学校教育を修了せず。一九〇七年以来の無政府共産主義者でマフノ運動には冒頭から参加。デニーキン戦では捕虜の経験もあり、数度負傷。一九二〇〜二一年、叛乱軍騎兵の全部隊を統括。ウクライナ革命叛乱軍評議会委員。一九二一年一月、ポルタヴァ県において赤軍と交戦中に戦死。夫人を残す。

グリーゴリ・ヴァシレフスキー　グリャイ＝ポーレ生まれ、貧農の出身。小学校教育を修める。一九一七年革命前からのアナキスト。マフノ運動にもやはり最初から関わる。マフノの親友で、戦場では常に行動をともにしていた。必要に応じてマフノの代理をつとめる。一九二〇年十二月、キエフにおいて「赤色コサック師団」との戦闘に倒れる。夫人と子供たちを残す。

ベ・ヴェレチェリニコフ　グリャイ＝ポーレ生まれ。農民にして鋳鉄工。ペトログラードのプチロフ工場でも働いた経験がある。当初社会革命党員だったが、一九一八年以降アナキズムに参加。熟練の組織者にしてアジテーター。一七年革命を終始戦い抜いた。一九一八年グリャイ＝ポーレに帰り宣伝活動に従事、広汎な支持を集める。叛乱軍司令部にて参謀総長代行をつとめもした。一九一九年六月上旬、デニーキンの侵攻に際して即成の連隊を率いて出撃し、グリャイ＝ポーレから十五露里のスヴャトドゥホフカ村（アレクサンドロフスク郡）にて包囲され全滅。この時、こと切れる寸前までサーベルをふるっていたという。夫人と子供たちを残した。

ピョートル・ガヴリレンコ　グリャイ＝ポーレの農民。一九〇五〜一九〇七年革命以来のアナキスト。マフノ運動に積極的に参加。一九一九年秋のデニーキン軍殲滅戦には叛乱軍第三兵団指揮官として突出した役割を果たす。一九二〇年、丸一年ボリシェヴィキに囚われてハリコフにあり、その後叛乱軍とソヴィエト政府の件《くだん》の協定によって釈放されるやただちにヴランゲリ軍掃討のためクリミア戦線に赴く。クリミア戦線では叛乱軍司令部の幕僚となるも、ヴランゲリ軍潰滅後奸計にかかってソヴィエト政府に逮捕され、メリトポリにて銃殺。革命的な節操からしても軍事上の才覚からいっても第一級の指導者であった。

ヴァーシリ・クリレンコ　ノヴォスパソフカ村出身の農民。アナキスト。小学校教育を修了せず。騎兵連隊指揮官。ウクライナ革命叛乱軍評議会委員。一九一九年、マフノ叛乱軍がソヴィエト政府から法の保護を停止されている最中だったが、騎馬の才を認められ、赤軍騎兵の指揮官として求められる。マフノをはじめ同志たちの了解を得てこの申し出に応じ、デニーキン軍のエカチェリノスラフ侵攻を阻止。叛乱軍とボリシェヴィキの協定に基づき、叛乱軍全権代表としてボリシェヴィキとの折衝にあたる。一九二〇年までに、赤軍、白軍双方との戦闘で五度負傷する。アジテーター。一九二一年夏の赤軍との交戦中に死亡。夫人を残す。

ヴィークトル・ベラシ　ノヴォスパソフカ村出身の農民。二十六歳。アナキスト。小学校教育修了。一九一九年より司令部幕僚。本人が叛乱軍に参加していたため、父、祖父、二人の兄弟がデニーキン軍に惨殺され、住居を焼かれる。ウクライナ革命叛乱軍評議会委員。不世出の戦略家。叛乱軍のすべての作戦計画に参画し責任を負う。一九二一年ボリシェヴィキに逮捕され、銃殺されたとのことながら、詳細定かならず。

ヴドヴィチェンコ　ノヴォスパソフカ出身の農民。アナキスト。小学校教育修了。叛乱軍特別連隊指揮官。革命叛乱に積極的に参加。アゾフ海沿岸地方をはじめ全解放区に人望厚く、一九一九年秋のデニーキン軍殲滅にも大きな役割を果たす。第九章にも述べた通り、一九二一年、重傷のため後方にて療養中ボリシェヴィキに捕縛され、ソヴィエト政府側への寝返りを拒否して処刑されたとのことであるが、詳細は不明。

ピョートル・ルゥイビン（ゾーノフ）　オリョル県出身の金属工。一九〇五〜一九〇七年革命後のツァーリ反動期、アメリカに渡って革命的サンディカリズム運動に参加。在カナダ並びに在合衆国ロシア労働者連盟の会員としてめざましい功績を残す。一九一七年革命の報に接し、日本、ウラジオストック経由にてロシアに帰りエカチェリノスラフに向かう。ここで労働組合運動に献身して労働者間に多大の信望を博し、一九一七年末には全ウクライナ工場委員会・労働組合連合代表者会議にエカチェリノスラフ代表として出席。産業の統合と運輸機構の再建に関するルゥイビンの構想は、この会議の採択するところとなった。ボリシェヴィキの勧めによりハリコフに留まり、金属関係をはじめ各産業別の労働者連盟や運輸組合にて辣腕をふるう。一九二〇年の夏に、ボリシェヴィキの労働運動に対する排外的な対応のゆえに活動を中止する。ルゥイビンはあくまで勤勉な労働組合員としてボリシェヴィキと協働したのであって、アナキストとしてソヴィエト政府に割り込んだのではない。そしてただ一介の労働組合員として、共産主義者の独裁下で労働者階級に奉仕することの不可能性を悟ったのである。一九二〇年秋、マフノ運動に関心を示して解放区に赴き、文化情宣活動の分野で精力的に運動に加わる。やがて革命叛乱軍評議会委員に選出され書記局を担当。組織者として、また文化情宣員として非常な熱意を示す。一九二一年一月、彼はハリコフに赴き、ラコフスキーはじめ数人の知己にボリシェヴィキのマフノ叛乱軍に対する攻撃について叱責しようとした。この意図は達せられたが、同時にそれはルゥイビン自身の破滅をも意味した。到着後五日後に逮捕された彼は、さらに一カ月の拘置のあとチェーカーの指令で銃殺に処せられた。彼は、最下層出身の有望な労働運動の組織者・理論家として、近い過去に彼に高い評価を与えたほかならぬボリシェヴィキの手で惨殺されたのである。

カラシニコフ　年少の叛乱軍兵士。労働者の家庭に生まれる。都会の小学校を修了し、革命までは軍の士官候補生。一九一七年以降、無政府共産主義者グリャイ＝ポーレ地区委員会書記。勇敢かつ有能な指揮者。一九一九年夏、ノヴィブーク赤軍解体闘争の首謀者。当初、叛乱軍第一旅団の指揮をとり、次いでドネツ兵団を統率する。一九二〇年夏、赤軍との交戦中に榴散弾を浴びて戦死。夫人と一子を残す。

ミハリョフ・パヴレンコ　大ロシアの農家に生まれる。ペトログラードのアナキスト組織員。一九一九年のはじめグリャイ＝ポーレに入り、工兵隊を組織してこれを指揮する。極めて純粋かつデリケートであり、理想主義的な若者の熱情をもっていた。一九一九年六月十一日あるいは十二日に、装甲車にてデニーキン軍と交戦中同志ブルビガとともに赤軍第十四師団司令官ヴォロシーロフの奸計にかかり逮捕さる。同年六月十七日、ハリコフにて処刑。

マケーエフ　労働者。イヴァノヴォ＝ヴォズネセンスク出身、同地アナキスト組織員。一九一九年四月末、イヴァノヴォ＝ヴォズネセンスク・アナキスト同盟員三十五人とともにグリャイ＝ポーレにきたり、はじめは宣伝活動に従事する。間もなく軍令部地区委員長に就任。一九一九年十一月末、叛乱軍部隊を率いてザポリージャ駅附近にデニーキン軍のスラシチョフ将軍傘下と戦うも戦死。

ヴァーシリ・ダニロフ　グリャイ＝ポーレの貧農の出。蹄鉄工。砲兵。叛乱軍に冒頭から参加。砲兵隊補給隊長の重責を果たす。

チェルノクニジヌイ　パヴログラード郡ノヴォパヴロフカ村出身の小学校教師。第二回グリャイ＝ポーレ労・兵・農地区大会にて地方革命軍事評議会議長に就任。一九一九年六月に解放区が赤白両軍に攻囲されるまで議長の職責を全うした。ソヴィエト政府により再三法の保護を停止される。

シチュシ　大ミハイロフカの貧農出身。水兵。南部ウクライナにおけるもっとも早い時期からの、そしてもっとも戦闘的な叛乱民のひとりである。一九一八年四月にはすでに叛乱軍部隊を率いてドイツ・オーストリア連合軍およびヘトマンと戦い、非凡な行動力と士気を示した。叛乱軍はおろか南部ウクライナ全域でも、ほとんどマフノと並ぶ人望を集める。騎兵隊長。のち司令部幕僚を経て特別連隊参謀長。一九二一年、ポルタヴァ県にて赤軍騎兵部隊と交戦中戦死。

イシドール・リュートゥイ　グリャイ＝ポーレ出身。農民、塗装工。アナキスト。小学校教育修了。叛乱軍に最初から積極的に参加。司令部幕僚にしてマフノの右腕となる。一九一九年九月、ウマニにてデニーキン軍と交戦中戦死。

フォーマ・コージン　農民。無党派。叛乱軍機関銃連隊長。のちに特別連隊参謀長。一九一九年秋のデニーキン軍潰滅並びに一九二〇年のヴランゲリ軍掃討に顕著な功績を残す。両軍との戦闘に数度負傷。一九二一年八月の赤軍との会戦に重傷を負い、その後行方不明。

レペトチェンコ兄弟（イヴァンおよびアレクサンドル）　グリャイ＝ポーレ出身の農民。アナキスト。ヘトマンに対する蜂起の最初の組織者。前線においても後方でも極めて積極的な叛乱軍兵士。アレクサンドル・レペトチェンコは一九二〇年春にグリャイ＝ポーレにてボリシェヴィキに銃殺され、イヴァン・レペトチェンコは叛乱軍の潰滅に至るまで任務を全うした。

セリョーギン　農民。一九一七年以来アナキスト。叛乱軍に冒頭より参加。叛乱軍食糧班長。

グリゴーリィおよびサヴァ・マフノ　ネストル・マフノ実の兄弟。

グリゴーリィ・マフノは一九一八年～一九一九年はじめにかけての白軍との戦闘でツァリーツィン戦線にて活躍。この時は赤軍第三十七旅団司令官。一九一九年春、叛乱軍に参加して参謀総長補佐。一九一九年九月、ウマニにてデニーキン軍と交戦中イシドール・リュートゥイとともに戦死。

サヴァ・マフノはマフノ兄弟の長男。ドイツ・オーストリア軍の侵攻以来、叛乱軍に参加して転戦。一九二〇年のはじめ、グリャイ＝ポーレの自宅にてボリシェヴィキに逮捕され、ネストル・マフノの兄弟であるという理由で銃殺される。あとには大勢の家族が残された。

＊

資料不足のため、運動のなかで活躍したすべての戦士たちの伝記をここに紹介することはできない。以上の人々のほかにも、例えば次のような人々がいる。——ガルクーシア　特別連隊を指揮、一九二〇年戦死。コリヤダ　司令部幕僚。ヂェルメンヂ　連絡隊長。プラヴダ　補給隊長。ボンダーレツ　騎兵部隊総司令、一九二〇年戦死。チュベンコ　機雷部隊長。ブローヴァ　特別連隊指揮官。ドマシェンコ　軍令部地区参謀。ザブヂコ　特別連隊指揮官。トゥイヘンコ　補給隊長。ブルイマ　機雷部隊長。チュマーク　主計官。クラート　主計官。（原注3）……

このほかなお多数の将兵が、革命叛乱に忘れがたい役割を果たして消えていったが、彼らはこの激動する英雄の時代に最下層の人民のなかからあらわれ、運動がついに窒息してゆく悲劇的な最期まで、己れの総力をあげて参戦したのである。

第十一章・原注

（1）一九二〇年以降、ボリシェヴィキは盛んにマフノの個人攻撃を行なったが、その際フェドラ・ガエンコと名乗る自称マフノの妻の日記を好んで引用した。ボリシェヴィキによれば、この日記はある戦闘の遺留品だということである。しかしマフノの夫人はガリーナ・アンドレーエヴナ・クジメーンコという女性で一九一八年以来マフノと生活していて、しかも彼女がマフノ運動についての覚え書きをしたためていた形跡もまたそのようなノートを紛失したという事実も断じてない。したがって、こういう日記を引用してのボリシェヴィキの宣伝がいかなる虚偽をも辞さない彼らのいつに変わらぬデマゴギーであることは疑うべくもない。

（2）こういう表現によって、明らかにクロポトキンは、たんに健康上の事柄ばかりでなく道徳的にも政治的にも自粛し自愛するようマフノに忠告しているのである。――ドイツ語版製作者。

（3）マフノ運動三年の過程で、叛乱軍内の各種地位の担当者は特定の個人に固定されていたわけではなく、その都度さまざまな人物によって臨機応変に担われていた。

第十二章　マフノ主義とアナキズム

アナキズムは二つの側面をもっている。哲学的理念的な側面と実践的行動的な側面である。そしてこの双方は互いに緊密に連関している。いうまでもなく、階級闘争は主としてその実践的側面に関わり、この側面を主導する原則は革命における人民のイニシアチブと自己解放である。ここから当然の帰結として、無政府性と人民の自主管理の問題が出てくる。だがさしあたってのプロレタリア闘争史上には、理念通りの純粋なアナキズム運動が実現された例はない。これまでのすべての労農運動は、アナキズムの陰影を帯びてはいても、あくまで資本制社会内部での運動にすぎなかった。そして、このことに不思議はない。労働者階級は望まれた理想郷に生存しているのではなく既存の社会にあるのであり、日夜、肉体的にも心理的にも敵の影響にさらされているのである。限られたアナキスト・グループの外で、労働者たちは既存の資本制の圧力を受け、既存の諸勢力の影響下にあった。

現存する諸々の生存条件があらゆる方面から働く人民を囲繞している。それは大海の水とそのなかに住まう魚の関係に似ている。人民にはこれらの諸条件から逃れてゆく場所がない。したがってすべての階級闘争は、現実の多様な生存条件の刻印と既存の秩序の特性を不可避的に担っていて、けっして完結した無政府的な形態では進行しえないし、理想の要請にも沿いえない。そのような完全無欠な運動は、ごく限定的な政治サークルにおいてしか成立せず、しかもこうした場のなかでさえ実生活上での実現は困難であって、あくまで計画としてのみ、プログラムとしてのみ機能するにすぎない。大量の人民が一挙に闘争を開始する時、その端緒ではいくつもの失策が犯される。諸矛盾が突出し、偏向と歪曲が起こるのである。だがやがて闘争は普遍的な路線を獲得し、この路線は闘争のそもそもの目標に適合したものとなってゆく。

　これまでのいかなる闘争も運動もこのようにして展開していったし、これからも同じような経路を辿ってゆくだろう。われわれは革命に至るまでの比較的平穏な時期に、労働者階級の組織化と配置に力を尽くしてきたといっていい。しかしながらいざ闘争が勃発してみると、事態は予想通りには進行しなかった。配置や方針は現実の動向に流されてずれ、そのために新たな方針が採択されねばならなかった。だがそのうち徐々に、運動は原則と目的に整合した軌跡を描いてゆくことになるのである。

　もちろんこのことは、準備段階での組織化や方針が不必要であるというようなことを意味しない。それどころかこのような準備こそ、人民が勝利するための唯一の前提である。ただその際自覚しておかねばならないことは、こういう下工作だけで革命の事業が達成されるものではないということであり、仮に準備がうまく進んでも、なお実際の運動はどの瞬間にも深い洞察と臨機応変の対処を要求しているということである。ひと言でいえば、要求されるのはつまりは階級的な革命戦略であって、闘争の成否は相当程度これにかかっている。

　アナキズムの理想は、そのどのような面をとっても偉大で豊かである。だが革命闘争のなかでのアナキストの役割は慎ましいものでなければならない。彼らの任務は、人民が正しく戦い新社会を正しく建設できるよう支援することである。それで、もし人民の運動が決定的な激突の段階に達していなければ、アナキストはさし迫った戦闘の意義と課題およびその目的を人民に明確にし、彼らが情勢を把握して自らの力を組織できるよう尽力せねばならない。もし運動がすでに最終的な戦闘の段階に入っていれば、アナキストはただちにこれに参加して方針を過《あやま》たないよう助言し、創造的な活動を起動させ理論を提供しながら闘争全体が以後も正当な目標に見合う路線を辿るように見守ってゆかねばならない。これが革命の初期におけるアナキストの、基本的なそして多分唯一の任務である。こうしてやがて労働者階級が己れの運動方針を確立し新しい社会の建設に着手するようになれば、もはやこの階級は誰にも活動のイニシアチブを譲渡することなく、自らの思考に依拠して戦い自らの構想に基づいて自らの社会を築いてゆくだろう。その際アナキズムの見解が取り入れられるとしても、もとより人民も創られた新社会もアナキストのものではなく、自由な労働の深みから浮かびあがったものであり彼ら自身の思考と意志によって整えられ構築されたものなのである。

ところでわれわれのマフノ運動には二つの重要な要素がある。第一点は、この運動を支えた源泉が人民最深部の真にプロレタリア的な部分であるということである。マフノ運動はまさしく人民の内奥より発し、その発端から終焉に至るまで人民の深層に支えられていた。次いで第二点は、ただそれが第一点に挙げたような根源的な運動であったばかりではなく、そのそもそもの発祥から明確に以下のようなアナキズムの原理に則っていたということである。（a）人民が運動全体のイニシアチブを握る。（b）社会、経済両面を人民が自主管理する。（c）政府なき自由社会を建設する——マフノ運動はその全行程において頑強に首尾一貫してこれらの原則を維持した。そしてそのために、運動は二〇万から三〇万にもおよぶウクライナの最良の息子たちを失ったのである。われわれのマフノ運動はいかなる国家的権威をも峻厳と拒否し、想像を絶する悪条件のもとにも歴史に類例を見ない英雄的な果断さをもちつづけ、忍辱せる人民の黒旗を三年にわたって敢然と守り抜いたのだった。その旗印にはこうあった――「人民に真の自由を、新社会に偽りなき平等を」と。

われわれはマフノ運動のなかに、アナキズム人民運動のひとつの典型を見る。なるほどそれはなお完璧なものでもなく透徹した一貫性を誇るものでもないが、しかし疑いもなくアナキズムの理想に向き合って進んでいき、アナキズムの大道をさらにひた走ってゆこうとしていたのである。

だが人民の深部より発したというまさにその特質のゆえに、この運動は、どのような社会運動にも欠かせないところの自らの内容を普遍化し総合するという能力に不足していた。そしてこういう欠陥を克服しえなかったことから、理念やスローガンあるいは具体的な闘争形態の発展が客観情勢についてゆけないという不利を招いた。その結果運動は、四方から攻囲してくる数限りない敵対者のさなかで、鈍重かつ無器用にしか自らを開示しえなかった。

ここで誰しも考えるだろう。革命的な人民運動について語り継ぎ、それを救世主の到来のようにひたすら待ち焦がれてきたアナキストたちが、ただちに運動に加担して補佐してくれるはずではなかったのか？否、現実にはそのようなことは起こらなかった。

理論訓練を経たロシア・アナキストの大多数は、意味もない孤立した小グループのなかに自己を限定して息をひそめていて、外部から傍観しているだけで何もせず、ソヴィエト政府の宣伝のままにマフノ運動を判断して真のアナキズム運動ではないと決めつけながらわずかに自らを慰めていたのである。

ことに、まだボリシェヴィキが運動の正常な成長を阻害していなかった時期にアナキストの協力があったならば、その成果は計り知れなく大きかったにちがいない。人民は、自分たちの欲求を理論立てて発展させ、自分たちを自由な生へと領導しながら運動の興隆をもたらしうる人々を、心底から無条件に求めていたのだった。だがロシアのアナキストはこのような役割を果たそうとはしなかった。それは彼ら自身をもマフノ運動をもひどく損うものだった。アナキストのサボタージュによって、運動はあの最下層の人々の劣悪な理論水準をしか頼りにできず、その場その場をしのぎながら鈍重に苦悩に満ちて進行してゆかねばならなかったのであり、またアナキスト自身も、己れの怠慢のゆえに生きた現実との接触を失って実りなき無為の淵に沈んでゆかねばならなかったのである。

われわれは、事実としてここに確認せねばならない。ロシアのアナキストは、いたずらに自らの殻に閉じ籠もることによって巨大な人民の戦いに乗り遅れたのである。そしてこの戦いこそは、屈辱を耐えてきた人民の歴史的な課題を実現するためにわれわれのロシア革命が引き出したさし当たっては唯一の戦いだった。

だがこの残念な事態はたんなる偶然の結果ではない。それには確かな根拠がある。以下にこの根拠を摘出してみよう。

アナキズムの理論家の大半はいわゆる知識人層の出身である。この事実は意味深い。たとえアナキズムの旗のもとにあっても、彼らは自身の出身階層である中間層の心理から完全には脱け出ていない。アナキズムの理論と取り組みながら、彼らはやがて徐々に、自らがアナキズム運動の主導権を握っていると思い始め、そして自分たちによってしか、あるいは自分たちが直接関与する場合でなければ運動は成立しえないと考えるようになるのである。だが実際の運動は、彼らと遠く隔たったどこかの外縁で社会の最下層から発生してくる。こうした運動を、まさしくアナキズムが永年準備してきたものとして大胆に認め、協力のため馳せ参じようとする理論家は極めて少ない。マフノ運動との連関のうえでいえば、厳密にはひとりヴォーリンだけが、そしてその幾人かの同調者だけが、事の真相を見極める能力を提供したのだった。他のほとんどのアナキズム理論家はおしなべて運動の外にあった。マフノ主義が悪いのでもアナキズムそのものが悪いのでもない。責任は、労働者農民の運動が高揚している時にひたすら殻に閉じ籠もり、受身のままで途方に暮れていたアナキストとその組織の側にある。彼らは、労働者の自由とアナキズムの理念に関するすべての事柄を獲得でき、思想を血肉となしうるチャンスに、しかし己れの任務を果たさなかったし果たそうともしなかったのである。

さらに、アナキストが無為無策であったいまひとつの原因は、アナキズム思想界の理論上の混迷と組織面での混沌たる状態にある。

アナキズムの理想がもっている力と積極性、そして明晰さには疑いをはさむ余地はないとしても、同時にアナキズムはまた、理論的に未熟な面やいかんともしがたい抽象性、あるいは実際の運動に密着していない信奉者による歪曲などをも多く含んでいた。それでアナキズムの目標とするところや実践プログラムは、しばしば誤り伝えられ誤用される危険にさらされていた。

これまでも、階級の解消と人類および個人の解放がアナキズムにとっての唯一の課題であるか否かなどという問題に精力を費すアナキストがたくさんあった。もちろんこういう議論は不毛である。だがそれは、アナキズムそのものに内在するある種の不明瞭さに由来していて、理論・実践両面でのさまざまな誤謬の基となっている。

例えば、個人の自由についてのアナキズムの理論的な不明瞭さは、大きな過ちをもたらしかねないものである。強固な意志と発達した革命的本能に支えられた行動の人ならば、個人の自由のなかに同時にすべての他者との関係性を洞察し、人民全体の自由を実現する不断の戦いへと至るだろうが、革命の熱情をもち合わせることなくもっぱら「我」の主張に腐心する人間ならば、この個人の自由を手前勝手に意味づけることになる。こういう人間は、アナキズムの具体化は組織立って統率されたものでなければならず権利は義務および責任と一体でなければならないという自明が一般化するや、字義通りの個人の自由を楯にとって組織に抗い、すべての義務と責任を逃れようとするのである。彼らは都合のよい避難所に逃避して己れに好適な活動をのみ志向し、我流のアナキズムを語り始める。こうして、失格せるアナキストの思想と行動は乖離する。

そんなわけで、ロシア・アナキストの行動様式は多岐にわたっていささか過剰である。一九〇四年～一九〇七年にあらわれた「権威不在」「黒の旗手」などというパンフレットでは、徴発や無差別テロルが方針として提起され推奨されている。このような方針は、アナキストと称するいい加減なグループがその場の雰囲気に任せて提起したものにすぎないことは明らかだが、人民と人民の革命に責任を負おうとしないならばアナキストはこのように頽落しかねないのである。最近になっても、国家権力に興味を示したり人民に対する指導を肯定したりする主張はあとを絶たないし、あらゆる組織の統制を拒否して個人の絶対の恣意を説き、あるいはアナキズムの「普遍的な」課題を語りながらその実は当座の義務を逃れようとする徒輩が続出している。

何十年ものあいだ、ロシアのアナキストは脱組織という熱病に浮かされてきた。この熱病は現実に密着した思考力を腐食し、革命期の非行動となって結果した。脱組織は無責任と近接している。しかもこの両者は一体となって理念の浅薄化と実践の欠如をもたらすようになるのである。

右に指摘したような事柄が、人民の深みからマフノ運動を通じて実現した闘争の、その興隆期におけるアナキスト陣営の無策と無力の原因であった。

このような現象は、繰り返し触れてきたように、ロシアのアナキストの組織面での甘さに拠るところが大きい。ロシアのアナキストは、真にアナキズムを神聖視し心底から労働者階級に献身しようとするすべての同志を糾合して固く結束しなければならない。そしてこうすることによってこそ、自らに不都合な義務と責任から逃れようとするあの不純な部分を締め出すことができるのである。

アナキズムは神秘な教説でもなければ現実離れした美の世界についての譫言でもなく、ましてや絶望の叫びでもない。アナキズムが偉大なのは、それがひたすらに抑圧された人々の幸いを思いやりその僕《しもべ》たらんとすることにおいてである。アナキズムは人民の真実を担い、その英雄的な力と意志を担っている。だからこそそれは、現在、人民が己れの戦いのなかで依拠しうる唯一の理論である。だがこの人民の信頼に応えるには、ただアナキズムが偉大な理念でありアナキストがその口先の告知者であるだけでは心許ない。それには、まずもってアナキストが人民の革命運動に不断に関わってゆかねばならず、その陰の立役者でなければならない。そしてもしそうならば、運動は自ずとアナキズムの理想に満ち溢れるだろう。何者もいわれなく報われはしない。いかなる事業も刻苦と犠牲を要求するのである。すべてのアナキストは同志間の意志一致と行動の統一を図らねばならない。そうして自らの歴史的な任務を厳密に全うする能力を獲得せねばならない。アナキストは人民のただなかに浸透せねばならず、人民の内容に融和せねばならない。

ところで、以上にも考察した通り、なるほどマフノ主義の運動は全体としてアナキストの影響から離れて独自に展開してきたが、しかしその運命は、現在のロシアにおけるアナキズムの運命と択ぶところがない。マフノ主義の本質は、疑いもなくアナキズムの明晰な光のもとに輝いていて、アナキズムの本質に奇しくも密着している。叛乱軍の将兵は数ある主義主張のなかから好んでアナキズムを選び、自らアナキストと称して死に臨んでもこの称号を棄てようとはしなかった。とはいえ、また同時にアナキズムの陣営からも、ヴォーリンをはじめ幾人かの優れた活動家がマフノ運動に加担してきていた。彼らは自らのもてる力を、熱情を込めて献身的にこの運動に捧げた。たしかにこのような人々はロシア・アナキストのごく稀な部分ではあったが、その貢献は大きく、マフノ運動の悲劇的な運命にアナキズムのそれが結びつく所以の一端となった。

　両者が結合するさしあたっての契機は一九一九年のほぼ半ばにあったが、一九二〇年の夏、ボリシェヴィキが叛乱軍とアナキストを無差別に攻撃するにおよんでそれはますます鞏固なものとなり、さらに同年十月の叛乱軍とソヴィエト政府との協定に際して決定的に深まった。協定の第一条件として、叛乱軍側はウクライナと大ロシアにおけるマフノ主義者およびアナキスト政治犯の即時釈放を要求し、この双方に自らの信条の表明並びに宣伝の自由を与えるようボリシェヴィキに迫ったのである。

　以下にマフノ主義とアナキストの結合を年代を追いながら示しておこう。

　一九一七年の革命勃発当時、すでにグリャイ＝ポーレには無政府共産主義者《アナルコ・コミュニスト》のグループがあって、活発な革命運動を展開していた。そしてこのグループから、やがてマフノ運動を担う卓抜した指導者や戦士が輩出する。ネストル・マフノ、セミョン・カレトニク、マルチェンコ、カラシニコフ、リュートゥイ、グレゴーリィ・マフノらがそれである。このグループは、マフノ運動の冒頭にあって運動と密接に結んでいた。

　一九一八年末から一九一九年のはじめにかけて、解放区にいくつかのアナキスト・グループが創設され、マフノ運動との接触を求めていた。だがこれらのうちのあるもの、例えばベルジャンシクをはじめとする若干の地域のグループなどは、その内的な水準の低劣さゆえに運動に消極的な影響をしかもたらさなかった。幸いにも運動の方が健全であり、そのためこれらのグループに足をすくわれることはなかった。

　一九一九年のはじめ、グリャイ＝ポーレには土着の優れたアナキスト（マフノ、カレトニク、マルチェンコ、ヴァシレフスキーなど）のほかに、ブルビガやミハリョフ・パヴレンコらの都会出身のアナキストも住んでいた。彼らは前線でも兵站でももっぱら叛乱軍と行動をともにした。

同じく一九一九年の春、数人のアナキストがグリャイ＝ポーレにやってきて主に文化情宣の面で活動した。叛乱軍報「プーチ・ク・スヴォボーヂェ」の創刊も彼らの尽力に与かる。彼らはまた「グリャイ＝ポーレ・アナキスト同盟」を結成して叛乱軍や農民のあいだに活動を開始した。

この頃、グリャイ＝ポーレに「ナバト」の地方委員会誕生。叛乱軍と緊密な関係を保ちつつ、文化面で運動を支援した。間もなく「ナバト」は前記「アナキスト同盟」と合同して一体となる。

一九一九年五月、イヴァノヴォ＝ヴォズネセンスクからきた三十六人の労働者アナキストがグリャイ＝ポーレに到着。そのなかには高名な活動家であるチェルニヤコフやマケーエフもいた。彼らのある者は村から七露里離れたコミューンに入り、またある者は解放区で文化活動に従事し、残りは叛乱軍に参加した。

ロシアのアナキスト組織のなかでももっとも進取的な組織であった「ナバト」連合は、やはり一九一九年の五月に、解放区人民の革命的高揚の鼓動をとらえて総力をこの地区に投入するよう決意した。そしてこの決意に基づいて、一九一九年六月上旬、ヴォーリン、ムラーチヌイをはじめとする派遣班がグリャイ＝ポーレに赴いた。「ナバト」連合には、地方革命軍事評議会が六月十五日にグリャイ＝ポーレに招集している労・兵・農第四回地区大会のあと、この地区に連合本部を移そうというプランがあったのである。だがこのプランは、その直後発生した赤白両軍の侵攻によって実現に至らなかった。ただムラーチヌイだけはなんとかグリャイ＝ポーレまで辿り着いたが、その彼も叛乱軍の総退却のために間もなく引き返さねばならなかった。ヴォーリンたちはエカチェリノスラフで動きがとれず、ようやく一九一九年の八月になって、退却してくる叛乱軍とオデッサで合流した。

なるほどこれらのアナキストたちの貢献は大きかった。だがなおそれが、遅すぎた支援であったことも否めない事実である。この時すでに運動の正常な発展は閉塞していて、建設の軌道をはずれてもっぱら軍事上の行動に終始していたのだった。「ナバト」が動き始めるもう少し前、一九一八年の末から一九一九年六月までのあいだなら、グリャイ＝ポーレを中心とする各地区は積極的な建設活動に好適な状態を保っていた。前線は二百ないし三百露里離れた地点、ほとんどタガンログ近くにあって、八カ所から九カ所の郡で数百万の住民が自由を享受していたのである。

このような時機を逃してしまったあと、アナキストの支援グループは、常に四囲の攻撃にさらされ連日転々と移動せねばならない戦争状態のもとでしか活動できなかった。だが叛乱軍に参加したアナキストたちは力の限りを尽くした。彼らのある者、マケーエフやコーガンらは戦闘に参加し、他の大部分の者は移動中通過する村々での情宣活動に従事した。だがそうはしても、現実に建設的で創造的な仕事はいかなる意味でも可能ではなく、すべてが限定され、ほんの束の間のアジテーションで満足せねばならなかった。ただ例えばアレクサンドロフスクを占領していた期間や、ベルジャンシク、メリトポリなどにおけるごく稀な場合にのみ、アナキストとマフノ主義者は一時的にではあれある程度の前進的な活動を具体化しえた。しかしそのような数少ないケースも、やがてそこここから押し寄せる戦乱の波にもまれてかき消えてゆき、再び束の間の詮ないプロパガンダのほかには残らなくなるのだった。戦局の全体が内部の閉塞を強いていたのである。

マフノ運動に何ら関与しなかったかごく短期間しか加担しなかった人々は、叛乱軍とマフノ主義者があまりに軍事にのみ心を奪われていて、積極的な建設の方針を欠いているという誤った結論をもっている。だが実際には、叛乱軍史における数限りない戦闘は、けっして叛乱軍が望んで行なったものではなく一九一九年半ば以降の戦況が強いたものであった。

ボリシェヴィキの官僚はマフノ運動の意義とロシア・アナキストの立場を正確に把握していた。彼らにとってアナキズムは、それがマフノ運動のような人民の闘争と連関をもたずいかなる大衆基盤をも有しない限り、何ら有害なものでも危険なものでもなかった。だが逆の場合には、ボリシェヴィキの考えによっても、アナキズムはマフノ運動のような人民の闘争の唯一の拠りどころとなるものだった。それゆえボリシェヴィキはこの両者を極力乖離させようとした。ボリシェヴィキは的確な措置を講じ、厳格にこの目標を追求した。その結果マフノ主義者は賊徒として法の保護外に追放された。しかもボリシェヴィキはまるで狡猾な商人のように、仮面をかぶることを心得ていた。彼らは国内でも国外に対しも、マフノ主義者の追放など誰にも自明必然の道理であり、これに疑念をさしはさむ者は盲目かロシアを知らないかであるというような態度をとったのである。

一方いかにボリシェヴィキとはいえ、さすがにアナキストにまで公然たる追放宣言は発せられなかった。だが彼らは、アナキストのすべての革命行動をマフノ主義と見なして鎮圧し、当然の措置として獄につなぎあるいは処刑した。したがって結局のところ、ボリシェヴィキに尻尾を振らない限りはマフノ主義者であれアナキストであれ変わるところはなかったのである。

終　章

これまでの論考だけでマフノ運動の全貌が尽くされているとはとてもいえない。われわれは、グリャイ＝ポーレに発した運動の主流のみを、なお至らぬまま懸命に追跡してきたにすぎない。それはこの巨大な闘争のわずかな一部分である。ウクライナ人民の生の総体を賭した社会運動として、マフノ主義とその運動はここに語られたすべての言葉を越えて遙かに広く、その精神と志はウクライナのほとんどの領域を鮮やかに席巻したのだった。だからこそこの運動は、ウクライナに住む広汎な労働者農民のうちに、内面外面にわたるある確かな変化をもたらしえたのである。マフノ運動の洗礼を受けた地域では、人々はこぞって社会の根底からの変革とマフノ主義に則った自立的な生活を目指し、革命を休みなく遂行しながら人民による創造と建設の途を開いてゆこうとしていた。もしわれわれが、ウクライナの全域にわたってマフノ運動のあらゆる支脈を摘出し、それらを検討し結び合わせてこれをひとつの総合の光に照らしてみることができたならば、そこには、マフノ主義の旗のもとにロシア革命の至上の要請を、あの常に新しい自由と平等への要請を果たさんとして戦った数百万にものぼる革命の子らの壮大な絵巻が広げられていたはずである。だがボリシェヴィキの権力がいたるところに闊歩する現在、そのような仕事に手をつけることは、考えうるすべての不自由を覚悟したうえでもなお能うべくもないことといわねばならない。

運動のほんの部分を扱ったにすぎない本書は、こうして極めて限定的なままに終わっている。背後には多大の文言・史料の類いがいまも顧みられることなく眠っていて、それゆえに本書は、内容の点でも構成のうえでも不本意ながら大幅な割愛を強いられているのである。われわれは、マフノ運動の全体像を伝える労作がやがて登場してくることを望んでやまない。

ところで本書には、このような事情のほかにもうひとつ欠陥がある。それはマフノ主義とその運動の消極的な側面について充分に詮議が尽くされていないという点である。

どのような社会運動も、たとえそれがいかに高くまで羽ばたいたとしても、何らかの誤謬、本質にかかわる何らかの失陥、総じて否定的な側面を避けて通るわけにはいかない。そしていうまでもなくわれわれのマフノ運動のなかにもそれらは如実にうかがえるのである。忘れてはならないことのひとつに、マフノ運動が新社会建設の分野でさしたる実験を行ないえなかったということがある。そのためにこの運動はまた、そういう分野での失策というものをもほとんど犯していない。マフノ運動は、ただ反革命を叩き出して革命を防衛せんとする無私の衝動をもって突出した大衆運動だったのである。この運動の弱点はこのあたりに求められる。

マフノ運動のもっとも基本的な不幸は、その高揚期の二年がもっぱら熾烈な戦闘のうちに過ぎていったということである。とはいってももちろんそれは、運動の方針上の失策ではなく運命の苛酷ないたずらであり、さらには時のウクライナの大情況からする必然であった。

うちつづく三年の内戦によって、南部ウクライナは凄惨な修羅場と化した。いくつもの党派の部隊が八方に興って入り乱れ、略奪を働きあるいは風紀を紊乱していたずらに住民を毒した。その結果農民ははなはだ疲弊し、働く人民による自主管理の最初の試みは破壊され、新社会建設の精神は窒息していった。そしてほかならぬこのような事態が、まさにマフノ運動をそれが本来根ざしていた健全な土台から、すなわち人民自身の創造の事業から切り離し、ひたすら軍事へと駆り立てていったのである。なるほどそれは革命のための軍事であり戦争であったが、そうはいってもやはり戦争であることに変わりはなかった。

自由の敵どもは、こんにちまで一貫して、マフノ運動を絶えず困難な戦時の条件下に押し込めつづけようとあらゆる努力を払ってきた。マフノ運動の大きな悲劇はまさにこのことに起因している。マフノ主義者はかかる悲劇を二年有余にわたって耐え抜いてきたが、ロシアをめぐる総情勢を斟酌すれば、悲劇はなお終結しそうもない。

以上に述べたことは、四度も五度も歪曲されたあとの情報のみを仕入れて真実を知らず、そのために運動の好戦的な性格を非難するばかりでただ傍観していたかのアナキストたちに対する回答にもなるだろう。マフノ運動の主戦主義的な性格は、もっぱらやむなく押しつけられたものである。いやそれどころか、革命期を通じてウクライナに存在したすべての勢力、とりわけ共産主義者の政府は、盗賊に堕するほか生きる道が見当たらないような袋小路へこの運動を追い込んでゆくために、もてる総力をあげていたのである。マフノ運動に対するここ三年におよぶソヴィエト政府の戦術は、すべて右に明らかにしてきたような打算に基づいている。それがどの程度運動に負の結果をもたらしたかはもとより測定の外にあるが、少なくともマフノ運動の主戦主義について語る時は、叛乱軍が砲兵戦や騎兵戦に多大の精力を割いたというような付随現象から出発するのではなく、何をもって叛乱軍が形成され、いかなる目標を追求し、この目標を実現するためにいかなる手段を用いたかということから発想せねばならない。

叛乱軍は、ヘトマン＝スコロパツキーの傀儡政権をウクライナから駆逐し、土地と工場を労働者農民に開放するために形成されたものである。このことは万人が承知している。そして、労働過程と社会内諸関係における人民の全き自律を基礎とする解放された生活の建設、これがマフノ運動と叛乱軍の至上の目標であり、社会の変革と労働者自由ソヴィエトの形成はこの目標に至るために採用された手段だったのである。

もちろん、現実の革命集団としてのマフノ主義者と叛乱軍は、ヘトマンの追放と権利の宣言だけで満足していたわけではない。ブルジョアジー総体に対して可能な限り深刻な打撃を準備し自分たちの権利と革命における獲得物を防衛せんがために、彼らはすぐれて軍事的に自衛手段を講じた。このことは、革命の過程に立ちあらわれてくる諸問題に関する彼らの深い思慮を示している。なぜならば、積極的な革命のプログラムの遂行は、ひとえに、ブルジョア国家の軍事力を労働者が時機を失せず撃滅し尽くすことにかかっているからである。

だがマフノ運動はウクライナ全域で攻撃的に武装していたわけではなく、いくつかの県でのみ活発に行動しえたにすぎないがゆえに、各種の敵に包囲された状態のもとで活動をつづけねばならなかった。各種の敵とは、具体的にはペトリューラ軍でありボリシェヴィキであり（これらは二つながら国家主義者の集まりである）、さらには四方から充実した武装をもって迫るデニーキンの大軍であった。したがって当然のことながら、運動は軍事面に多大の精力を割くほかなく、そのために戦術や行動様式あるいは組織方針のうえでの強度な偏向を要求されたのである。しかしすでに述べたように、これはマフノ運動自体に内在する性格ではなくて、外部から加えられた不幸な必然だった。

ともあれこうした不断の臨戦体制は、叛乱軍にいくつかの特質をもたらすことになった。鉄の軍律と敵に対する妥協なき挑戦である。だがこのような特質にもかかわらず、叛乱軍はことに前線において革命軍としての節操を堅持していた。例えば一九一九年十月のエカチェリノスラフ占領に際して、傷病治療中のデニーキン軍をはじめとする敵兵全員に、将校であれ兵卒であれ変わることなく全き安全を保証した。それどころかこの時叛乱軍は、規律を犯し革命家としての道義にもとった自分たちの二人の指揮官、ボグダーノフとラシュケヴィチを銃殺に処してもいるのである。(原注1)

第八章で、われわれは運動に内在する数点の欠陥を指摘したが、もちろん欠陥はそれだけに留まらない。しかし、それらはさして重大なものではなく、ここではあまりこだわらないでおくことにしようと思う。(原注2)

*

さてさらに問題が生じてくる。このところ一年半の叛乱軍とソヴィエト政府との抗争は、もっぱら軍事的な性格に限定されていた。それゆえ労働者農民のあいだでは、組織固めも啓蒙活動もなされなかった。自由で建設的な行動はまるで可能ではなかったのである。では、このような戦いを継続してゆくことにどのような意義があるのだろうか。いったい人々は、この戦いにどのような希望をつないでいたというのだろうか?

全国的な規模で軍国精神が礼讃され、ウクライナでも大ロシアでも人々は困窮していて、密告と不公正な裁判がいたるところに流行している条件のもとで、マフノ運動は明らかに極めて危機的な様相を呈し、戦闘をそれ以上継続することは絶望的な結果を招くものだと思われそうな状態だった。だがそのように見えるのは、国家や政府というものを念頭に置いた狭い観点から情勢の全体を眺めるためである。

われわれは革命の時代を生き抜いてきた。そしてこの時代は、労働者農民の革命闘争に満ち満ちていた。だがこれらの闘争は、ヘゲモニーを求め独裁を志向するさまざまな政府の反革命に取って替わられた。一九一七年二月—三月の大衆運動は立憲政府に席を譲り、同年夏の闘争はブルジョア自由主義派と社会主義派の連立政権に場所を与えた。そしてやがて押し寄せてくるあの強力な十月闘争の波頭は、現在の共産主義者の政府を造りあげてしまったのである。

その後あまりに長期間にわたって、この共産主義者の政府は革命ロシアを支配してきた。そのためについには多くの人々が、この政府こそロシア革命の本来の帰結でありもっとも自然な形態であると信じ込むようになってしまっている。だがこれは断じて正しくない。ロシア革命とボリシェヴィキの政府は互いに対極にあってまったくの対立物なのである。ロシア革命のなかで、ボリシェヴィキのソヴィエト政府は、洗練された柔軟なしかし同時に頑強な反動の一形態として機能してきた。すでにこの政府が登場してくる当初から、政府とロシア革命そのものとのあいだには抗争しかなかった。そしてこの抗争のうちに、ロシアの働く人民は、革命の貴重な獲得物、組織、言論、出版の自由と個人の尊厳……などなどを失ってきたのである。両者の戦いは広大なロシア全土を巻き込んでいった。どの村もどの工場も例外ではなかった。やがてそれはそのもっとも尖鋭な表現をウクライナの革命叛乱のうえに見出し、その後新たに大ロシアの数県にも波及したが、なおそれに応えるこだまは一九二一年の二月から三月にかけて、遠く蜂起せるクロンシュタットの方角からも響いてきたのである。

目下ロシアは悪しき反動の時である。だが革命派が究極の勝利を手にするか、それとも強権を集める反動派が自らの地位を維持して支配を定着させるかは未だ判断できない。ただひとつだけ確かなことは、ロシアがこれまで通過してきた革命の時代がけっして終わってしまったわけではないということである。巨大な革命のエネルギーがいまも人民のなかには貯えられてあり、彼らは火薬皿にひたすら火薬を盛りつづけているのである。まさにここにこそ、やがて真正な革命の日々を期待することができる。

ところで、このような人民の革命が登場するためには、これまでも三つの契機があった。その第一はボリシェヴィキの反動に対する人民の直接闘争の結果であり、第二は国外ブルジョアジーの攻撃であり、第三には、国内旧体制派の策動であった。このうち後のふたつ、つまり国内外の反革命は、現在成立している共産主義者の反動には何ひとつ刺激を与えなかったが、共産主義者の反動を撃って革命をいまひとたび推し進めようとしている新しい人民の勢力には油を注ぐ作用を果たしてきた。

マフノ主義の運動は、こういう人民のエネルギー、仮に一時的には抑え込まれていても常に革命的なエネルギーのうえに成立し、数々の偉業をなしとげた。ヘトマンを追いペトリューラ党を解体し、あるいはデニーキンから革命を救ってつづくヴランゲリの掃討にも決定的な役割を果たしたのである。しかしながら、これらの功績はすべてソヴィエト政府にその価値を簒奪された。

ソヴィエト政府が崩壊せずにロシアに根を張れたのは、幾多の反革命に果敢な革命戦争を挑んだマフノ叛乱軍のおかげである。これはいかにも皮肉な逆説であるが、否定しえない事実でもある。そしてマフノ運動は、人々のあいだに革命の炎がいぶりつづける限り、これからもなお革命戦争の舞台に繰り返し登場することだろう。さしあたってこの運動は、周囲の諸関係にそれなりに適応し、反動の苦境を乗り切ることに全力をあげねばならない。これは革命の戦術であり、ここ数年は覚悟すべき戦略上の手である。多分今後の五年ないし十年の歳月が、マフノ運動のその後とロシア革命全体の運命を決定することになるだろう。

ロシア革命の防衛と救済は、国家集権主義の鎖を取り払い労働者農民による自主管理を通じて新しい社会秩序を創造することのなかに求められる。そしてこのような方向の高揚が人々のうちに成熟してくる時、マフノ主義はそういう革命の熱気を結び合わせる糾合点となるだろう。マフノ主義は、あらゆる勇気と果断、総じて人民のただなかから熱く生じてくるものいっさいを集約する雄叫《おたけ》びであり合言葉である。マフノ主義の人民に対する貢献と組織能力、さらにはその軍事的な力量は、真実のプロレタリア革命を利するものとしてやがて正当な評価を与えられるにちがいない。このことこそ、マフノ主義者がこんにちまでソヴィエト政府の独裁に一見絶望的な戦いを挑んできた理由であり、またまさにそのために、共産主義者の平静と安泰はこんにちかき乱されているのである。

*

問題はまだある。

マフノ運動はウクライナ農民階級の特に極貧層による運動だった。それゆえこの運動の勝利はまさしく下層農民の勝利を意味するといってよい。だが、それはまた同時にマフノ主義の理念の勝利であり、革命総体の勝利であるともいえるのだろうか？

このような運動が勝利すると、ただちに農民は都市労働者をも養わねばならないという責任を負うことになるだろう。だが都市の生産機能は麻痺していて、農村の要請を満たすことはできず、都市労働者が農民に何らかの生産物をもって報いることは不可能である。ということは、最初は農民が都市プロレタリアートの生活を無償で支えねばならないということを意味する。しかし農民は現実にそのような偉大な行為をなしうるだろうか。共産主義者は常に農民を反動の徒といい、小所有者のけちな本能にとりつかれているというが、実際にそうではないだろうか。農民が都市に背を向け、必要な援助を与えずに見殺しにするようなことはないだろうか？

われわれは確信をもっていうが、けっしてそのようなことはありえない。

マフノ主義者は社会の変革というものをその本来の意義において理解していた。彼らは、革命の勝利と定着、そこから流れ出してくるさまざまな美徳の発展というものが、ただ都市と農村の労働者の密接な結びつきによってのみ可能になることを充分に承知していたのである。マフノ運動に結集した農民たちは、都市労働者の膨大な工業生産力を無視しては革命の約束する成果を十分の一も達成できないことを熟知していて、都市労働者を自分たちの兄弟と考え、働く人々からなる大きな家族の一員と見なしていた。

革命が成就すれば農民はすぐにも都市労働者に救いの手をさしのべるだろう。このことに疑問の余地はない。しかもこの救援はあくまで自由意志に基づいた無償の行為である。ところがこんにちの情勢は、農民の汗の結晶である収穫物が主として巨大な国家機構の維持にのみ転用されている状態となっている。農民たちは、このように高くつく官僚機構が自分たちにも都市労働者にも無用の長物であることをよく知っているし、それが囚人に対する看守のような役割を、働く階級におよぼしていることも承知している。それゆえ農民たちは、すすんで国家に収獲物を差し出そうなどとは毛頭思ってもいない。このために、国の租税取り立て人、つまり人民委員やその他政府の食糧管理部門の吏員に対する彼らの態度は敵対的なのである。

農民のあいだには、都市労働者との直接の連絡を求める意欲が常にある。集会ごとに彼らはこの問題をいろいろと討議し、その都度積極的な意志一致をかち取ってきた。それで、もし都市のプロレタリアートが革命を通じて自立した行動をとり、各々の組織を媒介にしながら直接農民に接触を求めてくるならば、農民の方は喜んで都市に生活物資を供給することになるだろう。なぜならば農民たちは、都市の工場労働者たちがまたたく間に巨大な生産力を動員して各方面の需要に応えうることをよく知っているからである。

*

マフノ運動は、ロシアの現実のほんの一面を明らかにしたにすぎない。しかしながらやがて時が満ちれば、この現実にあらゆる側面から真実の光を当てる人材が登場してくるだろうし、そうなれば、ロシア革命におけるボリシェヴィズムの役割も衆目の前に明確にされるにちがいない。このことにわれわれはさらさら異論をはさむものではない。

だがまた、そうした人材を待つまでもなく、こんにちすでにボリシェヴィキの素顔はおおいようもなく露呈しているともいえる。計り知れない犠牲を支払いながらも、人々の自立を目指す戦いに数年にわたって耐えてきたマフノ運動は、いまや決定的にボリシェヴィズムの本性をあばき、彼らのいわゆる革命的かつプロレタリア的な性格についての神話を根底から覆してしまってもいるのである。

貧しい労働者と農民がひたすら自らの自治と自立を求めて戦ってきたロシア革命のすべての時期に、この熱望に敵対しつつ無慈悲にもこれを絞殺していったのはほかならぬボリシェヴィキであった。しかもこのボリシェヴィキの強権信仰は、ロシア革命がその仮借なき独裁のもとに窒息していった事実が全世界に明らかになっても揺らぐことはなかった。そして、革命の全体を自らのプログラムの枠内に暴力的に封じ込めようとする病める意欲は、意欲する彼ら自身にいっときも安らぎの時を与えなかったのである。

まだ一九一九年から二〇年にかけての段階では、ロシア革命を救うことは可能だったかもしれない。いやそれは現在でもなお可能である。そしてそのためにこそ、人民に内在する革命精神とその自由な発現が求められている。革命は、まさに革命する人々が自らの信念と意志を自覚する時に救われるのであり、そうすることで人々のなかに再びたぎる熱情はこの同じ人々を英雄的な戦いへと駆り立て、行為への意志を強化し、社会の傷痕を癒やすことになるだろう。

国家至上主義者たちが、人民にできることは旧秩序の破壊だけであり破壊活動においてのみ人民は果敢になるのであって建設の仕事にはいたって不向きにできている、というのは誤っている。

建設と日常活動の分野でも、人民は大きな能力を備えている。だがそれには、彼らに確かな保証がなければならない。つまり、彼らが自分たちの自由を自覚し、着手した仕事がほかならぬ自分たちのものであることを確信せねばならないし、どのような行動のなかにも自分たちの意欲と願望の着実な具体化を実感していなければならないのである。一言でいえば、人民が言葉のもっとも広く深い意味において自律性を獲得していなければならないということである。

だがボリシェヴィキは自らのプランに対する従順と支持を要求して止まない。彼らが求めるものはけっして革命の気魄《きはく》などではない。

ウクライナの労働者農民が一九一八年以来絶えることなく革命を防衛するための戦いに従事してきたことは、いまや抗いがたい歴史上の事実である。敵はスコロパツキーでありドイツ・オーストリア軍であり、あるいはペトリューラでありデニーキンでありヴランゲリだった。そしてこの戦いは、ロシア革命全体に重大な影響を与えている。まことにこのウクライナの叛乱こそがロシア全土の恒常的な革命情勢を創出しこれを持続させたのであり、こうした情勢のなかではじめてロシアの人民は、革命によって提出された基本的な問題の解決にきっぱりとした態度をもって臨むことができたのである。

このような革命の息吹きを消し去ったのはブルジョアジーや帝政軍部の反革命ではなく、革命を領導してきたはずのソヴィエト政府だった。党独裁の名のもとに、ソヴィエト政府は人民の自主管理への試みを、この革命本来の目標を打ち砕き、打ち砕くことによって革命のさらなる高揚を完膚なく阻んでしまったのだった。

ボリシェヴィズムは独裁への狂信によって硬化し、また革命の困難と不安を避けて通ろうとしたがゆえに革命を利するどころか圧殺する道を選んだ。ロシア革命を通じてボリシェヴィズムが果たした役割は災いに満ちている。ボリシェヴィズムとボリシェヴィキは労働する階級の自主性をひたすらに抑圧し、しいたげられた歴史のなかでいよいよ活性を帯びてきたこれらの人々の多様な可能性を一蹴したが、実にそのために、全世界の労働者の手で彼らは永遠に獄門台にさらされることになったのである。

だがここでもっと正確にいえば、ロシア革命の挫折に責任を負わねばならないのはボリシェヴィズムだけではない。ボリシェヴィズムはここ数十年の社会科学の成果を実践に移したが、その際いわゆる科学的社会主義なるものの理論に則って行動している。しかしわれわれは、この科学的社会主義なるものがヨーロッパの国々でいかに労働者を惑わしているかも知っているし、彼らをブルジョア独裁の桎梏につなぐ原因となっていることも知っている。

ロシアの労働者農民が現在ボリシェヴィキの独裁のもとで陥っている不名誉かつ困難な状態の元凶を摘発しようとするならば、誰しもおよそ社会主義総体を問題にせねばならないし、これに判決を申し渡さねばならない。

ロシア人民の流血の悲劇は拭い去られ忘れ去られるものではない。ロシアにおける社会主義の実践は、何ものにもまして、労働者農民が孤立のうちにただ敵を、労働とその成果を略取しようとうかがっている敵だけをもっていることを証し立てるものだった。社会主義というものがこの敵の側にあることはすでに充分明白であり、この事実は年を追ってますます鞏固に人々の意識をとらえてゆくことだろうと思われる。

万国のプロレタリアよ、自らに、ただ自らの階級に深く降り立て。自らの階級にのみ求め、真実を創造せよ。さもなくば、真実はいずこにも見出されはしない。

これこそが、ロシア革命のわれわれに告知するものである。

＊

ソヴィエト政府は、ウクライナの解放区に対する第三回目の攻撃に際して、マフノ運動にとどめを刺すべくあらん限りの暴虐を尽くした。そして一九二一年の夏、ついに叛乱軍は潰滅し、ネストル・マフノをはじめとする運動の中核はルーマニア領へと逃れねばならなかった。その結果解放区は隅なく政府軍の占領するところとなり、蜂起の人民はいずれもボリシェヴィキの独裁下に制圧された。

＊

マフノ主義の運動はいまや新しい情勢のもとにある。革命闘争の新段階が運動を待っているのである。そしてそれがどのように戦われるかは心配するにあたらない。なによりも人々の生自体が、この戦いの性格と形態を決定してゆくはずだからである。だがただひとつ確かなことは、この戦いと運動が、抑圧されしいたげられた人々の魂を最後まで裏切りはしないということである。マフノ主義者たちは、最後の最後まで働く人々の悲願のために、あの自由と平等のために戦い、そうして死んでゆくだろう。

マフノ主義とマフノ運動は死せず、それは鉄鎖にあえぐ人々のさなかへ、ひたすらに永劫に回帰しゆく何ものかである。働く人々が屈従に抗し、なお自立への遠い愛を培っている限り、己れの階級の意志を研ぎ澄ましている限り、必ずや人々は自ずから熱を帯び、自らに固有な戦いを花開かせてゆくだろう。これがマフノ主義の本質である。

ロシアにて、一九二一年一月〜六月

終章・原注

（1）ボグダーノフ　叛乱軍第二旅団司令官。私利のため軍の名において土地のブルジョアを収奪したかどにより、一九一九年十月、アレクサンドロフスクにて銃殺。

ラシュケヴィチ　輝かしい戦績を誇る叛乱軍第十三連隊の高名な指揮官。遊興費に公金を流用し、また公金を携帯しているにもかかわらず困窮状態にある叛乱軍兵士に援助を与えなかったかどで、人民集会の決議により一九二〇年夏に銃殺。

（2）ソヴィエト政府によって宣伝された略奪、暴行、反ユダヤ主義などについてのマフノ運動に対する中傷がまったくの嘘であることを、ここにも繰り返し主張しておかねばならない。反証のひとつは、ウクライナでも大ロシアでも、叛乱軍のゆくところでは常に農民の熱狂的な歓迎が見られたことである。さらにいまひとつの反証はボリシェヴィキ自身の秘密文書にある。ソヴィエト政府派遣員が叛乱軍との戦闘を伝えた文書には諸処に苦戦の報告があり、しかもこの苦戦が農民たちの叛乱軍に与えた援助と赤軍に対する妨害によっているというのである。

解説　「マフノフシナ　内戦期ウクライナにおける農民運動」中井　和夫

マフノ運動の歴史的意義を挙げるとすれば、第一にマフノ軍がデニーキン軍との闘いにおいて、その部隊を撃破し致命的な打撃を与えたということである。これが「革命ロシア」防衛にとって大きな意味を持ったことは疑いえない。第二にマフノ運動はウクライナ農民の利益を代表しているということである。これは特にソヴィエト権力との関係の中で鮮明になってくるのであるが、「権力と農民」という対抗関係の中にマフノ運動もあったと言える。デニーキン軍との闘いについては、アルシーノフが本書で詳しくしかも生き生きと描いているので、ここでは特に農民運動という観点からマフノ運動を見ていくことにする。

一

一九一七年二月革命の後、ウクライナにおける農民運動は他のロシアの農民運動と同様に「土地をめぐる闘い」であった。攻撃目標は主に地主であり、地方の地主権力であった。運動の形態としては、土地の奪取、森林盗伐、屋敷の破壊、財産奪取、地主や地方官吏の逮捕、追放、殺害、土地賃貸料の不払いなどであった。奪取した土地や生産用具は地方の土地委員会（郷委員会）が管理し、この農民によって構成される委員会によって農民に分配されるのが普通であった。農民運動の最も激しかったカザーン県、ペンザ県を含むヴォルガ中流域やタムボフ県、リャザーン県を含む中央農業地帯では、すでに一〇月革命の前、夏から秋にかけてあらゆる地主地は没収しつくされており、カザーン県などでは秋には農民運動が逆に「下火」になってさえいる。こうして一〇月革命を迎える前に農民はみずからの組織でみずからの課題――地主権力を粉粋し、地主地を奪取し、土地を自分のものとする――を闘いぬいていたのである。

ウクライナにおいても事情は同じであった。農民は土地を求めていた。一七年の農民運動の件数で見ると、多いのは、ウクライナ南西部ヴォルィーニ（三月から一〇月までで一二一件）、ポドリスク（一〇九件）両県と、ウクライナ北部ポルタヴァ（一一一件）、ハリコフ（一〇二件）両県である。エカチェリノスラフ（五八件）、ヘルソン（五五件）、タヴリダ（三四件）の南部三県は件数の上では最も少なくなっている。

第一回全ロシア農民大会が五月四日から二八日までペトログラードで開催され、ここで農民の最も基本的な要求である「土地を農民の手に渡す」という原則が闘争の成果に基いて確認される。ウクライナでも五月二八日から第一回全ウクライナ農民大会がキエフで開かれ、土地問題に関して、私的所有の廃止、すべての土地を土地委員会の管理下に移し、郡・郷土地委員会を通じてその土地を農民に分配することを決議した。農民の土地を求める「熱情」はウクライナにおいてもまったく同じであった。

マフノとマフノ運動の「生誕地」エカチェリノスラフ県グリャイ＝ポーレでも、一九一七年を通じて他の村々と同じように土地委員会に率いられて対地主闘争が行なわれた。マフノは二月革命のあと三週間モスクワにとどまり、その後故郷のグリャイ＝ポーレに帰った。その時マフノは二七歳であった。マフノはグリャイ＝ポーレ地区の農民運動の先頭に立ってその組織化を行なった。三月の終わりにはグリャイ＝

ポーレ農民同盟をつくりその議長になった。八月のコルニーロフ叛乱の時には革命防衛委員会ができてやはりその議長になっている。彼はまた、グリャイ＝ポーレ地区のソヴィエトの議長となり、一九一七年八月にはそのイニシアチブにより、すべての地主地と家畜、生産用具は農民に分配するために没収された。地主経営はこの地域でも実際には一〇月までにはほとんどなくなり、土地は農民の手に渡っていたのである。一九一七年一〇月革命の後に出された「土地に関する布告」は「土地を農民に渡す」という原則を述べたものであり、これはすでにウクライナを含む全ロシアの農民運動が追求し、農民がみずからの手で獲得した成果をソヴィエト政権が認めたものである。「土地に関する布告」の思想は農民の要求そのものであり、エスエルの綱領でもあった。農民はこの布告を歓迎し、その点において一〇月革命を支持した。当時の農村は圧倒的にエスエルを支持しているが憲法制定会議の選挙結果によるとウクライナでもエスエルは、ウクライナ・エスエルとロシア・エスエルをあわせて七七％の得票率でボリシェヴィキの一〇％をはるかに上まわっている。また、エスエルの得票率自身も全ロシアの平均よりもウクライナの方が高くなっている。

マフノ運動は一九一八年三月のブレスト講和とそれに続く独墺軍のウクライナ占領によって決定的な転機を迎えることになる。独墺軍の侵入とともに、追放された地主が再び戻ってきて武力を背景に地主権力を再建した。彼らは革命によって受けた損害の賠償を農民に要求した。農民は奪取した土地を再び没収されたばかりでなく、彼らの財産一切を奪い取られた。さらに農民は強制的に地主地の労働にかり出されていった。ドイツとウクライナ人民共和国との間の協定によると一九一九年七月一日までにドイツはウクライナから七五〇〇万プードの穀物、一一〇〇万プードの家畜、三万頭の羊、一〇〇万羽の鵞鳥、六万プードのバターとチーズ、毎月四〇万個の肉の罐詰、二五〇〇車輌分の卵、二五〇万プードの粉砂糖、二〇〇〇万リットルの酒などを与えられることになっていた。要するにこのウクライナから豊かな生産物を一切合切持っていってしまおうというのがドイツのウクライナ占領の意図であり、生産物は貨車に積まれて西へ運ばれていった。ドイツの評論家コーリン・ロスはドイツ軍に従軍して一九一八年三月のウクライナの状況を報告しているが、そこで、ドイツ軍はウクライナの「次の収穫」のみに関心をもっていること、ウクライナには全体として中央権力が存在せず各村単位で自立している状態であり、農民はすでに村の周りに塹壕を掘ってあらゆる戦闘にそなえていること、すでに三月段階で反ドイツ感情が住民の間に見られ、将来ドイツの占領が長びくにつれてそれが増大する可能性があることなどを述べている。

ウクライナの農民は一九一八年五月下旬から六月上旬にかけて各地でいっせいに対独墺・対地主闘争に決起した。農民は自分の穀物を渡すことを拒否し、自分たちが播種した穀物を独軍が奪い取る前にそれらを燃やしてしまうことさえした。農民は武器を手にとり、部隊を組織して地主地を襲い、ヘトマン軍、独墺軍を襲撃した。小銃、機関銃で武装した農民が、独墺軍と射ちあうという事態がいたるところで起こった。一九一八年六月五日付のエカチェリノスラフ県の状況を知らせる電報は次のように述べている。「あらゆる村々で農民とオーストリア軍との間に衝突が起こっている。農民は穀物を焼き払っている。衝突は死者と逮捕者を伴っている。カメンカでは四五人の農民が逮捕された」。

六月中旬には農民の武装叛乱はウクライナ全県を覆う。六月二〇日の新聞によるとエカチェリノスラフ県で六月一九日だけの事件として、アレクサンドロフスク郡ではゼムストヴォ機関が襲われて一万五〇〇ルーブルが奪われ、コヴァリョフ、ミルゴロスキーという二人の地主領が襲われ彼らは負傷した。さらに他の地主地が襲われそこでは七人が殺された。イヴァーキンという地主の領地では管理人が殺され、ヴチコという地主の家からは二万ルーブルが奪われた。ノヴォモスクワ郡でもある地主地の職員が全員殺されるという事件が起こった。このように農民の闘争は極めて激しいものであり、当然独墺―地主側からの一層苛酷な弾圧が行なわれる。農民の対独墺・地主武装闘争は独軍が撤退しヘトマンが打倒される一九一八年末まで続けられることになる。

マフノは独墺軍の侵入と同時に武装兵力の組織化に着手するが独墺軍の力に太刀打ちできずにタガンログへ逃げる。グリャイ＝ポーレは占領される。一九一八年四月にタガンログでマフノは集会を開き、彼らの革命をグリャイ＝ポーレに再建することを決議し、自分たちの力しかあてにならないということを確認しあった。マフノは各地を転々とした後六月はじめにモスクワに着いた。モスクワでマフノはスヴェルドロフ、レーニンとも会見している。六月二九日にアルシーノフに見送られてモスクワを去ったマフノは、ウクライナで地下活動を組織する決意を固めていた。彼はドイツ軍の網の目をくぐりぬけてグリャイ＝ポーレに潜入し活動を開始した。マフノがいない間に生家は焼かれ、マフノの兄弟の一人は処刑され、もう一人は逮捕されていた。マフノの最初の活動はレジコフという地主に対する攻撃で、その全家族を殺した。この地主の地主と家族はヴァルタ＝「ウクライナ防衛隊」＝ヘトマン警察のメンバーだったからである。この地主の家で七梃のライフル、一梃の連発銃、七頭の馬と二つの鞍を奪った。マフノ軍は地主領を襲うことによって馬や武器をふやしていった。マフノ軍はしだいに増強され、グリャイ＝ポーレで優勢なオーストリア軍と交戦した。マフノ軍は農民の利益を代表しており、戦闘ごとに村々の青年たちはマフノ軍に加わっていった。シチュシの軍と合流した時にマフノ軍は一五〇〇名を数えていた。ヘトマン没落の時期――一九一八年秋――までにはマフノ軍は数千人になっていた。

ヘトマン＝スコロパツキーの逃亡のあと、マフノ軍はペトリューラ政府とも闘うことになる。ペトリューラ政府はウクライナ社民党のヴィンニチェンコをその議長とし、ペトリューラが軍事担当責任者であった。

このウクライナ人民共和国政府は一九一八年一二月にキエフに入ったのであるが、一二月二二日にエカチェリノスラフではこのペトリューラ軍によって労働者ソヴィエトが解散させられるという事件が起こった。労働者はストライキに入り、エカチェリノスラフの軍事革命司令部は逮捕された三人のコミュニストの釈放を要求する最後通牒を二五日にペトリューラ軍につきつけた。しかし二六日、ペトリューラ軍は逆に軍事革命司令部を武装解除した。ここに至ってウクライナ社民党（ボリシェヴィキ）エカチェリノスラフ地区委員会はペトリューラ軍に対する武装蜂起と権力奪取を行なうために兵力の動員をはじめた。この時、地区委員会はマフノ軍の協力を要請した。マフノ軍は二六日夕刻一〇〇騎の騎兵と四〇〇名の歩兵で到着した。こうして一二月二七日からのエカチェリノスラフ蜂起はマフノ軍とソヴィエト軍＝赤軍第一ノヴォモスクワ連隊の共同作戦として行なわれた。軍用列車を使っての潜入が行なわれたのはこの時であった（本文九一頁参照）。

一九一九年二月キエフがボリシェヴイキによって攻め落とされペトリューラ軍は西部へ逃走し、ウクライナはほぼ全域にわたってボリシェヴィキの軍が入り、その支配の下に入った。マフノ軍とボリシェヴィキの両者の間には、対独墺・対地主闘争そしてペトリューラ軍との闘いにおいても大きな利害の不一致、原則的な対立はおおむねなかったと言えるだろう。少くともそれは表面化しなかった。すでに述べたように両者が共同行動をとった時さえあった。しかしこうした両者の関係は一九一九年二月以降崩れていくことになる。その直接の原因はソヴィエト側の土地政策、穀物政策にある。

二

一九一九年二月一一日、ウクライナ臨時労農政府の布告によると、以前地主地であった大経営地はソフホーズ組織化のために国家の管理下に入ること、砂糖工場とそのビート畑も国有化されることなどが宣言された。その前、二月五日には醸造工場とその原料畑も国有化が布告された。さらにウクライナ臨時労農政府は生産用具についてもソフホーズなどにまず第一に分配するという布告を出した。

こうした一連の布告が農民の間に強い反感を呼び起こした。第二回グリャイ＝ポーレ地区パルチザン・労・農大会は二月一二日にグリャイ＝ポーレで開かれたが、この大会は土地問題について「すべての土地は勤労農民の手に移る。土地は誰のものでもないという原則に基づいて土地はみずからの手で耕作する農民に無償で分配されること」「土地委員会はすべての土地を即時没収し、農民に分配すること」を決議した。農民は、全体としてウクライナ臨時労農政府の布告に反対した第二回地区大会における「現状勢に関する決議」の後半部分で、ソヴィエト政府が地方の労農ソヴィエトの自由と独立をおかしていると告発している。また、ソヴィエト政府による左派エスエル、アナキストの逮捕についても非難をしている。こうして第二回地区大会は労働者・農民に対してボリシェヴィキ政府を監視することを呼びかけ、労働者・農民が地方ソヴィエトに結集するように決議している。

こうしてソヴィエト政府の土地政策を直接の原因としてウクライナ農民とソヴィエト権力との対決がはじまるのである。

一九一九年三月末頃からウクライナでは反ソヴィエト農民叛乱がはじまった。タヴリダ県オレホフ地区では二〇〇〇人が武器をとった。これにはマフノ軍の一部が加わっていたと言われ、鎮圧に派遣された騎兵部隊三〇〇名が叛乱側につくということも起こった。一九一九年三月から四月のエカチェリノスラフ県アレクサンドロフスク郡の状況を知らせるソヴィエト側の報告によると「郡の政治的状況はよくない。アナキストと左派エスエルの影響力は極めて強い。郡ソヴィエト大会はまったく左派エスエルが握っている。

穀物を都市に送ることを拒否するよう農民に宣伝が広がっている」。同じ時期のポルタヴァ県ゾロトノシヤからの報告によると「一五〇人のパルチザン部隊が現在ゾロトノシヤから約四〇キロの所にいる。町には一〇〇人の赤軍兵がいる。その他はパルチザンとの闘いのため他地方へ派遣されている。町にいるのはその他コミュニストと労働者の部隊で全部で三〇〇人である。農民はまだ行動には移っていないが明らかに反ソヴィエト政府的気分を持っている」。また、一九一九年四月三日の報告によると「エリザヴェトグラードのソヴィエトでは共産党員は少数である。執行委員会は四〇名だがエスエルが圧倒的である。この地方の工場、鉄道員の間では反ソヴィエト政府宣伝が行なわれている。エリヴォルタ工場では改選の結果執行委員会二五人のうち三人しかコミュニストが選挙されず、鉄道員の間では一一人のうち二人しかコミュニストが選挙されなかった」。さらに赤軍の状況を知らせるものとして一九一九年四月二〇日にウクライナ赤軍第一師団内の連隊の状況報告が行なわれているが、それによると「第六連隊内には反セミティズム（反ユダヤ主義）が広がっている。赤軍兵士が反コミュニスト的になっている。酒とカルタが蔓延し規律がゆるんでいる。赤軍兵士の中に『バチコ・マフノ万歳！』『黒旗万歳！』という声が広がっている。多くの赤軍兵士が黒いリボンをつけている。このような状態を改善するためには司令部の粛清だけが残された方法である。第八連隊第三大隊でオシンスキーは自分がアナキストであることを宣伝し反セミティズム宣伝をしている。大隊はオシンスキーに同情的でありオシンスキーを逮捕しようとする試みに対して彼を渡すことを拒否した」。

こうして一九一九年四月にはウクライナは全体として反ソヴィエト政府的に立っていた、この時期にマフノ軍が二万名近い歩兵と八〇〇〇騎の騎兵を擁する大軍団に成長していたことを考えると、いかに反ソヴィエト政府的気分が強かったかがわかるのである。

一九一九年四月一〇日、グリャイ＝ポーレで第三回地区大会が開かれるが、赤軍司令官ドゥイベンコはこの大会を反革命と断定する電報を大会に送り、赤軍とマフノ軍との対立は明確なものとなる。この第三回地区大会でソヴィエト政府の食糧徴発に反対する決議がなされたのは極めて重要である。食糧徴発をめぐってウクライナ農民とソヴィエト権力が決定的に対決するのはデニーキンとの闘争を経て一九二〇年に入ってからであるが、すでに一九一九年にもそれをめぐっての闘いははじまっている。ウクライナでは一九一九年の食糧徴発は一二〇九万プードが予定されていたが実際に徴発できたのは一六一万プードでありわずかに一三％であった。一九二〇年五月のウクライナ貧農委員会の組織化が「穀物をめぐる闘い」の本格化の合図であった。さて、マフノ軍と赤軍との対立はマフノ軍が一九一九年六月一五日に第四回地区大会をグリャイ＝ポーレで開こうとしたことによって決定的なものとなる。この四回大会召集は革命軍事会議議長トロツキーの名において禁止された。トロツキーはすでに六月二日に「マフノフシナ」という論文を書き、その中で「マフノの仮面をはがせばグリゴーリエフである。共産党員に反抗しているのはクラークか投機者である」と断定していた。大会禁止、大会代議員の逮捕、軍事法廷といった恫喝によって結局大会は開かれず、マフノ軍は赤軍師団から離れることになった。

こうしてことに四回大会召集をめぐってマフノ軍とソヴィエト権力との対立は深まり基本的な対立点が明確となっていったが、この頃から夏にかけてデニーキンとの闘争が全面化し、ソヴィエト軍との対決は先にのばされていくかたちとなる。こうしたマフノ軍とソヴィエト権力の対立の中で、マフノ運動地区のボリシェヴィキ委員会がマフノ運動を支持し、マフノ軍に参加することを一〇月二七日に組織として決定しているのは、極めて重大な事実である。

一九一九年八月二〇日頃からマフノ軍はデニーキン軍との激烈にして連続的な闘争に入った。マフノ軍は根拠地から北西方面へ、ウマニーキエフ方面へ退却しつつ戦っていったが、この一〇〇〇キロにもおよぶ「長征」はマフノ軍の本質を見るうえで極めて重要な事件である。九月二六日突然方向を転換してペレゴノフカ村を襲いデニーキンの部隊を壊滅させてからのマフノ軍の攻撃のはやさは目をみはるばかりである。マフノ軍はこうしてデニーキン軍の補給線を絶ち切り、その壊滅のために決定的な役割を果たした。マフノ軍のこの闘いは特筆されるべきであろう（本文第七章参照）。マフノ軍はデニーキン軍との闘いを経て一九一九年後半には四万名の歩兵と一万五〇〇〇騎の騎兵を擁する軍団に成長していた。

三

一九一九年一二月二日から四日まで第八回全ロシア党協議会がモスクワで行なわれた。ボリシェヴィキはウクライナに関する決議の中の第七項で土地政策の変更をした。これを受けて一九二〇年二月五日の布告ではそれが具体化され第三条で「かつての地主地、国有地、寺院領地などで昨年（一九一九年）ソヴィエト権力によって没収された土地は無償でウクライナの勤労人民の利用に供される」。第四条で「昨年、かつての地主地からつくられたすべてのソフホーズは無土地あるいは小土地農民の直接の利用に供される」ことが定められた。この布告は農民に対する妥協のあらわれであった。この布告に従ってかつてソフホーズに属していた六〇万デシャチーナの土地が農民に与えられた。また砂糖工場に属していた二〇〇万デシャチーナの土地のうち一八〇万デシャチーナの土地が農民に分配された。ソフホーズの数は一九年から二〇年で半分に減っておりその土地は三分の一以下になっている。一九二〇年の土地革命について、ウクライナ農業人民委員部のマヌイーリスキーが報告の中で次のように述べている。「ウクライナにおける土地革命はロシアと同じように完全な均等性をその特徴としている。均等な土地革命は大地主的土地所有に対して行なわれ、農民は農業の大経営を粉砕した。農民の土地への情熱の前には経済法則だの国民経済的観点から見た利益などは消えてしまう。ここに農民がソフホーズの形で大経営を残そうとしたソヴィエト政権の去年（一九一九年）の政策に反対した理由がある。農民大衆の目にはソフホーズはかつての所有者が国家に代わっただけの『賦役労働』の新しい形態と映った。したがって今年の土地革命はソフホーズには見むきもしないで農民的均等原理を貫徹している」。

一九二〇年二月五日の布告によってソヴィエト政権は土地政策を転換し農民との妥協をはかった。しかし食糧徴発に関しては何の変更もなかった。一九二〇年三月三日のマリウポリ郡の報告によると「家畜、飼料、農産物が軍や食糧委員会によって徴発されていくが、それに対して金は払われずに領収書のみが渡される。赤軍騎兵も馬を徴発して金を払わない。こういうやり方に農民は激昂している」「農民は動揺しておりマフノ軍の人気が高まっている」。三月六日、同郡の郷革命委大会が行なわれ、「農民は穀物を公定価格でのみ労働者・軍隊に売り渡す」ことを決定した。しかし穀物調達機関は公定価格を支払わなかった。しかも徴発された穀物や飼料がしばしば調達機関の怠慢や非組織性により腐敗してしまうということも起こった。例えば赤軍第十三軍は一〇万プードの飼料を徴発し、その半分近くを腐らせてしまった。農民の反感はしだいに高まっていった。

一九二〇年ウクライナにおける食糧徴発はどのように遂行されたのだろうか。この年ウクライナの都市で必要とした穀物は労働者とその家族のためにだけで一億八〇〇〇万プードとされ、食糧徴発では一億六〇〇〇万プードが予定されていた。ところが実際に徴発されたのはわずかに九七二万プードで予定の六％であった。マフノ運動の根拠地では徴発された食糧の予定量に対する比率はもっと低かった。アレクサンドロフスク郡では三・一五％、ヴォルィーニ県二・六九％、ポドリスク県四・九％、チェルニーヒウ県一六・六％であった。農村が都市に食糧をわずかしか供給しなかったと同様に、あるいはそれ以上に都市はその工業製品を農村に供給することができなかった。食糧徴発はしたがって交換によってではなく強制的手段による没収という形をとった。こうした武力による食糧徴発に対して農民もまた武装して対抗し、反ソヴィエト農民軍による運輸手段の破壊、徴発された穀物の奪還、食糧徴発機構への攻撃、活動家に対するテロなどが行なわれた。一九二〇年、食糧徴発活動のために動員された人数は約二万一〇〇〇名と言われ、そのうち共産党員は一六四六名であった。ロシア共産党第一〇回党大会の席上、ツュルーパは一九二一年一月までにウクライナで食糧徴発活動に従事していた者が一七〇〇名も殺されていることを報告している。一割に近い人数が農民によって殺されていることは、この食糧徴発—穀物をめぐる農民とソヴィエト権力との闘いがいかに激しいものであったかを物語っている。

ソヴィエト政権の食糧政策をウクライナの各地方で実行する機関としてウクライナ貧農委員会（コムニェザーム）が一九二〇年五月一九日の布告によって組織されはじめた。一九二〇年一一月一〇日には郷・村に九五九九の貧農委員会が組織されており、これは三つの村に一つの割合である。マフノ運動の中心地では貧農委員会の形成のテンポは遅くその数も多くはできなかった。例えばアレクサンドロフスク県（一九二〇年に新しく県となった）では一九二〇年一一月一〇日の段階で五四の貧農委員会しかできていなかったが、その時キエフ県では一二七一、クレメンチューク県（新しい県）では七八一、ニコラエフ県（新しい県）で七五六、ポルタヴァ県で一二三七、ハリコフ県一一九〇、チェルニーヒウ県で七六五の貧農委員会がつくられていた。貧農委員会は農村で「クラーク」から穀物、土地、生産手段などを没収していった。一九二〇年を通じてオデッサ県では貧農委員会によって没収されたものは、穀物九万二〇〇〇プード、牛四〇〇〇頭、馬五五〇頭、羊一〇〇頭、弾丸一〇〇〇包、タバコ二一〇〇プード、皮革八〇〇プード、遠心分離器五九、鋤九〇〇、馬鍬四二五、播種機三〇四、箕三〇、刈取機五二九、打穀機八九などであった。要するに貧農委員会は穀物、土地を含めた農民の財産を一切合切、ソヴィエト権力のために没収しようとしていたのである。

一九二〇年一一月一五日のウクライナ共産党（ボ）中央委員会の報告によると、六〇九一の貧農委員会に七二万三〇〇〇名の男性と一〇万五〇〇〇名の女性が組織され、二〇%が中農（三デシャチーナ以上）で八〇%が小土地所有者か無土地農民である。五〇二の郷で貧農委員会によって馬の徴発が行なわれており、一九二の郷で「匪賊」の存在が確認され、二三三の郷で「反革命」宣伝が行なわれており、四八一の郷で貧農委員会による農村の武装解除が行なわれており、六八三の郷で貧農委員会が食糧徴発を遂行中である。貧農委員会は「クラーク」から土地を没収したがその面積は全ウクライナで三四万九〇〇〇デシャチーナにのぼった。

貧農委員会はウクライナの農村を武装解除する作業をも行なった。貧農委員会によって三万三〇七五挺のライフル、五梃の機関銃、サーベル三七振、爆弾三六個、ピストル三六二挺、大砲一門が没収された。例えばマフノ軍の根拠地の一つであるアレクサンドロフスク郡ヴォズネセンカ村では一九二一年に、村は自発的に武器を供出したが、その内容は、六九挺のライフル、九挺のピストル、一一振のサーベル、短くした小銃六五挺、一八個の爆弾、二三〇〇包のライフル弾、銃剣六二、大砲の弾丸三三六発、二六九個の飯ごう、八〇個の水筒、二つの機関銃用保弾帯、一つの防楯、四三本の行軍用シャベルであった。このようにヴォズネセンカ村がほぼ「完全武装」の状態であったことがわかる。ところが数日後、この同じ村が今度は強制的に捜索され、以下の武器が没収された。四一挺のライフル、三五挺の小銃、四〇個のライフル銃身、一〇六八包のライフル弾、一四振のサーベル、五個の爆弾、一五挺のピストル。そして三たび、数日後に同じ村で強制捜索の結果、一一挺のライフル、五挺のピストル、一個の爆弾、二八挺の小銃、三五挺の銃剣、九四〇包のライフル弾、一八挺のライフル銃身、五つの薬莢が没収された。このように貧農委員会による農村の「刀狩り」＝武装解除は極めて徹底的に行なわれたが、特にそれがマフノ運動の根拠地に対して執拗に行なわれていることは注目すべきである。

　こうした貧農委員会をその尖兵とする各地のソヴィエト権力に対してマフノ軍は徹底的な闘争を展開した。マフノ軍はそのアピールの中で「民警を倒せ、貧農委員会、執行委員会を倒せ」「貧農委員会とコムソモールの組織と活動を根こそぎ絶滅せよ。民警、チェーカー、食糧軍その他のソヴィエト組織を根こそぎ粉砕せよ」と農民に訴えている。マフノ軍の攻撃対象が主にどこにあったかということはマフノの妻ガリーナ・クジメーンコの日記からもうかがうことができる。「一九二一年二月二三日、朝一〇時に隊の若者が二人のボリシェヴィキの代表者を逮捕した。彼らは射殺された。昼食のあとガヴリロフカへ出発した。ガヴリロフカで家畜を徴発した二人の代表を逮捕した。さらに革命委と執行委を組織しに来た技師一名を逮捕した。二月二五日、昼食のあと、マロロスコエに移動、ここで穀物などを徴発した三人の代表を逮捕し射殺した」。このようにマフノ軍の攻撃は主要にソヴィエト権力地方機関、とくにその食糧徴発機関の代表に集中している。このことはマフノ軍の司令官の一人であるベラシの記録を見ると一層はっきりする。「一九二〇年二月一一日、アンドレーフカ村でマフノの指令により三〇人の貧農委員会部隊とベルジャンシク・チェーカーの支持者が殺された。一九二一年三月六日ザポロジェ県ベルジャンシク郡ベロツェルコフカ村で、ジニコフスキーの指令により二名の民警と一名の元貧農委員会メンバーが殺された。三月一四日、メリトポリ郡ルバシェフカ村でジニコフスキーとマフノの妻ガリーナの指令で貧農委員会議長一名と三名の民警が殺された。三月二七日、クリヴォロシスク郡イヴノフカ村でジニコフスキーの指令により一名の元貧農委員会メンバーと二名の民警が殺された。三月三〇日、ザポロジェ県トクマンスク郡ヴイルボヴァ村でジニコフスキーとガリーナの指令により元貧農委員会メンバー一名とソヴィエト活動家二名が殺された。五月五日、エカチェリノスラフ県ノヴォモスクワ郡ヴァシリェフカ村で、元貧農委員会メンバー一名と二名の民警が殺された。五月一〇日、ポルタヴァ県ガジャチスク郡ペスカ村で二名の貧農委員会メンバーと五名の民警、三名のソヴィエト活動家が殺された。七月十二日、グリシノ郡アンドレーフカ村で、マフノとジニコフスキーの指令により一名の貧農委員会メンバーと一名の民警が殺された。七月一五日、グリャイ＝ポーレ郡スヴャトドゥホヴァ村でマフノの指令により一名の元貧農委員会メンバーと三名の民警が殺された。七月一八日、マリウポリ郡ノヴォトロイツキー村でマフノの指令により二名の貧農委員会メンバーと一名のシンパが殺された」。

マフノ軍とソヴィエト権力の地方機関との間の相互的テロルは一九二〇年から二一年にかけていたるところで行なわれた。ポドリスク県コンスタンチノグラード郡リャシスク郷では三〇人の貧農委員会メンバーが殺されたあと、翌日の夜、貧農委員会側の部隊が五〇人の農民を一晩で殺したという例もある。

マフノ軍は同時に、一九二〇年六月前後には赤軍正規部隊と全面的な交戦状態に入っており、いたるところで戦闘が行なわれた。一九二〇年六月一〇日の赤軍第十三軍司令部の報告は次のように述べている。「わが部隊によってヴァシリェフカとズナメンカ両村は占領された。マフノ軍はザイツェヴォからドマフ地区へ逃走した。この地区でパヴログラードからアレクサンドロフスクへ向かう軍用列車がマフノ軍に止められた。彼らは三輛分の装備と四挺の機関銃を奪った。彼らの勢力は五〇〇騎の騎兵、一〇〇〇人の歩兵、二五〇輛の機関銃用軽四輪、八門の大砲である。その他に四門の大砲と多くの機関銃をもった二〇〇人の歩兵部隊がトロイツキーからエリサベートフカ、アレクサンドロフスカ地区にかけて集団をなしている。さらにアレクサンドロフスカ村では七〇〇人の部隊が確認されている」。また、一九二〇年六月八日の報告によると「斥候のしらせによると、四〇〇〇名近くのマフノ軍がピシメンナヤからウリヤノフカ駅地区の北へ広がっており南方向へ攻撃をしている。装甲列車『ソヴィエト・ロシア』は一日中戦闘の中にあって鉄道を彼らの攻撃から守り、彼らを追い払った。装甲列車『紅のコサック』は匪賊との闘争に入った。戦闘の結果、列車は敵に大きな損害を与え、敵を分断しロジデストヴェスコエ駅の方へ敗走させた」。

一九二〇年の夏のマフノ軍とソヴィエト政権との闘いは極めて苛烈であり、双方にとって恐ろしく無残なものであった。マフノ軍は数万の部隊を擁していたが赤軍はそれに数倍する勢力でマフノ軍を攻撃した。ソヴィエト軍との戦闘で斃れた者、処刑された者は合計すれば恐らく数万に達するであろう。マフノ軍は大量の犠牲者を出しながらも、苛酷な弾圧に抗して一年に亘る苦しい後退戦――「敗北の過程」――を闘い続けることになる。

この間、白軍はヴランゲリを将軍として再びウクライナを脅かしはじめた。一九二〇年九月の終わりまでにはヴランゲリ軍はウクライナ深く、アレクサンドロフスク、マリウポリ、ベルジャンシクなどを占領した。こうした情勢の中でマフノ軍とソヴィエト権力は一〇月中旬に政治および軍事協定を結び、共同の敵ヴランゲリを倒すために三度目の共同行動をとることになる。しかしすでにその間に乗りこえることのできない深い溝が形成されてしまっていたマフノ軍とソヴィエト軍は一一月中旬共同してペレコープを陥落させ、ヴランゲリ軍が逃走するかしないかのうちに再び、そして最後の闘いへと突入していく。

マフノ軍は一九二〇年一二月には一万から一万五〇〇〇名の兵力を有していたが。一九二一年一月にはすでに五〇〇〇から六〇〇〇名に減っている。この後マフノが一九二一年八月末に八〇騎の騎兵部隊と共にルーマニア国境へ脱出するまでの過程は、数千のマフノ農民軍が、一五万人の赤軍部隊に包囲され、強引に押しつぶされていく過程である。一九二一年五月には二〇〇〇騎、六月には一〇〇〇騎となっている。多くの者は戦闘に斃れ、さらに多くの者は処刑され、そして殺されなかった多くの者はかつて地中から掘り出して手にした武器を再び地中に埋め、その土地を耕す農民に戻っていった。マフノ軍はソヴィエト権力によって圧殺され壊滅した。しかし埋められた武器はウクライナの土の下で腐ってしまったのか。ネストル・マフノ自身が語っている。「勝利かしからずんば死か――これこそ歴史の現時点におけるウクライナ農民の切迫した課題である。だがわれわれは滅びることはない、なぜならわれわれは人類であり。われわれは無数であるからだ」。

四

以上、マフノ運動の農民運動としての特質をその歴史的発展の中で検討してきたが、最後に、マフノ運動の地域の特色と、マフノの軍隊について簡単に付記しておく。

ウクライナにはハリコフ、ヘルソン、エカチェリノスラフ、キエフ、ポドリスク、ポルタヴァ、ヴォルィーニ、チェルニーヒウ、タヴリダの九県がある。このうちエカチェリノスラフ、ヘルソン、タヴリダの「南部三県」を中心としてキエフ、ポルタヴァ、ハリコフ、ドネツの一部分を含む範囲が、マフノ運動の展開された地方である。マフノ運動は農民パルチザン戦として闘われたので長い間同じ場所に滞在することが少なく、頻繁に移動を行なった。そして一九一九年夏、デニーキン軍の攻撃によって退却を余儀なくされ、その「長征」によって活動がキエフ方面にまでおよぶこともあった。マフノ運動の範囲はこのようにかなり広いのであるが、一方常にエカチェリノスラフ県内の一つの村であるグリャイ＝ポーレという「生まれ故郷」と結びついていたということも言える。グリャイ＝ポーレが敵に占領されている時には、その奪還はマフノ軍にとって作戦の重要な課題であったし、その地がマフノ軍の手にあるときは、そこは運動の中心—革命の司令部となったのである。

マフノ運動の地域である「南部三県」は穀物生産県である。農産物の中で穀物の占める割合は、ヘルソンで六四・九％、タヴリダで五八・八％、エカチェリノスラフで四七・二％であるのに比べてポルタヴァ二九・五％、ポドリスク二〇％、ハリコフ一九・八％である。一九一〇年から一四年の平均で、「南部三県」は住民が六四〇万人で二億三七二〇万プードの穀物を生産しているのに比べて、その他のウクライナ六県を合わせて住民一六四八万人で、一億七八〇〇万プードの穀物生産である。穀物のより豊富な生産県において穀物をめぐる闘いが熾烈であったということが言える。

地主との闘争はマフノ運動の歴史において大きな役割を果たしているが、「南部三県」では地主地の割合は他の地方よりも大きいと言える。一九〇五年の統計によると、地主地は「南部三県」では全県で五〇％以上の農地を占めているのに較べて、他の六県では全県とも五〇％以下である。さらに、農村における農民の階層分化を播種面積別に見ると、エカチェリノスラフ、オデッサ両地方では他の地域よりも階層分化が進んでいて貧農的要素がより多く、中間層が少ないということがわかる。馬一～二頭を持っている農民の割合は、ポルタヴァ県では五〇・四％、ハリコフ県では六〇・五％であるのに対して、オデッサ地方では三九・五％である。またエカチェリノスラフ県では家畜を持っていない農民は五一・八五％に達していたが、ザポロジェ県では三六・六五％であった。

「南部三県」特にエカチェリノスラフでは工場労働者の多いことも重要な特徴である。一九一二年の統計によると、鉱山業と金属加工業だけで、「南部三県」では工場数五七一、労働者数二四万八〇〇〇人を数えるのに対して、ウクライナの他六県はあわせて工場数一六七、労働者数一万七〇〇〇人である。エカチェリノスラフには同年に一二三万四〇〇〇人の労働者が働いており、これはウクライナの労働者の五〇・七％にあたっていた。このように「南部三県」では労働者の数が多く、農村における階層分化の進展がこのような結果をもたらしたと考えられる。農村の貧しい子弟は都市に出て労働者となっているのである。マフノ運動の指導部にもかつて労働者であったものがかなりいる。マフノ自身もそうであったし、ベラシ、ヂュベンコ、アルシーノフなどがそうである。

	都市部	郡部
ウクライナ人	32	83
ロシア人	34	7
ユダヤ人	25	5
ドイツ人	2	2
ポーランド人	3	1
その他	4	2
	100	100

ウクライナの民族別人口割合（％）
1923年

次にウクライナの民族別人口の割合を見ると、表からわかるように都市部では五九％がロシア人とユダヤ人であり、ウクライナ人は三分の一である。逆に農村部ではわずかに、一七％を除いてあとはウクライナ人である。ユダヤ人はほとんど商業に従事していたが、キエフ県で全体の商人のうちユダヤ人が七五・八％を占め、ポドリスクでも九〇・六％であったのに対してタヴリダ、エカチェリノスラフではそれぞれ二七・四％、四〇・二％であった。マフノ運動の地域では他のウクライナの地方に比べてユダヤ人商人の力は小さく、ユダヤ人に対する反感はより少なかったようである。南西地方・ウクライナ右岸で農民運動が反セミティズム的なものになり、ショーヴィニスティックになったのに比べて、マフノ運動にはユダヤ人も参加しえた背景があったと言える。

最後にマフノ軍隊について述べよう。マフノ軍、すなわちウクライナ・革命的パルチザン軍の軍隊構成は赤軍と同じように一個師団が三個旅団、一個旅団が三個連隊、一個連隊が三個大隊というふうになっていた。革命軍事会議が全軍を統括していて、これは軍幹部とパルチザン農民の全体集会で選ばれる。革命軍事会議の構成員は二二人からなり軍司令官マフノから出される指令を実行に移した。

注意しなければならないのは、マフノ軍は常に単一の軍隊であったわけではないということである。彼らの原則は「攻撃は集中して、退却は分散して」であった。マフノ軍は普通二から三の軍団にわかれ、個々の司令官に従って独自の行動をしていた。優勢な敵の部隊に襲撃されると退却し、攻撃が不可能な時には、マフノ軍はいくつかのグループに分散して異なる方向へ逃走する。彼らはしばしば最も小さな戦術的単位にまで「解隊」してしまう。彼らはある時は統一した勢力となり、またある時には分散し、武器を地中に埋め、「平和な農夫」に還ってしまう。マフノ軍の各連隊はそれぞれ特定の村を根拠地としていた。つまりある村の農民が軍に参加して村単位の部隊ができ、それが連隊の基礎となっているのである。例えば第二十四テルノフスク歩兵連隊と言えば、その構成員の多くはテルノフカ村出身者からなっているのである。マフノ軍の司令官の一人ヴォロビエフはマフノ軍の連絡活動について次のように述べている。「マフノ軍の個々の部隊は互いに連絡を維持しているわけではなかった。個々のグループと中央司令部との連絡には婦人か少年がその任にあたった。諜報連絡にはその他に巡礼者のふりをしたボロを着た老人がよくその任を果たした。グループがばらばらになってしまった時、根拠地へこのような連絡者が派遣された」。

マフノ軍にとって急速な移動ということも一つの重要な戦術であり、「神出鬼没」を可能ならしめるものであった。通常騎兵部隊は一日に約四〇キロぐらいの移動が可能であるが、マフノ軍の騎兵隊は一日に約六〇キロから一〇〇キロ移動した。その理由は、マフノ軍が馬を農民と常に交換することが可能だったからである。もちろん、マフノ軍はすべて騎兵からなっていたわけではなく、初期にはむしろ歩兵部隊の方が数としては多く、二〇年から二一年にかけて騎兵の割合が増大していったのである。

マフノ軍の主要な武器はライフル銃と機関銃であった。ライフルは銃身を短かくして持ち歩きやすくし、

1918年		1919年	
1月～3月	19人	1月～3月	23人
4月～6月	2人	4月～6月	4人
7月～9月	2人	7月～9月	48人
10月～12月	87人	10月～12月	56人
	110人		131人

第五エカチェリノスラフ連隊への入隊時期

機関銃は軽四輪に据えつけて移動した。その他の武器として大砲、装甲列車などを保有していた時期もあった。マフノ軍はエカチェリノスラフ県内のいたるところに秘密の武器庫を建設していてライフル銃と実弾を埋蔵していた。彼らは、出撃基地や隠れ場所を森の中や洞窟に数多く持っていた。

　次にマフノ軍への農民の参加の時期について、第五エカチェリノスラフ騎兵連隊の例をとって調べてみよう。マフノ軍への農民の入隊はその時期における住民のシンパシーをあらわしているが、一九一八年では表からもわかるように一〇月から一二月が多くなっている。ノヴォニコラエフスク部隊でも一九一八年では一二月が最も多い。この時期はマフノ軍がペトリューラ軍に対して積極的行動を起こした時期である。第五エカチェリノスラフ騎兵連隊では一九一九年は後半が圧倒的に多くなっている。七月から八月終わり頃までマフノ軍はソヴィエト軍との対立を深めていた。この時点で農民のマフノ軍への参加が増大していることは農民が反ソヴィエト政府的でありソヴィエト側の食糧徴発をはじめとする農業政策に反対しマフノ軍を支持していたことを示している。その後一九一九年末まではデニーキンとの闘争の時期であった。この一九一九年末の農民の軍への参加数が最も多くなっている。これは他の部隊でも同様である。この時期マフノ軍はデニーキンと闘う唯一の大軍事組織となっていた。

　最後にマフノ軍の年令別構成を、同じ第五エカチェリノスラフ騎兵連隊を例をとって検討してみよう。同連隊二五三人のうち二〇歳以上は七二人、二一歳から二五歳の者は一二六人で、二五歳以下で八割を占めている。二六歳から三〇歳の者が五一人で三〇歳以上の者が四人となっている。構成を見てわかるように、軍はかなり若い青年層からなっていたことがわかる。マフノ自身は一九二〇年に三〇歳である。いかにも若いパルチザン軍団ではあったと言えるであろう。

《参考文献》

＊クバーニン『マフノフシナ』レニングラード、一九二七年
＊『ウクライナにおける内戦』キエフ、一九六七年
＊スプルネンコ『ウクライナにおける内戦と武力干渉』モスクワ、一九六六年
＊トゥリフォノフ『ネップ開始期の諸階級と階級闘争』レニングラード、一九六四年
＊コーリン・ロス『一九一八年三月ウクライナの状況報告』ベルリン、一九二一年
＊イグレーネフ『エカチェリノスラフの思い出』ベルリン、一九二一年
＊『革命と民族問題』モスクワ、一九三〇年
＊『一九一七年の農民運動』モスクワ―レニングラード、一九二七年
＊『ロシア共産党一〇回党大会議事録』モスクワ、一九六三年
＊『ソ連共産党決議集』モスクワ、一九七〇年
＊フットマン『ロシアの内戦』ロンドン、一九六一年
＊大杉栄『無政府主義将軍・ネストル・マフノ』一九二三年

あとがき

語るべきことはいくばくもない。そしておそらくそれはぼくの懶惰《らんだ》のゆえにではなく、このテクストの上に背をかがめた夜々を通して壁ひとつむこうで囁いていた何者かの声に、しばらく耳を澄ましていたいと願うからである。

ところでいま、ほとんどゆえもなくぼくのこころにこみあげてくる章句がある。ジュール・ヴァレースのなつかしい長篇『パリ・コミューン』の結尾である。

《……わたしは、パリとおぼしい空のかなたに目をあげる。

空は泣き濡れているように蒼く、赤い雲が浮かんでいる。血に染まった大きな労働服のような雲が。》

決起して敗れたコミューンの抗兵が、逃れゆく国境から見たこの雲の下では、いまやパリ最後のバリケードが七十二日の自由の送り火となって燃え落ちていたのである。

そしてぼくは思うのだが、一九二一年の真夏の国境を、ルーマニアへと越えていったマフノについてはいうにおよばず、同じその年の冬に囚われのモスクワから望むアルシーノフのかなたでも、きっとウクライナの空はこのように、赤い雲の合図をあげていたにちがいない。

ヴァレースとともにアルシーノフの赤い雲にもあるものは、いわばはげしく死に遅れた者の無念であり、死に遅れたがゆえに、「幸運にも逝ってしまった」同志たちの運命を世界に告げ伝えねばならない者の悲哀である。ひとは語ることによってそこにあったことどもを客体化し、あるいは客体化しながら語るのであるが、こうして客体化することによって彼はほかならぬあったことどもの外に立つ者となるからである。そしてアルシーノフは、まさにこの悲哀をわが身に帯びることでぼくらに本書を遺していった。

いまや語るべきことは何もなく、ただ壁ひとつむこうで囁く声を、身を硬くして聞くほかはない。I・スタインベルクを借りていおう。

一七九三年、パリ革命法廷に臨んだダントンは、彼に九月の大虐殺を思い出させるかのように亡霊のごとき声が「九月！　九月！」と叫ぶのを耳にしたという。そしてそのように、声は唱和している。かすかだが、それはたしかに伝わってくる。「ウクライナ！　ウクライナ！」と、ぼくにはそう伝わってくる。

＊

なお本書は、Peter Arschinow, Geschichte der Machno-Bewegung（1918-1921）Kummer Berlin,1923，およびП・Аршинов История Махнивского Движения（1918-1921гг），Берлин, 1923. を底本とし、一部不明の点については、Anarchisten im Freiheits kampf　——Geschichte der Machno-Bewegung（1918-1921），Flamberg, Zürich, 1971. を参照しつつ訳出した。

一九七三年七月二十五日　マフノの命日に

訳　者

†復刊ライブラリー

マフノ叛乱軍史　ロシア革命と農民戦争

2017年11月25日　第1刷発行

著　者　　アルシーノフ

訳　者　　奥野路介

発行所　　株式会社風塵社《ふうじんしや》
〒113 - 0033　東京都文京区本郷3 - 22 - 10
TEL 03 - 3812 - 4645　FAX 03 - 3812 - 4680

印刷：吉原印刷株式会社／製本：鶴亀製本株式会社
装丁：閏月社

†復刊ライブラリー

『赤軍と白軍の狭間に』（トロツキー著、楠木俊訳）

2017年7月末刊行、本体2500円＋税　ISBN4-7763-0069-4

内戦末期、レーニン“最後の闘争”となるグルジア（現ジョージア）問題に直面したトロッキーの逡巡と確信。現在のコーカサス紛争に連なる歴史的文脈で、トロツキーは西側を激しく糾弾する。

『赤軍　草創から粛清まで』（ヴォレンベルク著、島谷逸夫・大木貞一訳）

2017年8月末刊行、本体2500円＋税　ISBN4-7763-0070-0

帝政ドイツの突撃隊隊長として第一次大戦を戦い、戦後はドイツ人共産主義者としてソ連軍に入り教官になった著者が、ロシア内戦から、ソ連・ポーランド戦争、赤軍大粛清までを語りつくす。スターリンの影はどのように赤軍を変質させたか？

『赤軍の形成』（レーニン、トロツキー、フルンゼほか著、革命軍事論研究会訳）

2017年9月末刊行、本体2500円＋税　ISBN4-7763-0071-7

赤軍はいかに形成されたのか。1917年から21年におけるロシア革命の動態の中で、党大会を基軸とする建軍への苦闘や論争を追跡した。いかにして労農赤軍を再組織化するか。レーニン、トロツキー、フルンゼらの論考を紹介。

『マフノ叛乱軍史』（アルシーノフ著、奥野路介訳）

2017年11月末刊行、本体2800円＋税、ISBN978-4-7763-0072-4

赤軍、白軍、民族派軍相撃つウクライナの人民深奥部に根を下ろし、ロシア革命の帰趨を凝視しつつ《呪縛の革命期》を疾走し去った幻の人民軍の幕僚の残した血書。リアルタイムでは大杉栄も注目したマフノ運動の全貌が明らかに！

『クロンシュタット叛乱』（イダ・メット、トロツキー著、湯浅赳男訳）

2017年12月末刊行予定

内戦勝利後のボリシェヴィキ第10回党大会中の1921年、かつて革命の原動力となったクロンシュタットの水兵たちの不満が高まり蜂起へといたる。戦時共産主義を廃止し「革命の革命」を求める彼らを、トロツキーは鉄の箒で一掃した。

『ブハーリン裁判』（ソ連邦司法人民委員部編、鈴木英夫訳）

2018年1月末刊行予定

革命はいかに扼殺されたのか。スターリンによる見世物裁判で「ドイツ、日本、ポーランドの手先」として、党内有数の理論家と目されていたブハーリンは1938年銃殺刑に処せられる。スターリンの絶対支配が確立し、革命は終焉した。

（各巻、四六判並製、200～300P程度、本体予価2500～2800円程度）